高一同學的[

1. 熟背「高中
   常用7000字」

2. 月期考得高分

3. 會說流利的[

1. 「用會話背7000字①」書+ CD 280元

   以三個極短句為一組的方式，讓同學背了會話，
   同時快速增加單字。高一同學要從「國中常用
   2000字」挑戰「高中常用7000字」，加強單字是
   第一目標。

2. 「一分鐘背9個單字」書+ CD 280元

   利用字首、字尾的排列，讓你快速增加單字。一次背9個比背
   1個字簡單。

3. rival

rival⁵ (ˈraɪvl̩) n. 對手
arrival³ (əˈraɪvl̩) n. 到達   都有 rival
festival² (ˈfɛstəvl̩) n. 節日；慶祝活動

revival⁶ (rɪˈvaɪvl̩) n. 復甦   字尾是 vival
survival³ (səˈvaɪvl̩) n. 生還
carnival⁶ (ˈkɑrnəvl̩) n. 嘉年華會

carnation⁵ (kɑrˈneʃən) n. 康乃馨   字尾是 nation
donation⁶ (doˈneʃən) n. 捐贈
donate⁶ (ˈdonet) v. 捐贈

3. 「一口氣考試英語」書+ CD 280元

   把大學入學考試題目編成會話，背了以後，
   會說英語，又會考試。

   例如：

   What a nice surprise! (真令人驚喜！)【常考】
   I can't believe my eyes.
   (我無法相信我的眼睛。)
   Little did I dream of seeing you here.
   (做夢也沒想到會在這裡看到你。)【駒澤大】

4.「一口氣背文法」書+ CD 280元

英文文法範圍無限大，規則無限多，誰背得完？劉毅老師把文法整體的概念，編成216句，背完了會做文法題、會說英語，也會寫作文。既是一本文法書，也是一本會話書。

1. 現在簡單式的用法

I *get up* early every day.	我每天早起。
I *understand* this rule now.	我現在了解這條規定了。
Actions *speak* louder than words.	行動勝於言辭。

【二、三句強調實踐早起】

5.「高中英語聽力測驗①」書+ MP3 280元
6.「高中英語聽力測驗進階」書+ MP3 280元

高一月期考聽力佔20%，我們根據大考中心公布的聽力題型編輯而成。

7.「高一月期考英文試題」書 280元

收集建中、北一女、師大附中、中山、成功、景美女中等各校試題，並聘請各校名師編寫模擬試題。

8.「高一英文克漏字測驗」書 180元
9.「高一英文閱讀測驗」書 180元

全部取材自高一月期考試題，英雄所見略同，重複出現的機率很高。附有翻譯及詳解，不必查字典，對錯答案都有明確交待，做完題目，一看就懂。

高二同學的目標──提早準備考大學

1. 「用會話背7000字①②」
   書+CD，每冊280元

「用會話背7000字」能夠解決
所有學英文的困難。高二同學
可先從第一冊開始背，第一冊
和第二冊沒有程度上的差異，
背得越多，單字量越多，在腦
海中的短句越多。每一個極短句大多不超過5個字，1個字或
2個字都可以成一個句子，如：「用會話背7000字①」p.184，
每一句都2個字，好背得不得了，而且與生活息息相關，是
每個人都必須知道的知識，例如：成功的祕訣是什麼？

11. What are the keys to success?

Be *ambitious*.	要有<u>雄心</u>。
Be *confident*.	要有<u>信心</u>。
Have *determination*.	要有<u>決心</u>。
Be *patient*.	要有<u>耐心</u>。
Be *persistent*.	要有<u>恆心</u>。
Show *sincerity*.	要有<u>誠心</u>。
Be *charitable*.	要有<u>愛心</u>。
Be *modest*.	要<u>虛心</u>。
Have *devotion*.	要<u>專心</u>。

當你背單字的時候，就要有「雄心」，要「決心」背好，對
自己要有「信心」，一定要有「耐心」和「恆心」，背書時
要「專心」。

背完後，腦中有2,160個句子，那不得了，無限多的排列組
合，可以寫作文。有了單字，翻譯、閱讀測驗、克漏字都難
不倒你了。高二的時候，要下定決心，把7000字背熟、背
爛。雖然高中課本以7000字為範圍，編書者為了便宜行事，
往往超出7000字，同學背了少用的單字，反倒忽略真正重要
的單字。千萬記住，背就要背「高中常用7000字」，背完之
後，天不怕、地不怕，任何考試都難不倒你。

2.「時速破百單字快速記憶」書 250元

字尾是 try，重音在倒數第三音節上

entry³ (´ɛntrɪ) n. 進入【No entry. 禁止進入。】
country¹ (´kʌntrɪ) n. 國家；鄉下【ou 讀 /ʌ/，為例外字】
ministry⁴ (´mɪnɪstrɪ) n. 部【mini = small】

chemistry⁴ (´kɛmɪstrɪ) n. 化學
geometry⁵ (dʒɪ´amətrɪ) n. 幾何學【geo 土地，metry 測量】
industry² (´ɪndəstrɪ) n. 工業；勤勉【這個字重音常唸錯】

poetry¹ (´po‧ɪtrɪ) n. 詩
poultry⁴ (´poltrɪ) n. 家禽 ⎱ 字尾 y 表「集合名詞」
pastry⁵ (´pestrɪ) n. 糕餅 ⎰

3.「高二英文克漏字測驗」書 180元

4.「高二英文閱讀測驗」書 180元
全部選自各校高二月期考試題精華，英雄所見略
同，再出現的機率很高。

5.「7000字學測試題詳解」書 250元
一般模考題為了便宜行事，往往超出7000字範圍
，無論做多少份試題，仍然有大量生字，無法進
步。唯有鎖定7000字為範圍的試題，才會對準備
考試有幫助。每份試題都經「劉毅英文」同學實
際考過，效果奇佳。附有詳細解答，單字標明級
數，對錯答案都有明確交待，不需要再查字典，
做完題目，再看詳解，快樂無比。

6.「高中常用7000字解析【豪華版】」書 390元
按照「大考中心高中英文參考詞彙表」編輯而成
。難背的單字有「記憶技巧」、「同義字」及
「反義字」，關鍵的單字有「典型考題」。大學
入學考試核心單字，以紅色標記。

7.「高中7000字測驗題庫」書 180元
取材自大規模考試，解答詳盡，節省查字典的時間。

編者的話

　　「指定科目考試」是進入大學的主要管道，自 104 學年度起，各大學會依照科系的需求，分發入學採計指定科目考試，各招生校系採計科目降爲 3 到 5 科作爲招生入學的標準。因此「指考」每一年度的考題，對考生而言都非常重要，都具有參考及練習的價值。

　　爲了提供同學珍貴的資料，我們特別蒐集了 107 年度指考各科試題，做成「**107 年指定科目考試各科試題詳解**」，書後並附有大考中心所公佈的各科選擇題參考答案。

　　這本書的完成，要感謝各科老師協助解題：

　　英文 / 蔡琇瑩老師・謝靜芳老師・藍郁婷老師

　　　　　尹庭庭老師・劉　毅老師

　　　　　美籍老師 Laura E. Stewart

　　　　　美籍老師 Christian Adams

　　數學 / 劉 星老師　　　歷史 / 蔡承峰老師

　　地理 / 劉成霖老師・吳 敵老師

　　公民與社會 / 吳 曄老師

　　物理 / 邱 天老師・泰 瑞老師

　　化學 / 余 天老師　　　生物 / 黃 恭老師

　　國文 / 陳 顥老師

　　另外，也要感謝白雪嬌小姐設計封面，黃淑貞小姐、蘇淑玲小姐負責打字及排版，紀淑瑜老師協助校稿。本書編校製作過程嚴謹，但仍恐有缺失之處，尚祈各界先進不吝指正。

劉　毅

目 錄

107 年大學入學指定科目考試試題
英文考科

第壹部分：選擇題（占 72 分）

一、詞彙題（占 10 分）

說明：第 1 題至第 10 題，每題有 4 個選項，其中只有一個是正確或最適當的
選項，請畫記在答案卡之「選擇題答案區」。各題答對者，得 1 分；
答錯、未作答或畫記多於一個選項者，該題以零分計算。

1. Gorillas have often been portrayed as a fearful animal, but in truth
   these shy apes _____ fight over sex, food, or territory.
   (A) constantly　　(B) shortly　　　(C) nearly　　　(D) rarely

2. With her nine-to-five job, Sally sometimes has to run personal
   _____ during the lunch break, such as going to the bank or
   mailing letters.
   (A) affairs　　　(B) errands　　　(C) belongings　(D) connections

3. After an argument with the parents of his students, the teacher finally
   admitted his mistake and _____ himself to ask for their forgiveness.
   (A) resisted　　　(B) humbled　　　(C) detected　　(D) handled

4. Instead of criticizing other people, we should focus on their strengths
   and give them _____.
   (A) compliments　(B) compromises　(C) convictions　(D) confessions

5. Taking advantage of a special function of the search engine, users
   can _____ the Internet without leaving behind any history of the
   webpages they visit.
   (A) browse　　　(B) stride　　　(C) rumble　　　(D) conceal

6. Due to extremely low rainfall and a dangerous reduction of reservoir
   water, the area is experiencing the worst _____ in 30 years.
   (A) fluid　　　　(B) scandal　　　(C) drought　　　(D) nuisance

7. On Teachers' Day we pay _____ to Confucius for his contribution to the philosophy of education.
(A) consent　　(B) tribute　　(C) devotion　　(D) preference

8. When the fire fighter walked out of the burning house with the crying baby in his arms, he was _____ as a hero by the crowd.
(A) previewed　(B) cautioned　(C) doomed　　(D) hailed

9. Due to the worldwide recession, the World Bank's forecast for next year's global economic growth is _____.
(A) keen　　　(B) mild　　　(C) grim　　　(D) foul

10. Jeffery has always been a _____ person, so it's not surprising he got into an argument with his colleagues.
(A) respective　(B) preventive　(C) contagious　(D) quarrelsome

二、綜合測驗（占 10 分）

說明： 第 11 題至第 20 題，每題一個空格，請依文意選出最適當的一個選項，請畫記在答案卡之「選擇題答案區」。各題答對者，得 1 分；答錯、未作答或畫記多於一個選項者，該題以零分計算。

第 11 至 15 題為題組

　　"Keeping up with the Joneses" is a catchphrase in many parts of the English-speaking world. Just like "keeping up appearances," it refers to the ___11___ to one's neighbors as a standard for social status or the accumulation of material goods. Generally speaking, the more luxuries people have, the higher their value or social status—or ___12___ they believe. To fail to "keep up with the Joneses" is thus perceived as revealing socio-economic inferiority or, as the Chinese would put it, a great loss of face.

　　The ___13___ was popularized when a comic strip of the same name was created by cartoonist Arthur R. "Pop" Momand. The strip was first published in 1916 in the *New York World*, and ran in American newspapers for 28 years before it was eventually ___14___ into books, films, and musical comedies. The "Joneses" of the title were rich neighbors of the strip's main characters and, interestingly, they were merely ___15___ but never actually seen in person in the comic strip.

11. (A) reaction　　　(B) attachment　　(C) similarity　　(D) comparison
12. (A) still　　　　　(B) so　　　　　　(C) yet　　　　　(D) even
13. (A) phrase　　　　(B) signal　　　　(C) material　　　(D) analysis
14. (A) adapted　　　 (B) admitted　　　(C) advanced　　　(D) advised
15. (A) checked out　 (B) watched over　(C) spoken of　　　(D) traded with

第 16 至 20 題為題組

Many people at some point in life have white spots on their fingernails. One of the most common causes for these little white spots is a condition called leukonychia. Although the name sounds pretty serious, the condition typically ___16___ . And while many people think the white spots are caused by a calcium or zinc deficiency, that's generally not the case.

In reality, these spots most often develop ___17___ mild to moderate trauma to your nail. If you can't think of anything that would have injured your nail, consider the fact that nails grow very slowly, so the injury ___18___ weeks before the spots ever appeared. The spots could also be a sign of a mild infection or allergy, or a side effect of certain medications.

___19___ the source of the injury, these spots typically do not require any treatment and should go away as your nail grows out. And they should not return unless you suffer another injury to a nail. However, this generally ___20___ when only a single or a few nails are affected. If all of your nails are showing white spots, the leukonychia could be related to another more serious condition such as anemia, cardiac disease, diabetes, or kidney disease.

16. (A) isn't　　　　　(B) doesn't　　　(C) couldn't　　(D) wouldn't
17. (A) in spite of　　　　　　　　　　(B) as a result of
　　(C) to the best of　　　　　　　　 (D) for the sake of
18. (A) might occur　　　　　　　　　　(B) would occur
　　(C) will have occurred　　　　　　 (D) may have occurred
19. (A) Supposing　　(B) Including　　 (C) Whatever　　(D) Whether
20. (A) indicates　　　(B) defines　　　(C) applies　　　(D) confirms

三、文意選填（占 10 分）

說明：　第 21 題至第 30 題，每題一個空格，請依文意在文章後所提供的 (A) 到
　　　　(L) 選項中分別選出最適當者，並將其英文字母代號畫記在答案卡之
　　　　「選擇題答案區」。各題答對者，得 1 分；答錯、未作答或畫記多於
　　　　一個選項者，該題以零分計算。

第 21 至 30 題為題組

　　Aquaculture is the farming of any aquatic plant or animal.
Aquaculture is of great importance because it reduces the possibility of
over fishing wild fish, and also improves the quality and increases the
　　21　　of fish for human consumption.

　　Ancient civilizations throughout the world engaged in different
types of fish farming. The indigenous people in Australia are believed
to have raised eels as early as 6000 BC. Abundant　　22　　indicates
they developed volcanic floodplains near Lake Condah into channels
and dams, then captured eels and preserved them to eat all year round.
The earliest records of fish　　23　　, however, are from China, where
the practice was in wide use around 2500 BC. When the waters subsided
after river floods, some fish, mainly carp, were　　24　　in lakes. Early
fish farmers then fed their brood using nymphs and silkworm feces, and
ate them afterwards.

　　In Europe, aquaculture first began in ancient Rome. The Romans,
who　　25　　sea fish and oysters, created oyster farms which were

similar to swimming pools. Fish and crustaceans (such as shrimps and crabs) caught in lagoons were kept ___26___ in these pools until it was time to eat them. The farms were often built inside ___27___ homes, where well-to-do families could invite their guests over and choose the fish they wished to eat. This Roman tradition was later adopted by Christian monasteries in central Europe.

During the Middle Ages, aquaculture ___28___ in Europe, since far away from the seacoasts and the big rivers, fish had to be salted so they did not rot. Throughout feudal Europe, monastic orders and the aristocracy were the main users of freshwater fish, for they had a ___29___ over the land, forests, and water courses while the common people could seldom build ponds of their own. As with hunting, ___30___ fishing was severely punished and the less well-off would have to wait a few centuries before fresh fish was served on their plates.

(A) spread   (B) culture   (C) trapped   (D) adored   (E) alive
(F) monopoly   (G) delicious   (H) illegal   (I) supply   (J) wealthier
(K) evidence   (L) treated

四、篇章結構（占 10 分）

說明： 第 31 題至第 35 題，每題一個空格。請依文意在文章後所提供的 (A) 到
(F) 選項中分別選出最適當者，填入空格中，使篇章結構清晰有條理，
並將其英文字母代號畫記在答案卡之「選擇題答案區」。各題答對者，
得 2 分；答錯、未作答或畫記多於一個選項者，該題以零分計算。

第 31 至 35 題為題組

The causes of the French Revolution are complex and still widely debated among historians. However, many scholars agree that food played an important role in the socio-political upheaval. ___31___

A main component in the French daily meal, bread was often tied up with the national identity. Studies show that the average 18th-century

French worker spent half his daily wage on bread. In 1788 and 1789, however, when the grain crops failed two years in a row, the price of bread shot up to 88 percent of his earnings. ___32___ The great majority of the French population was starving. Some even resorted to theft or prostitution to stay alive.

___33___ Started in the 15th century, this tax on salt consumption was applied particularly to the poor, while the nobility and the privileged were exempted. The high rate and unequal distribution of the tax provoked widespread illegal dealing in salt by smugglers, leading to skyrocketing salt prices.

However, the royal court at Versailles was isolated from and indifferent to the escalating crisis. The desperate population thus blamed the ruling class for the famine and economic disturbances. ___34___ The results include the storming of the Bastille, a medieval fortress and prison in Paris, and the eventual beheading of King Louis XVI and his wife, Marie Antoinette.

___35___ Yet, the *gabelle* and the "bread question" remained among the most unsettling social and political issues throughout the Revolutionary and Napoleonic periods (1789-1815) and well beyond.

(A) External threats closely shaped the course of the Revolution.
(B) With the collapse of the royal family, calm was restored gradually.
(C) Meanwhile, peasants' resentment against the *gabelle* was spreading.
(D) The common household could not afford to buy enough food to meet their basic needs.
(E) The anger quickly built up, culminating in the massive riots of the French Revolution in 1789.
(F) Specifically, bread and salt, two most essential elements in the French cuisine, were at the heart of the conflict.

五、閱讀測驗（占 32 分）

說明： 第 36 題至第 51 題，每題請分別根據各篇文章之文意選出最適當的一個
選項，請畫記在答案卡之「選擇題答案區」。各題答對者，得 2 分；答
錯、未作答或畫記多於一個選項者，該題以零分計算。

第 36 至 39 題為題組

　　Born in 1785 in southwestern Germany, Baron Karl Drais was one
of the most creative German inventors of the 19th century. The baron's
numerous inventions include, among others, the earliest typewriter, the
meat grinder, a device to record piano music on paper, and two four-
wheeled human-powered vehicles. But it was the running machine, the
modern ancestor of the bicycle, that made him famous.

　　The running machine, also called Draisine or hobby horse, was in
effect a very primitive bicycle: it had no chains and was propelled by
riders pushing off the ground with their feet.
Though not a bike in the modern sense of
the word, Drais' invention **marked the big
bang** for the bicycle's development. It was
the first vehicle with two wheels placed in
line. The frame and wheels were made of
wood; the steering already resembled a

modern handlebar. Drais' big democratic idea behind his invention was
to find a muscle-powered replacement for the horses, which were
expensive and consumed lots of food even when not in use. The machine,
he believed, would allow large numbers of people faster movement than
walking or riding in a coach.

　　Drais undertook his first documented ride on June 12, 1817, covering
a distance of 13 kilometers in one hour. A few months later, Drais
created a huge sensation when he rode 60 kilometers in four hours.

These were later followed by a marketing trip to Paris, where the hobby horse quickly caught on. The fad also quickly spread to Britain.

The success of the hobby horse was short-lived, though. They were heavy and difficult to ride. Safety was an issue, too: They lacked a brake, as well as cranks and pedals. There were frequent collisions with unsuspecting pedestrians, and after a few years Drais' invention was banned in many European and American cities. Drais' ideas, however, did not disappear entirely. Decades later, the machine was equipped by Frenchmen Pierre Lallement and Pierre Michaux with pedals to become the modern bicycle.

36. Why did Drais invent the running machine?
    (A) To prove his creativity as an inventor.
    (B) To protect the horses from being abused.
    (C) To provide a new gadget for the royal class.
    (D) To give the general public a better means of transportation.

37. What does "**marked the big bang**" mean in the second paragraph?
    (A) Gave out huge noise.　　(B) Created serious disturbance.
    (C) Enjoyed wide popularity.　(D) Represented groundbreaking work.

38. Which of the following descriptions is true about the running machine?
    (A) It was equipped with cranks and pedals.
    (B) Its wheels and frame were made of iron.
    (C) It had a brake to control the speed of its movement.
    (D) Its steering was similar to the handlebar of a modern bike.

39. Why did the hobby horse fail to become a common vehicle in the 19th century?
    (A) It was expensive and not durable enough.
    (B) It did not go as fast as people had expected.
    (C) It was hard to control and dangerous to ride on the road.
    (D) It did not receive enough public attention in European cities.

第 40 至 43 題爲題組

Flickering lamps can induce headaches. But if the flickering happens millions of times a second—far faster than the eye can see or the brain process—then it might be harnessed to do something useful, like transmitting data. **This** is the idea behind Li-Fi, or Light Fidelity. The term Li-Fi was coined by University of Edinburgh Professor Harald Haas in a 2011 TED Talk, where he introduced the idea of "wireless data from every light." Today, Li-Fi has developed into a wireless technology that allows data to be sent at high speeds, working with light-emitting diodes (LEDs), an increasingly popular way to illuminate public areas and homes.

Using LED lights as networking devices for data transmission, Li-Fi has several advantages over Wi-Fi (Wireless Fidelity). First, Li-Fi allows for greater security on local networks, as light cannot penetrate walls or doors, unlike radio waves used in Wi-Fi. As long as transparent materials like glass windows are covered, access to a Li-Fi channel is limited to devices inside the room, ensuring that signals cannot be hacked from remote locations. Also, Li-Fi can operate in electromagnetic sensitive areas such as aircraft cabins, hospitals, and nuclear power plants, for light does not interfere with radio signals. The most significant advantage of Li-Fi is speed. Researchers have achieved speeds of 224 gigabits per second in lab conditions, much faster than Wi-Fi broadband.

How could Li-Fi enrich daily life? Anywhere there is LED lighting, there is an opportunity for Li-Fi enabled applications. Li-Fi-enabled street lights could provide internet access to mobile phones, making walking at night safer. The LED bulbs in traffic lights could provide drivers with weather conditions and traffic updates. Li-Fi could help with tourism by providing an easier access to local information. At home, smart light could also provide parents with solutions to their children's Internet addiction: Just turn off the lights and you've turned off their access.

When 14 billion light bulbs mean 14 billion potential transmitters of wireless data, a cleaner, a greener, and even a brighter future is on the way.

40. What is this passage mainly about?
   (A) A new design in lighting.
   (B) Wireless transmission through illumination.
   (C) Radio interference in public areas.
   (D) Potential applications of Li-Fi for military use.

41. What does "**This**" in the first paragraph refer to?
   (A) Flickering light is a nuisance.
   (B) Light flashes can deliver messages.
   (C) The brain can be affected by lighting.
   (D) Human eyes can perceive changes in light.

42. According to the passage, which of the following statements is **NOT** true about Li-Fi?
   (A) It passes through concrete walls.
   (B) It was first introduced in 2011.
   (C) It transmits data at high speed.
   (D) It may help with parenting.

43. According to the passage, which of the following is an advantage of Li-Fi over Wi-Fi?
   (A) Li-Fi can be powered by radio and save more energy.
   (B) Li-Fi guides pedestrians in areas where vehicles cannot travel.
   (C) Li-Fi provides safer transmission of data during a power failure.
   (D) Li-Fi can be used in areas where Wi-Fi may interfere with radar signals.

第 44 至 47 題為題組

Some of the world's largest beetles are getting smaller because their habitats are warming up, according to new research from the University of British Columbia, Canada. The study, published in the *Journal of Animal Ecology* in January 2018, shows that climate change is having an impact on these "teeny tiny" organisms.

The study began with **a deep dive** into the scientific literature. Evolutionary ecologist Michelle Tseng and her students combed through all the articles they could find, looking for laboratory studies of temperature effects on insects. They found 19 that indicated at least 22 beetle species shrank when raised in warmer than normal temperatures.

To see whether this pattern held true in the wild, the team made use of the university's 600,000-specimen insect collection, which included thousands of bugs collected locally since the late 1800s. The researchers took photographs of more than 6,500 beetles from the eight species with the most extensive records. They also looked at climate records to determine trends in rainfall and other factors besides temperature. Sorting the beetles into size categories, they found that five of the eight species have shrunk over the past century. The four largest species of beetles, including the snail-killer ground beetles, shrank 20% in the past 45 years. In contrast, smaller beetles were unaffected or even slightly increased in size.

Some ecologists are cautious about Tseng's findings, saying that it hasn't yet been proved whether the warming temperatures are the actual cause for the beetle shrinkage. UK biologist Alan Ronan Baudron, however, is convinced. Baudron's studies have documented shrinkage of certain fish species due to climate warming. His account is that warmer temperatures lower the concentration of oxygen in the water, causing fish to burn energy faster and mature at a smaller size. But neither he nor Tseng is convinced that decreased oxygen can explain the shrinkage in the beetles.

44. What is the best title for the passage?
    (A) Large Beetles Are Shrinking, Thanks to Climate Change
    (B) Beetles vs. Fish: Are They Becoming Smaller?
    (C) What We Know About Evolutionary Ecology
    (D) Animal Ecology: Past and Present

45. What does "**a deep dive**" most likely mean in the second
    paragraph?
    (A) A clear indication.   (B) An important finding.
    (C) A thorough examination.   (D) An insightful comment.

46. Which of the following is true about the research method of Tseng's
    team?
    (A) They conducted both laboratory and field studies.
    (B) They took pictures of 600,000 specimens of insects.
    (C) They divided the beetles into different size groups for
        examination.
    (D) They recorded the degrees of oxygen concentration since the
        late 1800s.

47. Which of the following is a finding of Tseng's team?
    (A) Eight species of beetles have shrunk over the past century.
    (B) Some beetles were not affected by temperature change.
    (C) Most beetles tend to live longer with climate warming.
    (D) Beetles and fish may shrink down to the same size.

第 48 至 51 題爲題組

　　In order to protect the diversity of crops from catastrophe, the
Svalbard Global Seed Vault, a seed bank, was built beneath a mountain
on an Arctic island halfway between Norway and the North Pole. The
Vault is meant to help farmers and scientists find the genes they need to
improve today's crops. It also aims to breed varieties that might better
respond to emerging challenges, such as climate change and population
growth. Currently, the Vault holds more than 860,000 samples,
originating from almost every country in the world.

There is now, however, a growing body of opinion that the world's faith in Svalbard is misplaced. Those who have worked with farmers in the field say that diversity cannot be boxed up and saved in a single container—no matter how secure it may be. Crops are always changing, pests and diseases are always adapting, and global warming will bring additional challenges that remain unforeseen. In a perfect world, the solution would be as diverse and dynamic as plant life itself.

The dispute about how best to save crop diversity centers on whether we should work with communities in the fields or with institutions, since it will be extremely difficult to find enough funding to do both. Now the isolated Svalbard seed vault is sucking up available funding. Yet, **the highly centralized approach** may not be able to help farmers cope with climate change, fifty or a hundred years from now. According to new research findings, as much as 75 percent of global crop diversity exists outside the big institutional seed banks. Such diversity is held instead by some of the world's most marginal farmers. Moreover, it is argued with increasing force that seed banks can neither make up for the practical knowledge of farmers on the ground, nor compete with their ingenuity.

48. What is the main idea of this passage?
    (A) Seed banks can help farmers improve their crops.
    (B) The practice of seed banks requires global cooperation.
    (C) The idea of saving crop diversity in seed banks is debatable.
    (D) Seed banks are able to deal with challenges of climate change.

49. According to this passage, which of the following statements is true about the Svalbard Global Seed Vault?
    (A) It is using up a lot of the funding.
    (B) It is located in the center of Norway.
    (C) It aims to fight against gene modified crops.
    (D) It holds 75 percent of global crop diversity.

50. Which of the following is true about the role of farmers in preserving crop variety?

(A) Competing with seed banks.

(B) Providing practical knowledge.

(C) Packaging seeds for research.

(D) Responding to population growth.

51. What does "**the highly centralized approach**" in the third paragraph refer to?
    (A) Working with institutions.　　(B) Working with farmers.
    (C) Finding enough crop diversity.　(D) Finding sufficient funds.

第貳部份：非選擇題（占 28 分）

說明： 本部分共有二大題，請依各題指示作答，答案必須寫在「答案卷」上，
　　　 並標明大題號（一、二），若因字跡潦草、未標示題號、標錯題號等原
　　　 因，致評閱人員無法清楚辨識，其後果由考生自行承擔。作答務必使用
　　　 筆尖較粗之黑色墨水的筆書寫，且不得使用鉛筆。

一、中譯英（占 8 分）

說明： 1. 請將以下中文句子譯成正確、通順、達意的英文，並將答案寫在「答
　　　　　案卷」上。
　　　 2. 請依序作答，並標明子題號（1、2）。每題 4 分，共 8 分。

1. 快速時尚以速度與低價為特色，讓人們可以用負擔得起的價格買到流行的
   服飾。

2. 然而，它所鼓勵的「快速消費」卻製造了大量的廢棄物，造成巨大的污染
   問題。

二、英文作文（占 20 分）

說明： 1. 依提示在「答案卷」上寫一篇英文作文。
　　　 2. 文長至少 120 個單詞（words）。

提示： 如果你就讀的學校預計辦理一項社區活動，而目前師生初步討論出三
　　　 個方案：（一）提供社區老人服務（如送餐、清掃、陪伴等）；
　　　 （二）舉辦特色市集（如農產、文創、二手商品等）；（三）舉辦藝
　　　 文活動（如展出、表演、比賽等）。這三個方案，你會選擇哪一個？
　　　 請以此為題，寫一篇英文作文，文長至少 120 個單詞。文分兩段，第
　　　 一段說明你的選擇及原因，第二段敘述你認為應該要有哪些活動內
　　　 容，並說明設計理由。

107年度指定科目考試英文科試題詳解

第壹部分：選擇題

一、詞彙：

1. (**D**) Gorillas have often been portrayed as a fearful animal, but in truth these shy apes <u>rarely</u> fight over sex, food, or territory.
大猩猩經常被描繪成一種可怕的動物，但是事實上，這種害羞的猿類<u>很少</u>為了性、食物，或是領土爭吵。
   (A) constantly〔ˈkɑnstəntlɪ〕adv. 不斷地
   (B) shortly〔ˈʃɔrtlɪ〕adv. 不久
   (C) nearly〔ˈnɪrlɪ〕adv. 幾乎
   (D) ***rarely***〔ˈrɛrlɪ〕adv. 很少

   * gorilla〔gəˈrɪlə〕n. 大猩猩　　portray〔porˈtre〕v. 描繪
   fearful〔ˈfɪrfəl〕adj. 可怕的　　***in truth*** 事實上（= *in fact*）
   ape〔ep〕n. 猿　　***fight over*** 爭奪；為…爭吵
   sex〔sɛks〕n. 性　　territory〔ˈtɛrəˌtorɪ〕n. 領土

2. (**B**) With her nine-to-five job, Sally sometimes has to run personal <u>errands</u> during the lunch break, such as going to the bank or mailing letters. 由於莎莉朝九晚五的工作，她有時候必須在午休期間處理私人<u>事務</u>，例如去銀行或是寄信。
   (A) affair〔əˈfɛr〕n. 事情；事務
   (B) ***errand***〔ˈɛrənd〕n. 差事　　***run errands*** 跑腿
   (C) belongings〔bəˈlɔŋɪŋz〕n. pl. 所有物；財物
   (D) connection〔kəˈnɛkʃən〕n. 連接

   * nine-to-five adj. 朝九晚五的　　personal〔ˈpɝsn̩l〕adj. 私人的
   lunch break 午休　　mail〔mel〕v. 郵寄

3. (**B**) After an argument with the parents of his students, the teacher finally admitted his mistake and <u>humbled</u> himself to ask for their forgiveness. 在一場和學生家長的爭執之後，那名老師最後承認他的錯誤，並且<u>謙卑地</u>請求他們的原諒。

(A) resist〔rɪˈzɪst〕v. 抵抗

(B) **humble**〔ˈhʌmbl̩〕v. 使謙卑　　**humble** *oneself* 低聲下氣；謙卑

(C) detect〔dɪˈtɛkt〕v. 發現；察覺

(D) handle〔ˈhændl̩〕v. 處理

＊argument〔ˈɑrgjəmənt〕n. 爭論　　admit〔ədˈmɪt〕v. 承認

　ask for 請求　　forgiveness〔fɚˈgɪvnɪs〕n. 原諒

4.(**A**) Instead of criticizing other people, we should focus on their strengths and give them compliments. 我們應該專注於其他人的優點，並且給予他們讚美，而不是批評他們。

(A) **compliment**〔ˈkɑmpləmənt〕n. 讚美

(B) compromise〔ˈkɑmprəˌmaɪz〕n. 妥協

(C) conviction〔kənˈvɪkʃən〕n. 信念；定罪

(D) confession〔kənˈfɛʃən〕n. 招認

＊**instead of** 而不是　　criticize〔ˈkrɪtəˌsaɪz〕v. 批評

　focus on 專注於　　strength〔strɛŋθ〕n. 長處；優點

5.(**A**) Taking advantage of a special function of the search engine, users can browse the Internet without leaving behind any history of the webpages they visit. 利用搜尋引擎上一個特別的功能，使用者可以在網路上瀏覽，卻不會在他們拜訪的網站上留下歷史紀錄。

(A) **browse**〔brauz〕v. 瀏覽　　　(B) stride〔straɪd〕v. 跨大步走

(C) rumble〔ˈrʌmbl̩〕v. 隆隆作響　(D) conceal〔kənˈsil〕v. 隱藏

＊**take advantage of** 利用　　function〔ˈfʌŋkʃən〕n. 功能

　search engine 搜尋引擎　　**leave behind** 留下

　history〔ˈhɪstrɪ〕n. 歷史紀錄

　webpage〔ˈwɛbˌpedʒ〕n. 網頁（= *web page*）

6.(**C**) Due to extremely low rainfall and a dangerous reduction of reservoir water, the area is experiencing the worst drought in 30 years. 由於極少的降雨量和水庫水量危險減少，這個區域正在經歷三十年來最嚴重的旱災。

(A) fluid〔ˈfluɪd〕n. 液體　　　　(B) scandal〔ˈskændl̩〕n. 醜聞

(C) **drought**〔draut〕n. 旱災

(D) nuisance〔ˈnjusn̩s〕n. 討厭的人或物

* ***due to*** 由於　　extremely〔ɪk'strimlɪ〕*adv.* 極端地；非常
rainfall〔'ren,fɔl〕*n.* 降雨；降雨量
reduction〔rɪ'dʌkʃən〕*n.* 減少
reservoir〔'rɛzɚ,vɔr〕*n.* 水庫　　experience〔ɪk'spɪrɪəns〕*v.* 經歷

7. (**B**) On Teachers' Day we pay <u>tribute</u> to Confucius for his contribution to the philosophy of education.
在教師節時，我們因爲孔子對教育原理的貢獻，表達對他的<u>敬意</u>。
(A) consent〔kən'sɛnt〕*n.* 同意
(B) ***tribute***〔'trɪbjut〕*n.* 敬意；尊崇　　***pay tribute to*** 向～表示敬意
(C) devotion〔dɪ'voʃən〕*n.* 獻身；奉獻
(D) preference〔'prɛfərəns〕*n.* 偏愛
* ***Teacher's Day*** 教師節　　Confucius〔kən'fjuʃəs〕*n.* 孔子
contribution〔,kɑntrə'bjuʃən〕*n.* 貢獻
philosophy〔fə'lɑsəfɪ〕*n.* 哲學；原理
education〔,ɛdʒu'keʃən〕*n.* 教育

8. (**D**) When the fire fighter walked out of the burning house with the crying baby in his arms, he was <u>hailed</u> as a hero by the crowd.
當那名消防員從燃燒中的房子走出來，懷裡抱著一名哭泣的嬰兒時，他被群衆<u>高呼</u>爲英雄。
(A) preview〔'pri,vju〕*v.* 預習
(B) caution〔'kɔʃən〕*v.* 警告；告誡
(C) doom〔dum〕*v.* 註定
(D) ***hail***〔hel〕*v.* 爲…喝采；歡呼；高呼＜*as*＞
* ***fire fighter*** 消防員　　***walk out of*** 走出
burning〔'bɝnɪŋ〕*adj.* 燃燒中的　　***in one's arms*** 在某人懷中
hero〔'hɪro〕*n.* 英雄　　crowd〔kraʊd〕*n.* 群衆

9. (**C**) Due to the worldwide recession, the World Bank's forecast for next year's global economic growth is <u>grim</u>.
由於全球的經濟不景氣，世界銀行對於明年全球經濟成長的預測十分<u>令人擔憂</u>。
(A) keen〔kin〕*adj.* 熱心的；熱衷的
(B) mild〔maɪld〕*adj.* 溫和的

(C) *grim* 〔 grɪm 〕 *adj.* 嚴厲的；令人擔憂的

(D) foul 〔 faʊl 〕 *adj.* 骯髒的；腐敗的

* worldwide 〔'wɝld,waɪd 〕 *adj.* 全球的
  recession 〔 rɪ'sɛʃən 〕 *n.* 經濟不景氣　　***World Bank*** 世界銀行
  forecast 〔'for,kæst 〕 *n.* 預測；預報　　global 〔'globḷ 〕 *adj.* 全球的
  economic 〔,ikə'namɪk 〕 *adj.* 經濟的　　growth 〔 groθ 〕 *n.* 成長

10. (**D**) Jeffery has always been a quarrelsome person, so it's not surprising he got into an argument with his colleagues.

傑弗瑞一直是個喜歡爭吵的人，他和同事陷入爭執並不讓人意外。

(A) respective 〔 rɪ'spɛktɪv 〕 *adj.* 個別的

(B) preventive 〔 prɪ'vɛntɪv 〕 *adj.* 預防的

(C) contagious 〔 kən'tedʒəs 〕 *adj.* 傳染性的

(D) *quarrelsome* 〔'kwɔrəlsəm 〕 *adj.* 喜歡爭吵的

* colleague 〔'kalig 〕 *n.* 同事

二、綜合測驗：

第 11 至 15 題為題組

　　"Keeping up with the Joneses" is a catchphrase in many parts of the English-speaking world.　Just like "keeping up appearances," it refers to the comparison to one's neighbors as a standard for social status or the
　　　　11
accumulation of material goods.

　　"Keeping up with the Joneses"（和鄰居比排場）在很多說英語的地方，是個流行語，就像 "keeping up appearances" 一樣，是指和鄰居的比較，是社會地位和累積多少物質商品的標準。

> ***keep up with the Joneses*** 和鄰居比排場；和鄰居比富
> catchphrase 〔'kætʃ,frez 〕 *n.* 流行語
> world 〔 wɝld 〕 *n.* 世界；地區　　appearance 〔 ə'pɪrəns 〕 *n.* 外表
> ***keep up appearances*** 裝門面；做樣子　　***refer to*** 是指
> neighbor 〔'nebɚ 〕 *n.* 鄰居　　standard 〔'stændɚd 〕 *n.* 標準
> status 〔'stetəs 〕 *n.* 地位
> accumulation 〔 ə,kjumjə'leʃən 〕 *n.* 累積
> material 〔 mə'tɪrɪəl 〕 *adj.* 物質的；有形的
> goods 〔 gʊdz 〕 *n. pl.* 商品

11. (**D**) 依句意，選 (D) *comparison* 〔 kəm'pærəsṇ 〕*n.* 比較。而 (A) reaction
〔 rɪ'ækʃən 〕*n.* 反應，(B) attachment 〔 ə'tætʃmənt 〕*n.* 依戀；附屬物，
(C) similarity 〔,sɪmə'lærətɪ 〕*n.* 相似之處，則不合句意。

Generally speaking, the more luxuries people have, the higher their value
or social status—or <u>so</u> they believe. To fail to "keep up with the Joneses"
　　　　　　　　　　　　　12
is thus perceived as revealing socio-economic inferiority or, as the Chinese
would put it, a great loss of face.
一般說來，人們擁有的奢侈品越多，他們的價值或社會地位就越高——或他們
是如此相信的。因此，未能「和鄰居比排場」，就被認為是顯現出社經地位上
的劣勢，或如同中國人所說的，是非常丟臉的事。

> ***generally speaking*** 一般說來
> 「the + 比較級，the + 比較級」表「越…就越～」。
> luxury 〔 'lʌkʃərɪ 〕*n.* 奢侈品　***fail to V.*** 未能～
> thus 〔 ðʌs 〕*adv.* 因此　　perceive 〔 pɚ'siv 〕*v.* 發覺；察覺
> ***be perceived as*** 被認為是　　reveal 〔 rɪ'vil 〕*v.* 透露；顯露出
> socio-economic 〔,soʃɪo,ikə'nɑmɪk 〕*adj.* 社會經濟的；社經的
> inferiority 〔 ɪn,fɪrɪ'ɔrətɪ 〕*n.* 劣勢
> put 〔 pʊt 〕*v.* 說　　***loss of face*** 丟臉

12. (**B**) 依句意，或者他們相信是「如此」，選 (B) *so*。so 當代名詞，當動詞
say, tell, think, expect, suppose, believe, fear, hear 等的受詞，作
「如此」解。　　so they believe = they believe so

The <u>phrase</u> was popularized when a comic strip of the same name was
　　　　13
created by cartoonist Arthur R. "Pop" Momand. The strip was first published
in 1916 in the *New York World*, and ran in American newspapers for 28 years
before it was eventually <u>adapted</u> into books, films, and musical comedies.
　　　　　　　　　　　　　14
　　當漫畫家 Arthur R. "Pop" Momand 畫出和這個片語同名的連環漫畫時，
它就變得非常普及。這個連環漫畫最初是在1916年刊登於《紐約世界報》，然
後就在美國的報紙上刊登了28年，最後被改編成書、電影，以及音樂喜劇。

> popularize 〔 'pɑpjələ,raɪz 〕*v.* 使普及
> comic 〔 'kɑmɪk 〕*adj.* 漫畫的

> strip〔strɪp〕*n.* 細長的一條；連環漫畫
> ***comic strip*** 連環漫畫　　create〔krɪ'et〕*v.* 創造
> cartoonist〔kɑr'tunɪst〕*n.* 漫畫家
> publish〔'pʌblɪʃ〕*v.* 刊登　　run〔rʌn〕*v.* 刊登
> eventually〔ɪ'vɛntʃʊəlɪ〕*adv.* 最後　　film〔fɪlm〕*n.* 電影
> musical〔'mjuzɪkḷ〕*adj.* 音樂的　　comedy〔'kɑmədɪ〕*n.* 喜劇

13. (**A**) 依句意，選 (A) ***phrase***〔frez〕*n.* 片語。而 (B) signal〔'sɪgnḷ〕*n.* 信號，(C) material〔mə'tɪrɪəl〕*n.* 物質，(D) analysis〔ə'næləsɪs〕*n.* 分析，則不合句意。

14. (**A**) 依句意，選 (A) ***adapted***〔ə'dæptɪd〕*v.* 改編。而 (B) admit〔əd'mɪt〕*v.* 承認，(C) advance〔əd'væns〕*v.* 前進，(D) advise〔əd'vaɪz〕*v.* 勸告，則不合句意。

The "Joneses" of the title were rich neighbors of the strip's main characters and, interestingly, they were merely <u>spoken of</u> but never actually seen in person in the comic strip.
¹⁵

漫畫名稱裡的 "Joneses"（瓊斯一家人）是連環漫畫主角的有錢鄰居，而有趣的是，他們僅僅被談到，但卻從未真正在漫畫中出現。

> title〔'taɪtḷ〕*n.* 頭銜；（書、電影的）名稱；標題
> main〔men〕*adj.* 主要的　　character〔'kærɪktɚ〕*n.* 人物
> interestingly〔'ɪntrɪstɪŋlɪ〕*adv.* 有趣的是　　merely〔'mɪrlɪ〕*adv.* 僅僅
> actually〔'æktʃʊəlɪ〕*adv.* 真正地　　***in person*** 親自地；本人

15. (**C**) 依句意，選 (C) ***spoken of***「被談到」。而 (A) check out「結帳退房；查看」，(B) watch over「監視」，(D) be traded with「被用…交換」，則不合句意。

第 16 至 20 題為題組

　　Many people at some point in life have white spots on their fingernails. One of the most common causes for these little white spots is a condition called leukonychia. Although the name sounds pretty serious, the condition typically <u>isn't</u>. And while many people think the white spots are caused by a calcium or zinc deficiency, that's generally not the case.
¹⁶

　　很多人在人生中的某個時刻，指甲上會出現白色斑點。這些白色的小斑點，最常見的原因之一，就是一種叫作「甲白斑症」的疾病。雖然這個名稱聽起來相當嚴重，但這種病通常並不嚴重。而且雖然很多人認為，這些白色斑點是缺乏鈣或鋅造成的，但通常不是如此。

some〔sʌm〕*adj.* 某個　　point〔pɔɪnt〕*n.* 時刻
spot〔spɑt〕*n.* 斑點　　fingernail〔ˋfɪŋgɚ͵nel〕*n.* 指甲（= *nail*）
common〔ˋkɑmən〕*adj.* 常見的　　cause〔kɔz〕*n.* 原因
condition〔kənˋdɪʃən〕*n.* 情況；疾病
leukonychia〔͵lukəˋnɪkɪə〕*n.* 甲白斑症　　serious〔ˋsɪrɪəs〕*adj.* 嚴重的
typically〔ˋtɪpɪkḷɪ〕*adv.* 通常（= *generally*）
while〔hwaɪl〕*conj.* 雖然　　calcium〔ˋkælsɪəm〕*n.* 鈣
zinc〔zɪŋk〕*n.* 鋅　　deficiency〔dɪˋfɪʃənsɪ〕*n.* 缺乏；不足
the case 事實

16.（**A**）依句意，這種病通常「不」嚴重，空格應填入 be 動詞的否定，故選
　　　（A）*isn't*。

In reality, these spots most often develop <u>as a result of</u> mild to moderate
　　　　　　　　　　　　　　　　　　　　17
trauma to your nail. If you can't think of anything that would have injured
your nail, consider the fact that nails grow very slowly, so the injury <u>may</u>
<u>have occurred</u> weeks before the spots ever appeared. The spots could also
18
be a sign of a mild infection or allergy, or a side effect of certain medications.

　　事實上，會有這些斑點形成，常常是因為指甲有輕度到中度的外傷。如果你想不起來有任何東西傷害過你的指甲，就要考慮一下指甲長得很慢這個事實，所以這個傷害，可能在斑點出現的好幾個星期前，就已經發生了。這些斑點也可能是輕微感染或過敏的跡象，或是某些藥物的副作用。

in reality 事實上（= *in fact*）　　develop〔dɪˋvɛləp〕*v.* 形成
mild〔maɪld〕*adj.* 輕微的；輕度的
moderate〔ˋmɑdərɪt〕*adj.* 適度的；中度的
trauma〔ˋtrɔmə〕*n.* 外傷；創傷　　injure〔ˋɪndʒɚ〕*v.* 傷害
consider〔kənˋsɪdɚ〕*v.* 考慮　　injury〔ˋɪndʒərɪ〕*n.* 傷
ever〔ˋɛvɚ〕*adv.* 有；會；在任何時候　　sign〔saɪn〕*n.* 跡象
infection〔ɪnˋfɛkʃən〕*n.* 感染　　allergy〔ˋælədʒɪ〕*n.* 過敏
side effect 副作用　　certain〔ˋsɝtṇ〕*adj.* 某些
medication〔͵mɛdəˋkeʃən〕*n.* 藥物

17. (**B**) 依句意，選 (B) *as a result of*「因為；由於」。

而 (A) in spite of「儘管」，(C) to the best of「就…所及」(如 to the best of my knowledge「就我所知」)，(D) for the sake of「為了」，則不合句意。

18. (**D**) 依句意，「可能」在幾個禮拜前就「已經發生了」，選 (D) *may have occurred*。

Whatever the source of the injury, these spots typically do not require
<u>　19　</u>
any treatment and should go away as your nail grows out. And they should
not return unless you suffer another injury to a nail. However, this generally
<u>applies</u> when only a single or a few nails are affected. If all of your nails
　20
are showing white spots, the leukonychia could be related to another more
serious condition such as anemia, cardiac disease, diabetes, or kidney
disease.

無論這個傷害的來源是什麼，這些斑點通常不需要治療，並且當你的指甲長出來時，應該就會消失。而且除非你的指甲又受到傷害，否則它們應該不會復發。然而，這通常是適用於只有一個或一些指甲受到影響。如果你全部的指甲都有白色斑點，那「甲白斑症」就可能和另一種更嚴重的疾病有關，像是貧血、心臟病、糖尿病，或腎臟病。

source〔 sors 〕*n.* 來源　　require〔 rɪ'kwaɪr 〕*v.* 需要
treatment〔'tritmənt 〕*n.* 治療　　***go away*** 消失
return〔 rɪ'tɝn 〕*v.* (疾病) 復發　　suffer〔'sʌfɚ 〕*v.* 遭受
single〔'sɪŋgl̩ 〕*adj.* 單一的　　affect〔 ə'fɛkt 〕*v.* 影響
show〔 ʃo 〕*v.* 顯現　　***be related to*** 和…有關
anemia〔 ə'nimɪə 〕*n.* 貧血　　cardiac〔'kɑrdɪˌæk 〕*adj.* 心臟的
diabetes〔ˌdaɪə'bitɪz 〕*n.* 糖尿病　　kidney〔'kɪdnɪ 〕*n.* 腎

19. (**C**) 依句意，「無論」來源是「什麼」，選 (C) *Whatever*。

而 (A) supposing「如果」(= *if*)，(B) including「包括」，
(D) whether「是否」，則不合句意。

20. (**C**) 依句意，選 (C) *applies*〔 ə'plaɪz 〕*v.* 適用。而 (A) indicate〔'ɪndəˌket 〕*v.* 指出，(B) define〔 dɪ'faɪn 〕*v.* 下定義，(D) confirm〔 kən'fɝm 〕*v.* 證實；確認，則不合句意。

三、文意選填：

第 21 至 30 題爲題組

Aquaculture is the farming of any aquatic plant or animal. Aquaculture is of great importance because it reduces the possibility of over fishing wild fish, and also improves the quality and increases the [21](I) supply of fish for human consumption.

水產養殖就是養殖任何水中的植物或動物。水產養殖很重要，因爲它能降低過度捕撈野生魚類的可能性，也能改善供人類食用的魚類的品質，並增加其供應量。

aquaculture〔ˈækwəˌkʌltʃɚ〕*n.* 水產養殖
farming〔ˈfɑrmɪŋ〕*n.* 養殖
aquatic〔əˈkwætɪk〕*adj.* 水生的；水產的
be of great importance 非常重要　　　reduce〔rɪˈdjus〕*v.* 降低
over fishing 過度捕撈　　wild〔waɪld〕*adj.* 野生的
improve〔ɪmˈpruv〕*v.* 改善　　quality〔ˈkwɑlətɪ〕*n.* 品質
increase〔ɪnˈkris〕*v.* 增加　　supply〔səˈplaɪ〕*n.* 供應量
consumption〔kənˈsʌmpʃən〕*n.* 消耗；吃；喝

Ancient civilizations throughout the world engaged in different types of fish farming. The indigenous people in Australia are believed to have raised eels as early as 6000 BC. Abundant [22](K) evidence indicates they developed volcanic floodplains near Lake Condah into channels and dams, then captured eels and preserved them to eat all year round. The earliest records of fish [23](B) culture, however, are from China, where the practice was in wide use around 2500 BC. When the waters subsided after river floods, some fish, mainly carp, were [24](C) trapped in lakes. Early fish farmers then fed their brood using nymphs and silkworm feces, and ate them afterwards.

全世界的古文明都從事過不同類型的魚類養殖。一般認爲，澳洲的原住民早在西元前六千年就養過鰻魚。有大量的證據顯示，他們將康達湖附近的火山沖積平原，開發成水道和水壩，然後捕捉鰻魚，並將牠們保存下來，以供全年食用。然而，最早的魚類養殖紀錄是來自中國，在那裡，這種做法於西元前二千五百年左右被廣泛地使用。當河川氾濫後，洪水消退，有些魚，大多是鯉魚，就會被困在湖裡。然後早期的魚類養殖者就用蛹和蠶的糞便，來餵他們的魚群，之後再將牠們吃掉。

ancient〔'enʃənt〕*adj.* 古代的

civilization〔ˌsɪvḷaɪ'zeʃən〕*n.* 文明；文明國家

throughout〔θru'aʊt〕*prep.* 遍及　　***engage in*** 從事

indigenous〔ɪn'dɪdʒənəs〕*adj.* 原住民的　　raise〔rez〕*v.* 飼養

eel〔il〕*n.* 鰻魚　　abundant〔ə'bʌndənt〕*adj.* 豐富的

evidence〔'ɛvədəns〕*n.* 證據　　indicate〔'ɪndəˌket〕*v.* 顯示

develop〔dɪ'vɛləp〕*v.* 使發展爲　　volcanic〔vɑl'kænɪk〕*adj.* 火山的

floodplain〔'flʌdˌplen〕*n.* 沖積平原

channel〔'tʃænḷ〕*n.* 水道；溝渠　　dam〔dæm〕*n.* 水壩

capture〔'kæptʃɚ〕*v.* 捕捉　　preserve〔prɪ'zɝv〕*v.* 保存

all year round 全年　　culture〔'kʌltʃɚ〕*n.* 養殖；文化

practice〔'præktɪs〕*n.* 做法　　***in wide use*** 被廣泛使用

subside〔səb'saɪd〕*v.*（洪水）退去　　flood〔flʌd〕*v.* 氾濫；淹水

mainly〔'menlɪ〕*adv.* 主要地；大部分

carp〔kɑrp〕*n.* 鯉魚　　trap〔træp〕*v.* 使困住

brood〔brud〕*n.* 同窩幼鳥【在此指「魚群」】

nymph〔nɪmf〕*n.* 幼蟲；蛹　　silkworm〔'sɪlkˌwɝm〕*n.* 蠶

feces〔'fisiz〕*n. pl.* 糞便　　afterwards〔'æftɚwɚdz〕*adv.* 之後

　　In Europe, aquaculture first began in ancient Rome. The Romans, who
[25](D) adored sea fish and oysters, created oyster farms which were similar
to swimming pools. Fish and crustaceans (such as shrimps and crabs)
caught in lagoons were kept [26](E) alive in these pools until it was time to
eat them. The farms were often built inside [27](J) wealthier homes, where
well-to-do families could invite their guests over and choose the fish they
wished to eat. This Roman tradition was later adopted by Christian
monasteries in central Europe.

　　在歐洲，水產養殖最早是由古羅馬開始的。羅馬人很喜愛海魚和牡蠣，他
們建造了牡蠣養殖場，和游泳池很類似。他們把被困在潟湖的魚和甲殼類（像
是蝦子和螃蟹），養在這些水池裡，直到要吃爲止。這些養殖場常常被建在較有
錢的人家裡，這些有錢的家庭可以邀請客人來，挑選他們想吃的魚。這種羅馬
人的傳統，後來在中歐被基督教的男修道院所採用。

adore〔ə'dor〕*v.* 非常喜愛

oyster〔'ɔɪstɚ〕*n.* 牡蠣　　farm〔fɑrm〕*n.* 養殖場

crustacean〔krʌs'teʃən〕*n.* 甲殼綱的動物

shrimp〔ʃrɪmp〕*n.* 蝦子　　crab〔kræb〕*n.* 螃蟹
be caught in 被困在　　lagoon〔lə'gun〕*n.* 潟湖
alive〔ə'laɪv〕*adj.* 活的　　pool〔pul〕*n.* 水池
it is time to V. 是該…的時候了　　wealthy〔'wɛlθɪ〕*adj.* 有錢的
well-to-do〔'wɛl,tə'du〕*adj.* 有錢的　　***invite sb. over*** 邀請某人過來
tradition〔trə'dɪʃən〕*n.* 傳統　　later〔'letə〕*adv.* 後來
adopt〔ə'dɑpt〕*v.* 採用　　Christian〔'krɪstʃən〕*adj.* 基督教的
monastery〔'mɑnəs,tɛrɪ〕*n.* 男修道院

During the Middle Ages, aquaculture [28](A) spread in Europe, since far away from the seacoasts and the big rivers, fish had to be salted so they did not rot. Throughout feudal Europe, monastic orders and the aristocracy were the main users of freshwater fish, for they had a [29](F) monopoly over the land, forests, and water courses while the common people could seldom build ponds of their own. As with hunting, [30](H) illegal fishing was severely punished and the less well-off would have to wait a few centuries before fresh fish was served on their plates.

　　在中世紀期間，水產養殖在歐洲傳開來，因為離海岸和大河很遠，魚必須用鹽醃漬，才不會腐爛。在封建時期的歐洲，修道會和貴族，是淡水魚的主要食用者，因為他們壟斷了土地、森林，以及水路，而一般人則是很少能建造自己的池塘。就像打獵一樣，非法捕魚會受到嚴厲的處罰，而比較沒錢的人，必須要等上好幾世紀，才有新鮮的魚在他們的盤上。

the Middle Ages 中世紀　　spread〔sprɛd〕*v.* 散播；蔓延
seacoast〔'si,kost〕*n.* 海岸　　salt〔sɔlt〕*v.* 給…加鹽；醃製
rot〔rɑt〕*v.* 腐爛　　feudal〔'fjudḷ〕*adj.* 封建的
monastic〔mə'næstɪk〕*adj.* 修道院的　　***monastic order*** 修道會
aristocracy〔,ærə'stɑkrəsɪ〕*n.* 貴族　　user〔'juzə〕*n.* 使用者
freshwater〔'frɛʃ,wɔtə〕*adj.* 淡水的
monopoly〔mə'nɑpḷɪ〕*n.* 壟斷；獨占權　　forest〔'fɔrɪst〕*n.* 森林
course〔kors〕*n.* 路線；水道　　***water course*** 水道
common people 一般人　　pond〔pɑnd〕*n.* 池塘
as with 正如同…一樣　　hunting〔'hʌntɪŋ〕*n.* 打獵
illegal〔ɪ'ligḷ〕*adj.* 非法的　　severely〔sə'vɪrlɪ〕*adv.* 嚴厲地
well-off〔'wɛl'ɔf〕*adj.* 富有的；有錢的
the less well-off 較沒錢的人　　century〔'sɛntʃərɪ〕*n.* 世紀
serve〔sɝv〕*v.* 供應；上（菜）　　plate〔plet〕*n.* 盤子

四、篇章結構：

第 31 至 35 題為題組

　　The causes of the French Revolution are complex and still widely debated among historians. However, many scholars agree that food played an important role in the socio-political upheaval. [31](F) Specifically, bread and salt, two most essential elements in the French cuisine, were at the heart of the conflict.

　　法國大革命的起因很複雜，而且仍然在歷史學家之間廣為爭論。然而，許多學者都同意，食物在這項社會政治的巨變中，扮演著重要的角色。明確地說，麵包和鹽，這兩種在法國佳餚裡，最不可或缺的要素，成為了紛爭中的核心。

> cause〔kɔz〕n. 原因　　revolution〔͵rɛvə'luʃən〕n. 革命
> **French Revolution** 法國大革命
> complex〔kəm'plɛks, 'kɑmplɛks〕adj. 複雜的
> widely〔'waɪdlɪ〕adv. 廣泛地　　debate〔dɪ'bet〕v. 辯論
> historian〔hɪs'tɔrɪən〕n. 歷史學家　　scholar〔'skɑlɚ〕n. 學者
> **play a～role** 扮演一個～角色
> socio-political〔'soʃɪo͵pə'lɪtɪkl̩〕adj. 社會政治的
> upheaval〔ʌp'hivl̩〕n. 大變動；動亂
> specifically〔spɪ'sɪfɪklɪ〕adv. 明確地；具體地說　　salt〔sɔlt〕n. 鹽
> essential〔ə'sɛnʃəl〕adj. 必要的　　element〔'ɛləmənt〕n. 成份；要素
> crusine〔kwɪ'zin〕n. 菜餚；烹飪法
> heart〔hɑrt〕n. 核心；關鍵　　conflict〔'kɑnflɪkt〕n. 衝突

　　A main component in the French daily meal, bread was often tied up with the national identity. Studies show that the average 18th-century French worker spent half his daily wage on bread. In 1788 and 1789, however, when the grain crops failed two years in a row, the price of bread shot up to 88 percent of his earnings. [32](D) The common household could not afford to buy enough food to meet their basic needs. The great majority of the French population was starving. Some even resorted to theft or prostitution to stay alive.

　　麵包是法國日常餐點中主要的成分，常常和國家認同有關。有研究指出，在十八世紀的法國，平均一個工人，會花掉他一天工資的一半在麵包上。然而在 1788 年和 1789 年，穀物連續兩年欠收，麵包的價格就暴漲至一個人總收入

的百分之八十八。一般的家庭,根本買不起足夠滿足其基本需求的食物。大多
數的法國人都在挨餓。甚至有些人還訴諸竊盜與賣淫,以維持生活。

component〔kəm'ponənt〕n. 成份
daily〔'delɪ〕adj. 日常的;每天的　　meal〔mil〕n. 一餐
be tied up with 與…有關　　identity〔aɪ'dɛntətɪ〕n. 身份
national identity 國家認同　　study〔'stʌdɪ〕n. 研究
average〔'ævərɪdʒ〕adj. 一般的　　wage〔wedʒ〕n. 工資
grain〔gren〕n. 穀物　　crop〔krɑp〕n. 農作物
fail〔fel〕v. 歉收　　*in a row* 連續　　*shoot up* 暴漲
earnings〔'ɜnɪŋz〕n. pl. 所賺得的錢;收入
household〔'haʊs,hold〕n. 家庭　　afford〔ə'ford〕v. 負擔得起
meet ~ need 滿足 ~ 需求　　majority〔mə'dʒɔrətɪ〕n. 大多數
population〔,pɑpjə'leʃən〕n. 人口;居民
starve〔stɑrv〕v. 饑餓　　*resort to* 訴諸
theft〔θɛft〕n. 竊盜　　prostitution〔,prɑstə'tjuʃən〕n. 賣淫

[33](C) Meanwhile, peasants' resentment against the *gabelle* was spreading.
Started in the 15th century, this tax on salt consumption was applied
particularly to the poor, while the nobility and the privileged were
exempted.　The high rate and unequal distribution of the tax provoked
widespread illegal dealing in salt by smugglers, leading to skyrocketing
salt prices.

　　同時,農民對鹽稅的憎恨也開始蔓延。從十五世紀開始,這項對鹽類消耗
的課稅,特別針對窮人,而貴族與有特權的人,則被免除。非常高的稅率,與
不平等的課稅分配,激起走私者很普遍地進行非法鹽類交易,造成鹽價飆升。

meanwhile〔'min,hwaɪl〕adv. 同時
peasant〔'pɛzn̩t〕n. 農夫　　resentment〔rɪ'zɛntmənt〕n. 憎恨
gabelle〔gə'bɛl〕n. 法國 1789 年革命以前之鹽稅
tax〔tæks〕n. 稅　　consumption〔kən'sʌmpʃən〕n. 消耗;吃(喝)
particularly〔pə'tɪkjələlɪ〕adv. 特別地　　*apply to* 適用於
the poor 窮人　　while〔hwaɪl〕conj. 然而　　*the nobility* 貴族
priveleged〔'prɪvl̩ɪdʒd〕adj. 有特權的　　exempt〔ɪg'zɛmp〕v. 使免除
rate〔ret〕n. 比率　　unequal〔ʌn'ikwəl〕adj. 不相等的
distribution〔,dɪstrə'bjuʃən〕n. 分配　　provoke〔prə'vok〕v. 激起
widespread〔'waɪd'sprɛd〕adj. 普遍的

dealing（'dilɪŋ）*n.* 交易；買賣
smuggler（'smʌglɚ）*n.* 走私者；偷運者
lead to 導致　　skyrocketing（'skaɪ,rɑkɪtɪŋ）*adj.* 暴漲的

　　However, the royal court at Versailles was isolated from and indifferent to the escalating crisis. The desperate population thus blamed the ruling class for the famine and economic disturbances. [34](E) The anger quickly built up, culminating in the massive riots of the French Revolution in 1789. The results include the storming of the Bastille, a medieval fortress and prison in Paris, and the eventual beheading of King Louis XVI and his wife, Marie Antoinette.

　　然而，位於凡爾賽宮中的宮廷，卻與這高漲的危機隔絕，並且漠不關心。因此，絕望的人民便把饑荒與經濟動盪，怪罪給統治階層。憤怒的情緒快速高漲，最後導致了 1789 年法國大革命中大規模的暴動。結果包含了巴士底獄的猛攻，那是一座中古世紀在巴黎的堡壘與監獄，最終使路易十六與他的妻子，瑪莉‧安唐妮被砍頭。

royal（'rɔɪəl）*adj.* 皇家的　　***royal court*** 宮廷
Versailles（vɚ'selz）*n.* 凡爾賽宮【法國巴黎西部的宮殿所在地】
isolated（'aɪsḷ,etɪd）*adj.* 隔離的＜ *from* ＞
indifferent（ ɪn'dɪfərənt）*adj.* 漠不關心的＜ *to* ＞
escalating（'ɛskə,letɪŋ）*adj.* 逐漸升高的；逐漸擴大的
crisis（'kraɪsɪs）*n.* 危機　　desperate（'dɛspərɪt）*adj.* 絕望的
thus（ ðʌs）*adv.* 因此　　blame（ blem）*v.* 譴責
the ruling class 統治階級　　famine（'fæmɪn）*n.* 饑荒
economic（,ikə'nɑmɪk）*adj.* 經濟的
disturbance（ dɪ'stɝbəns）*n.* 騷動　　***build up*** 增加；增強
culminate（'kʌlmə,net）*v.* 達到最高點　　***culminate in*** 終於成為
massive（'mæsɪv）*adj.* 大規模的　　riot（'raɪət）*n.* 暴動
storming（'stɔrmɪŋ）*n.* 猛攻；突襲
Bastille（ bæs'til）*n.* 巴士底監獄
medieval（,midɪ'ivḷ）*adj.* 中世紀的　　fortress（'fɔrtrɪs）*n.* 堡壘
prison（'prɪzn̩）*n.* 監獄　　eventual（ ɪ'vɛntʃuəl）*adj.* 最後的
beheading（ bɪ'hɛdɪŋ）*n.* 砍頭；斬首
King Louis XVI（'kɪŋ 'luɪ ðə'sɪkstɪnθ）*n.* 法王路易十六
Marie Antoinette（ mə'ri ,æntwɑ'nɛt）*n.* 瑪麗‧安唐妮

[35](B) With the collapse of the royal family, calm was restored gradually. Yet, the *gabelle* and the "bread question" remained among the most unsettling social and political issues throughout the Revolutionary and Napoleonic periods (1789-1815) and well beyond.

隨著皇室的崩塌,逐漸恢復了平靜。然而鹽稅與「麵包問題」在大革命與拿破崙在位期間(1789-1815),甚至在那個時期之後很久,都仍然是最令人不安的社會與政治議題之一。

> collapse〔kə'læps〕 *n.* 崩潰　　***the royal family*** 皇室
> calm〔kɑm〕 *n.* 平靜　　restore〔rɪ'stor〕 *v.* 恢復
> gradually〔'grædʒuəlɪ〕 *adv.* 逐漸地
> yet〔jɛt〕 *adv.* 然而;但是　　remain〔rɪ'men〕 *v.* 仍然是
> unsettling〔ʌn'sɛtḷɪŋ〕 *adj.* 使人不安的　　issue〔'ɪʃju〕 *n.* 議題;問題
> revolutionary〔ˌrɛvə'luʃənˌɛrɪ〕 *adj.* 革命的
> Napoleonic〔nəˌpalɪ'anɪk〕 *adj.* 拿破崙一世的
> period〔'pɪrɪəd〕 *n.* 時期　　***well beyond*** 遠超過

五、閱讀測驗:

第 36 至 39 題為題組

Born in 1785 in southwestern Germany, Baron Karl Drais was one of the most creative German inventors of the 19th century. The baron's numerous inventions include, among others, the earliest typewriter, the meat grinder, a device to record piano music on paper, and two four-wheeled human-powered vehicles. But it was the running machine, the modern ancestor of the bicycle, that made him famous.

在 1785 年出生於德國西南部,卡爾·德雷斯男爵(Karl Drais)是十九世紀最具創造力的德國發明家之一。這位男爵有無數的發明,其中包括最早期的打字機、絞肉機,還有一種可以在紙上記錄鋼琴音樂的裝置,以及兩輛四輪人力車。但使他成名的是奔跑機,腳踏車的現代始祖。

> southwestern〔ˌsauθ'wɛstən〕 *adj.* 西南部的
> baron〔'bærən〕 *n.* 男爵　　creative〔krɪ'etɪv〕 *adj.* 有創造力的
> inventor〔ɪn'vɛntə〕 *n.* 發明家　　numerous〔'njumərəs〕 *adj.* 無數的
> invention〔ɪn'vɛnʃən〕 *n.* 發明　　include〔ɪn'klud〕 *v.* 包括
> ***among others*** 除了別的以外　　typewriter〔'taɪpˌraɪtə〕 *n.* 打字機
> ***meat grinder*** 絞肉機【grind〔graɪnd〕 *v.* 絞碎】

device〔dɪˈvaɪs〕*n.* 裝置　　wheel〔hwil〕*n.* 輪子
human-powered *adj.* 人力的　　vehicle〔ˈviɪkḷ〕*n.* 車輛
modern〔ˈmɑdən〕*adj.* 現代的
ancestor〔ˈænsɛstə〕*n.* 祖先；原型　　famous〔ˈfeməs〕*adj.* 有名的

　　The running machine, also called Draisine or hobby horse, was in effect a very primitive bicycle: it had no chains and was propelled by riders pushing off the ground with their feet. Though not a bike in the modern sense of the word, Drais' invention **marked the big bang** for the bicycle's development. It was the first vehicle with two wheels placed in line. The frame and wheels were made of wood; the steering already resembled a modern handlebar. Drais' big democratic idea behind his invention was to find a muscle-powered replacement for the horses, which were expensive and consumed lots of food even when not in use. The machine, he believed, would allow large numbers of people faster movement than walking or riding in a coach.

　　奔跑機也被稱為 Draisine 或小木馬，其實就是非常原始的腳踏車：它沒有鍊子，騎的人需要用腳蹬地去推動它。雖然它不能算是現代所謂的腳踏車，但德雷斯的發明，就意味著腳踏車界的大爆炸。它是最早的兩輪平行的車輛。車身骨架和輪子都是用木頭做的；車把已經跟現代的有點相似了。德雷斯的發明背後重要的民主理念，是希望找到代替馬的肌肉動力，因為馬不僅很貴，而且沒在使用時，還會吃掉大量的食物。他相信這個機器可以使很多人有一個比走路，或坐四輪馬車，還要快速的移動方式。

hobby〔ˈhɑbɪ〕*n.* 嗜好　　*hobby horse*（兒童當馬騎的）小木馬
in effect 事實上（ = *in fact*）　　primitive〔ˈprɪmətɪv〕*adj.* 原始的
chain〔tʃen〕*n.* 鏈子　　propel〔prəˈpɛl〕*v.* 推動
push off the ground 蹬地　　sense〔sɛns〕*n.* 意義
mark〔mɑrk〕*v.* 標誌；意謂著
the big bang（創生宇宙的）大爆炸
development〔dɪˈvɛləpmənt〕*n.* 發展
place〔ples〕*v.* 放置　　*in line* 成一直線地
frame〔frem〕*n.* 車身骨架　　wood〔wʊd〕*n.* 木頭
steering〔ˈstɪrɪŋ〕*n.* 車把　　resemble〔rɪˈzɛmbḷ〕*v.* 像

handlebar（'hændl͵bɑr）*n.* 把手

democratic（͵dɛmə'krætɪk）*adj.* 民主的

idea（aɪ'diə）*n.* 想法；理念　　muscle（'mʌsl̩）*n.* 肌肉

muscle-powered *adj.* 用肌肉提供動力的

replacement（rɪ'plesmənt）*n.* 代替

consume（kən'sum）*v.* 消耗；吃（喝）　　***in use*** 使用中

allow（ə'lau）*v.* 給予　　***large numbers of*** 很多的

movement（'muvmənt）*n.* 移動　　coach（kotʃ）*n.* 四輪馬車

Drais undertook his first documented ride on June 12, 1817, covering a distance of 13 kilometers in one hour. A few months later, Drais created a huge sensation when he rode 60 kilometers in four hours. These were later followed by a marketing trip to Paris, where the hobby horse quickly caught on. The fad also quickly spread to Britain.

德雷斯於 1817 年 6 月 12 日，進行了他第一次有記錄的騎乘，他一小時之內，騎了 13 公里的距離。幾個月後，德雷斯在四小時內騎了 60 公里，造成了巨大的轟動。後來為了行銷，他去了一趟巴黎，在那裡，這個小木馬很快就開始流行。這一時的流行迅速地傳到了英國。

undertake（͵ʌndə'tek）*v.* 進行　　document（'dɑkjə͵mənt）*v.* 記錄

cover（'kʌvɚ）*vt.* 行走；行駛　　distance（'dɪstəns）*n.* 距離

create（krɪ'et）*v.* 創造　　huge（hjudʒ）*adj.* 巨大的

sensation（sɛn'seʃən）*n.* 轟動　　marketing（'mɑrkɪtɪŋ）*n.* 行銷

catch on 受歡迎；流行　　fad（fæd）*n.* 一時的流行

spread（sprɛd）*v.* 蔓延　　Britain（'brɪtn̩）*n.* 英國

The success of the hobby horse was short-lived, though. They were heavy and difficult to ride. Safety was an issue, too: They lacked a brake, as well as cranks and pedals. There were frequent collisions with unsuspecting pedestrians, and after a few years Drais' invention was banned in many European and American cities. Drais' ideas, however, did not disappear entirely. Decades later, the machine was equipped by Frenchmen Pierre Lallement and Pierre Michaux with pedals to become the modern bicycle.

然而，小木馬的成功是短暫的。它很重，而且很難騎。安全也成了問題：它沒有煞車、曲柄，和踏板。常常會和毫無戒心的路人相撞，幾年後，德雷斯

的發明，被許多歐洲和美國的城市禁止。不過，德雷斯的構想，並沒有完全消失。數十年後，法國人 Pierre Lallement 和 Pierre Michaux 把它裝上了踏板，就變成了現代的腳踏車。

> short-lived (ˈʃɔrtˌlaɪvd) *adj.* 短暫的　　issue (ˈɪʃju) *n.* 問題
> lack (læk) *v.* 缺乏　　brake (brek) *n.* 煞車　　***as well as*** 以及
> crank (kræŋk) *n.* 曲柄　　pedal (ˈpɛdḷ) *n.* 踏板
> frequent (ˈfrikwənt) *adj.* 時常發生的　　collision (kəˈlɪʒən) *n.* 相撞
> unsuspecting (ˌʌnsəˈspɛktɪŋ) *adj.* 不懷疑的；信任的
> pedestrian (pəˈdɛstrɪən) *n.* 行人　　ban (bæn) *v.* 禁止
> disappear (ˌdɪsəˈpɪr) *v.* 消失　　entirely (ɪnˈtaɪrlɪ) *adv.* 完全地
> decade (ˈdɛked) *n.* 十年　　equip (ɪˈkwɪp) *v.* 使配備

36. (**D**) 爲什麼德雷斯要發明這台奔跑機？
    (A) 爲了證明自己身爲發明者的創造力。
    (B) 爲了保護馬不被虐待。
    (C) 爲了提供新的裝置給皇室成員。
    (D) 爲了給一般大衆更好的交通工具。

> prove (pruv) *v.* 證明　　creativity (ˌkrieˈtɪvətɪ) *n.* 創造力
> abuse (əˈbjuz) *v.* 虐待　　gadget (ˈgædʒɪt) *n.* 裝置
> royal (ˈrɔɪəl) *adj.* 皇家的　　***the general public*** 一般大衆
> means (minz) *n.* 方法；手段　　***means of transportation*** 交通工具

37. (**D**) 第二段的 "marked the big bang" 是什麼意思？
    (A) 會發出很大的聲音。　　　(B) 製造嚴重的擾亂。
    (C) 廣受歡迎。　　　　　　　(D) 代表創新的做法。

> ***give out*** 發出　　popularity (ˌpɑpjəˈlærətɪ) *n.* 受歡迎
> represent (ˌrɛprɪˈzɛnt) *v.* 代表
> groundbreaking (ˈgraʊndˌbrekɪŋ) *adj.* 創新的
> work (wɜk) *n.* 做法；行爲

38. (**D**) 關於這台奔跑機，以下的敘述何者正確？
    (A) 它配備有曲柄和踏板。
    (B) 它的輪子和車身骨架都是鐵做的。
    (C) 它有煞車可以控制它移動的速度。
    (D) 它的車把跟現代腳踏車的很相似。

> iron (ˈaɪən) *n.* 鐵　　speed (spid) *n.* 速度

39. (**C**) 爲什麼小木馬未能成爲十九世紀常見的車輛？
　　(A) 它很貴，而且不夠耐用。　　　(B) 它跑得沒有大衆期待的快。
　　(C) 它很難控制，而且在馬路上騎很危險。
　　(D) 它在歐洲城市沒有獲得足夠的大衆關注。
　　fail to V. 未能～　　　durable〔ˋdʊrəbļ〕*adj.* 耐用的
　　expect〔ɪkˋspɛkt〕*v.* 期待　　receive〔rɪˋsiv〕*v.* 得到
　　attention〔əˋtɛnʃən〕*n.* 注意

第 40 至 43 題爲題組

　　Flickering lamps can induce headaches. But if the flickering happens millions of times a second—far faster than the eye can see or the brain process—then it might be harnessed to do something useful, like transmitting data. **This** is the idea behind Li-Fi, or Light Fidelity. The term Li-Fi was coined by University of Edinburgh Professor Harald Haas in a 2011 TED Talk, where he introduced the idea of "wireless data from every light." Today, Li-Fi has developed into a wireless technology that allows data to be sent at high speeds, working with light-emitting diodes (LEDs), an increasingly popular way to illuminate public areas and homes.

　　閃爍的燈可能會引發頭痛。但是如果閃光在一秒內閃爍好幾百萬次——遠遠超過眼睛所能看見或是大腦所能處理——那麼它就可能被用來做一些有用的事情，像是傳送資料。這就是 Li-Fi，也就是光照上網技術，背後的概念。Li-Fi 這個專有名詞，是愛丁堡大學的哈拉‧哈斯教授，在一場 2011 年的 TED 演講大會中提出的，在演講中，他首次介紹了「來自光照的無線資料」。現在，Li-Fi 已經發展成爲一種無線科技，能夠讓資料以高速傳遞，和發光二極體，一種越來越受歡迎，用來照亮公共區域以及家庭的方式，一起運作。

　　flickering〔ˋflɪkərɪŋ〕*adj.* 閃爍的　　induce〔ɪnˋdjus〕*v.* 引發
　　process〔ˋprɑsɛs〕*v.* 處理　　harness〔ˋhɑrnɪs〕*v.* 利用
　　transmit〔trænsˋmɪt〕*v.* 傳送　　data〔ˋdetə〕*n. pl.* 資料
　　or〔ɔr〕*conj.* 也就是　　fidelity〔faɪˋdɛlətɪ〕*n.* 傳眞性
　　Li-Fi 光照上網技術（= *Light Fidelity*）【利用可見光通訊技術來實現網
　　　際網路的資訊傳輸。光照上網技術就是以各種可見光源作爲訊號發射源，
　　　通過控制器控制燈光的通斷，從而控制光源和終端接收器之間的通訊。它
　　　具有高頻寬（其頻寬是 Wi-Fi 的 1 萬倍）、高安全性（室內電腦、行動終端
　　　資訊不會洩漏到室外）、節能等特點。儘管 Li-Fi 燈泡必須保持開啓狀態才
　　　能傳輸資料，但是燈泡可以調暗至人眼看不到的程度，卻仍然能夠執行】

term〔tɜm〕*n.* 名詞；用語　　coin〔kɔɪn〕*v.* 創造

Edinburgh〔'ɛdn̩,bɜo〕*n.* 愛丁堡　　professor〔prə'fɛsɚ〕*n.* 教授

Harald Haas〔'hɑrɑld'hɑz〕*n.* 哈拉・斯【可見光通訊技術的先驅研究者】

TED Talk TED演講大會【TED為美國的一家私有非營利機構，該機構以
　　它組織的TED大會著稱，這個會議的宗旨是用思想的力量來改變世界】

wireless〔'waɪrlɪs〕*adj.* 無線的　　allow〔ə'laʊ〕*v.* 讓

at high speeds 高速地　　***work with*** 和…合作

emit〔ɪ'mɪt〕*v.* 放射　　diode〔'daɪoɪd〕*n.* 二極（真空）管

light-emitting diod 發光二極體（= *LED*）【一種能發光的半導體電子
　　元件，透過三價與五價元素所組成的複合光源】

increasingly〔ɪn'krɪsɪŋlɪ〕*adv.* 逐漸地；越來越～

illuminate〔ɪ'lumə,net〕*v.* 照亮

　　Using LED lights as networking devices for data transmission, Li-Fi
has several advantages over Wi-Fi (Wireless Fidelity). First, Li-Fi allows
for greater security on local networks, as light cannot penetrate walls or
doors, unlike radio waves used in Wi-Fi. As long as transparent materials
like glass windows are covered, access to a Li-Fi channel is limited to
devices inside the room, ensuring that signals cannot be hacked from
remote locations. Also, Li-Fi can operate in electromagnetic sensitive
areas such as aircraft cabins, hospitals, and nuclear power plants, for light
does not interfere with radio signals. The most significant advantage of
Li-Fi is speed. Researchers have achieved speeds of 224 gigabits per
second in lab conditions, much faster than Wi-Fi broadband.

　　使用 LED 燈作為資料傳輸的網路裝置，Li-Fi 比起 Wi-Fi（無限區域網路
技術），多了許多優點。首先，Li-Fi 在區域網路上，擁有較高的安全性，因為
燈光無法穿透門或牆壁，不像 Wi-Fi 用的無線電波。只要像是玻璃窗這種透明
的物質被蓋住，Li-Fi 頻道的使用，就被限制在室內的裝置，確保信號不會從遠
方的地點被駭入。此外，Li-Fi 可以在電磁波敏感區域，像是飛機機艙、醫院，
以及核電廠運作，因為燈光不會干擾無線電的訊號。Li-Fi 最重要的優點，就是
速度。研究人員已經在實驗室的環境中，達到每秒 224 千兆比特的速度，比 Wi-Fi
寬頻還要快非常多。

networking〔'nɛt,wɜkɪŋ〕*adj.* 網路的　　device〔dɪ'vaɪs〕*n.* 裝置

transmission〔træns'mɪʃən〕*n.* 傳送

advantage〔əd'væntɪdʒ〕*n.* 優點

Wi-Fi 無線區域網路技術（ = *Wireless Fidelity*）【是 Wi-Fi 聯盟製造商商
　標做為產品的品牌認證，一個建立於 IEEE 802.11 標準的無線區域網路技術】
allow for 考慮到　　security〔sɪˋkjʊrətɪ〕*n.* 安全
local〔ˋlokḷ〕*adj.* 當地的；某一地區內的
penetrate〔ˋpɛnəˌtret〕*v.* 穿透　　***radio wave*** 無線電波
as long as 只要　　transparent〔trænsˋpɛrənt〕*adj.* 透明的
material〔məˋtɪrɪəl〕*n.* 材質
access〔ˋæksɛs〕*n.* 接近或使用權 < *to* >　　channel〔ˋtʃænḷ〕*n.* 頻道
ensure〔ɪnˋʃʊr〕*v.* 確保　　signal〔ˋsɪgṇḷ〕*n.* 信號
hack〔hæk〕*v.* 駭入　　remote〔rɪˋmot〕*adj.* 遙遠的
location〔loˋkeʃən〕*n.* 地點　　operate〔ˋɑpəˌret〕*v.* 操作；運作
electromagnetic〔ɪˌlɛktroməgˋnɛtɪk〕*adj.* 電磁的
sensitive〔ˋsɛnsətɪv〕*adj.* 敏感的　　aircraft〔ˋɛrˌkræft〕*n.* 飛機
cabin〔ˋkæbɪn〕*n.* 客艙　　***nuclear power plant*** 核電廠
interfere〔ˌɪntəˋfɪr〕*v.* 干擾 < *with* >
significant〔sɪgˋnɪfəkənt〕*adj.* 顯著的
gigabit〔ˋgɪgəbɪt〕*n.* 千兆比特　　conditions〔kənˋdɪʃənz〕*n. pl.* 環境
broadband〔ˋbrɔdˋbænd〕*n.* 寬頻

How could Li-Fi enrich daily life? Anywhere there is LED lighting,
there is an opportunity for Li-Fi enabled applications. Li-Fi-enabled street
lights could provide internet access to mobile phones, making walking at
night safer. The LED bulbs in traffic lights could provide drivers with
weather conditions and traffic updates. Li-Fi could help with tourism by
providing an easier access to local information. At home, smart light could
also provide parents with solutions to their children's Internet addiction:
Just turn off the lights and you've turned off their access.

　　Li-Fi 如何充實我們的日常生活？任何有 LED 照明的地方，就有機會啟用
Li-Fi 應用程式。靠Li-Fi啟用的路燈，可以提供網路給手機使用，讓夜晚走在路
上更安全。在紅綠燈中的LED燈泡，可以提供駕駛人天氣狀況以及即時交通路
況。Li-Fi 也有助於旅遊業，可以提供更容易取得當地資訊的方式。在家裡，智
慧照明也可以提供家長，解決孩子網路成癮的方法：只要關掉電燈，就是關掉
了他們的網路。

enrich〔ɪnˋrɪtʃ〕*v.* 充實　　lighting〔ˋlaɪtɪŋ〕*n.* 燈光照明
enable〔ɪnˋebḷ〕*v.* 使能夠　　***Li-Fi enabled*** 靠 Li-Fi 啟用的
application〔ˌæpləˋkeʃən〕*n.* 應用；應用程式（ = *app*）

internet〔ˋɪntɚ͵nɛt〕*n.* 網際網路（= *Internet*）　　***mobile phone*** 手機
bulb〔bʌlb〕*n.* 燈泡　　update〔ˋʌp͵det〕*n.* 最新資訊
tourism〔ˋtʊrɪzəm〕*n.* 旅遊；觀光
solution〔səˋluʃən〕*n.* 解決之道 < *to* >
addiction〔əˋdɪkʃən〕*n.* 上癮　　***turn off*** 關掉

　　When 14 billion light bulbs mean 14 billion potential transmitters of
wireless data, a cleaner, a greener, and even a brighter future is on the way.
　　當 140 億個電燈泡，意味著有 140 億個無線資料的潛在發送機，那麼一個
更乾淨、更環保，甚至更明亮的未來，就在不遠處。

billion〔ˋbɪljən〕*n.* 十億　　potential〔pəˋtɛnʃəl〕*adj.* 潛在的；可能的
transmitter〔trænsˋmɪtɚ〕*n.* 發送機
green〔grin〕*adj.* 環保的　　***on the way*** 在路上；在不遠處

40. (**B**) 本文主要是關於什麼？
　　(A) 一個新的照明設計。
　　(B) 透過照明進行的無線傳輸。
　　(C) 公共區域的無線電干擾。
　　(D) Li-Fi 在軍事用途上可能的應用方式。
　　design〔dɪˋzaɪn〕*n.* 設計　　illumination〔ɪ͵lumə ˋneʃən〕*n.* 照明
　　interference〔͵ɪntɚˋfɪrəns〕*n.* 干擾
　　military〔ˋmɪlə͵tɛrɪ〕*adj.* 軍事的

41. (**B**) 在第一段中的 "**This**" 指的是什麼？
　　(A) 閃爍的燈是惱人的事物。
　　(B) 閃爍的燈光可以傳遞訊息。
　　(C) 大腦可能會被燈光影響。
　　(D) 人類的眼睛可以察覺燈光的變化。
　　nuisance〔ˋnjusn̩s〕*n.* 討厭的人或物　　flash〔flæʃ〕*n.* 閃爍
　　deliver〔dɪˋlɪvɚ〕*v.* 傳遞　　perceive〔pɚˋsiv〕*v.* 察覺

42. (**A**) 根據本文，下列關於 Li-Fi 的敘述何者為非？
　　(A) 它可以穿透混凝土牆。　　(B) 它在 2011 年首次被介紹。
　　(C) 它可以高速傳送資料。　　(D) 它可能會在教養子女上有幫助。
　　concrete〔kɑnˋkrit , ˋkɑnkrit〕*adj.* 混凝土製的
　　parenting〔ˋpɛrəntɪŋ〕*n.* 教養子女

43.(**D**) 根據本文，下列何者是 Li-Fi 勝過 Wi-Fi 的優點？
(A) Li-Fi 可以用無線電啓動，省下更多能源。
(B) Li-Fi 在車輛無法行駛的區域，可以引導行人。
(C) Li-Fi 在停電期間，可以提供更安全的資料傳輸。
(D) Li-Fi 可以被用在 Wi-Fi 可能會被雷達信號干擾的區域。

power〔'pauəˋ〕v. 提供動力　　energy〔'ɛnədʒɪ〕n. 能源
guide〔gaɪd〕v. 引導　　pedestrian〔pə'dɛstrɪən〕n. 行人
vehicle〔'viɪkl̩〕n. 車輛　　travel〔'trævl̩〕v. 行進；前進
power failure 停電　　radar〔'redɑr〕n. 雷達

第 44 至 47 題爲題組

　　Some of the world's largest beetles are getting smaller because their habitats are warming up, according to new research from the University of British Columbia, Canada. The study, published in the *Journal of Animal Ecology* in January 2018, shows that climate change is having an impact on these "teeny tiny" organisms.

　　根據加拿大英屬哥倫比亞大學最新的研究，有些世界上最大的甲蟲正逐漸變小，因爲牠們的棲息地變溫暖了。這個研究是在 2018 年 1 月，刊登在《動物生態學期刊》，內容指出氣候變遷對這些「微小的」生物有影響。

beetle〔'bitl̩〕n. 甲蟲　　habitat〔'hæbə,tæt〕n. 棲息地
warm up 變溫暖　　publish〔'pʌblɪʃ〕v. 刊登
journal〔'dʒɝnl̩〕n. 期刊　　ecology〔ɪ'kɑlədʒɪ〕n. 生態學
climate〔'klaɪmɪt〕n. 氣候　　***climate change*** 氣候變遷
impact〔'ɪmpækt〕n. 影響　　teeny〔'tini〕adj. 極小的
tiny〔'taɪnɪ〕adj. 微小的
organism〔'ɔrgən,ɪzəm〕n. 生物；有機體

　　The study began with **a deep dive** into the scientific literature. Evolutionary ecologist Michelle Tseng and her students combed through all the articles they could find, looking for laboratory studies of temperature effects on insects. They found 19 that indicated at least 22 beetle species shrank when raised in warmer than normal temperatures.

　　這個研究開始先對科學文獻做深入的探討。演化生態學家米雪兒曾和她的學生，搜尋所有他們能找到的文章，找尋有關氣溫對昆蟲造成影響的實驗室研

究。他們找到 19 篇文章，指出至少有 22 種甲蟲，在比平常溫暖的溫度裡養大時，體型會變小。

> ***deep dive*** 深入研究　　scientific〔ˌsaɪənˈtɪfɪk〕*adj.* 科學的
> literature〔ˈlɪtərətʃɚ〕*n.* 文獻
> evolutionary〔ˌɛvəˈluʃənˌɛrɪ〕*adj.* 進化的
> ecologist〔ɪˈkɑlədʒɪst〕*n.* 生態學家
> comb〔kom〕*v.* 梳；徹底搜索　　***comb through*** 徹底尋找
> article〔ˈɑrtɪkḷ〕*n.* 文章　　laboratory〔ˈlæbrəˌtorɪ〕*n.* 實驗室
> temperature〔ˈtɛmprətʃɚ〕*n.* 溫度　　effect〔ɪˈfɛkt〕*n.* 影響
> insect〔ˈɪnsɛkt〕*n.* 昆蟲　　indicate〔ˈɪndəˌket〕*v.* 指出
> ***at least*** 至少　　species〔ˈspiʃɪz〕*n.* 物種　　shrink〔ʃrɪŋk〕*v.* 縮小
> raise〔rez〕*v.* 飼養　　normal〔ˈnɔrmḷ〕*adj.* 正常的

To see whether this pattern held true in the wild, the team made use of the university's 600,000-specimen insect collection, which included thousands of bugs collected locally since the late 1800s. The researchers took photographs of more than 6,500 beetles from the eight species with the most extensive records. They also looked at climate records to determine trends in rainfall and other factors besides temperature. Sorting the beetles into size categories, they found that five of the eight species have shrunk over the past century. The four largest species of beetles, including the snail-killer ground beetles, shrank 20% in the past 45 years. In contrast, smaller beetles were unaffected or even slightly increased in size.

爲了知道這個模式（氣溫變高，甲蟲會變小）是否也適用於在野外生長的甲蟲，研究團隊利用英屬哥倫比亞大學，收藏的 60 萬個昆蟲標本，其中包括數千隻，從十九世紀末就開始收集的當地蟲子。研究人員拍攝超過 6,500 隻他們做最多記錄的 8 種甲蟲。他們還看了氣候紀錄，去判定雨量的趨勢，和其他除了氣溫以外的因素。他們把甲蟲用尺寸分類，發現 8 種甲蟲中，有 5 種在過去這一世紀裡，已經變小了。最大的 4 種甲蟲，包括蝸牛殺手步行蟲，在過去的 45 年當中，縮小了百分之二十。對照之下，比較小型的甲蟲並沒有受到影響，或甚至尺寸有稍稍變大。

> whether〔ˈhwɛðɚ〕*conj.* 是否　　pattern〔ˈpætən〕*n.* 模式
> ***hold true*** 適用　　***in the wild*** 在野外　　***make use of*** 利用
> specimen〔ˈspɛsəmən〕*n.* 標本　　collection〔kəˈlɛkʃən〕*n.* 收集
> bug〔bʌg〕*n.* 蟲　　locally〔ˈlokəlɪ〕*adv.* 在本地

the late 1800s 十九世紀末　　photograph〔ˈfotəˌɡræf〕*n.* 照片

extensive〔ɪkˈstɛnsɪv〕*adj.* 廣泛的；大量的

record〔ˈrɛkəd〕*n.* 記錄　　determine〔dɪˈtɜmɪn〕*v.* 決定；判定

trend〔trɛnd〕*n.* 趨勢　　rainfall〔ˈrenˌfɔl〕*n.* 降雨（量）

factor〔ˈfæktə〕*n.* 因素　　besides〔bɪˈsaɪdz〕*prep.* 除了⋯之外

sort〔sɔrt〕*v.* 分類　　category〔ˈkætəˌɡorɪ〕*n.* 類別；範疇

century〔ˈsɛntʃərɪ〕*n.* 世紀；一百年　　snail〔snel〕*n.* 蝸牛

ground〔ɡraʊnd〕*n.* 地面

snail-killer ground beetle 蝸牛殺手步行蟲【一種甲蟲種類，步行蟲科
的外形及顏色有些不同，大部份是閃亮的黑色或金屬光澤，而且有脊狀翼
蓋（鞘翅）。有些物種的鞘翅無法分開（特別是大的步行蟲科昆蟲），因此
這類的步行蟲無法飛行】　　past〔pæst〕*adj.* 過去的

in contrast 對照之下　　unaffected〔ˌʌnəˈfɛktɪd〕*adj.* 不受影響的

slightly〔ˈslaɪtlɪ〕*adv.* 稍微地　　increase〔ɪnˈkris〕*v.* 增加

Some ecologists are cautious about Tseng's findings, saying that it hasn't yet been proved whether the warming temperatures are the actual cause for the beetle shrinkage. UK biologist Alan Ronan Baudron, however, is convinced. Baudron's studies have documented shrinkage of certain fish species due to climate warming. His account is that warmer temperatures lower the concentration of oxygen in the water, causing fish to burn energy faster and mature at a smaller size. But neither he nor Tseng is convinced that decreased oxygen can explain the shrinkage in the beetles.

有些生態學家對於米雪兒曾的研究結果很謹慎，他們表示變暖的氣溫是否為甲蟲變小的真正原因還沒有被證實。但是，英國生物學家艾倫・羅南・柏德隆是相信的。柏德隆的研究有紀錄一些特定魚種，由於氣候暖化而變小。他的說法是，較溫暖的氣溫會降低水中的氧氣濃度，導致魚更快消耗能量，並長成較小的尺寸。但是不論是他或是米雪兒曾都不相信，氧氣減少可以解釋甲蟲變小的現象。

cautious〔ˈkɔʃəs〕*adj.* 小心的；謹慎的

findings〔ˈfaɪndɪŋz〕*n. pl.* 發現；研究結果

actual〔ˈæktʃʊəl〕*adj.* 真正的　　cause〔kɔz〕*n.* 原因

shrinkage〔ˈʃrɪŋkɪdʒ〕*n.* 縮小

biologist〔baɪˈɑlədʒɪst〕*n.* 生物學家

convinced〔kənˈvɪnst〕*adj.* 確信的

document〔ˈdɑkjəˌmɛnt〕*v.* 記錄　　certain〔ˈsɜtn̩〕*adj.* 某些

> ***due to*** 由於　　account〔ə'kaʊnt〕*n.* 說法
> lower〔'loə〕*v.* 降低　　concentration〔ˌkansṇ'treʃən〕*n.* 濃度
> oxygen〔'aksədʒən〕*n.* 氧氣　　burn〔bɝn〕*v.* 消耗
> mature〔mə'tʃʊr〕*v.* 長成；成熟　　explain〔ɪk'splen〕*v.* 解釋

44.(**A**) 何者是本文最適合的標題？
　　(A) 由於氣候的變遷，大型甲蟲正在縮小
　　(B) 甲蟲跟魚類：牠們越來越小了嗎？
　　(C) 我們所知道的進化生態學
　　(D) 動物生態學：過去和現在

> ***thanks to*** 由於　　***vs.*** …對…（= *versus*）
> present〔'prɛznt〕*n.* 現在

45.(**C**) 第二段的 "a deep dive" 最有可能的意思是什麼？
　　(A) 清楚的指示。　　　　　(B) 一個重要的發現。
　　(C) 一個徹底的調查。　　　(D) 一個有深度的評論。

> indication〔ˌɪndə'keʃən〕*n.* 指示　　thorough〔'θɝo〕*adj.* 徹底的
> examination〔ɪgˌzæmə'neʃən〕*n.* 檢查；調查
> insightful〔'ɪnsaɪtfəl〕*adj.* 有洞察力的；有深刻見解的
> comment〔'kamɛnt〕*n.* 評論

46.(**C**) 以下關於曾的研究團隊之研究方法何者為真？
　　(A) 他們有做實驗室和田野研究。
　　(B) 他們拍了 60 萬張昆蟲標本的照片。
　　(C) 他們把甲蟲分為不同大小的群組來調查。
　　(D) 他們從十九世紀末開始記錄氧氣濃度。

> conduct〔kən'dʌkt〕*v.* 做；進行
> field〔fild〕*adj.* 田野的；實地的
> divide〔də'vaɪd〕*v.* 劃分　　degree〔dɪ'gri〕*n.* 程度

47.(**B**) 下面何者是曾團隊的發現？
　　(A) 有 8 種甲蟲在過去這個世紀以來已經縮小。
　　(B) 有些甲蟲沒有受到氣溫變化的影響。
　　(C) 大部分的甲蟲在氣候暖化時容易活得較久。
　　(D) 甲蟲和魚可能會縮小到一樣的尺寸。

> affect〔ə'fɛkt〕*v.* 影響　　***tend to V.*** 易於…；傾向於…

第 48 至 51 題為題組

　　In order to protect the diversity of crops from catastrophe, the Svalbard Global Seed Vault, a seed bank, was built beneath a mountain on an Arctic island halfway between Norway and the North Pole. The Vault is meant to help farmers and scientists find the genes they need to improve today's crops. It also aims to breed varieties that might better respond to emerging challenges, such as climate change and population growth. Currently, the Vault holds more than 860,000 samples, originating from almost every country in the world.

　　為了要保護農作物的多樣性免於大災難的傷害，斯瓦巴全球種子庫，一間種子銀行，被建在挪威與北極中間的一座北極地區島嶼的山下。這個種子庫的目的，是要幫助農民與科學家，找到他們需要的基因，來改善現今的農作物。它的另一個目的，是要培育出能夠更有效地因應各種新興的挑戰的物種，這些挑戰包括氣候變遷與人口成長。目前，斯瓦巴全球種子庫擁有超過 86 萬個樣本，幾乎源自全世界的各個國家。

***in order to V*. 為了…　　*protect A from B* 保護 A，免於 B 的傷害
diversity﹝dəˈvɝsətɪ﹞*n.* 多樣性　　crop﹝krɑp﹞*n.* 農作物
catastrophe﹝kəˈtæstrəfɪ﹞*n.* 大災難
Svalbard﹝ˈsvɑlˌbɑr﹞*n.* 斯瓦巴；冷岸群島【位於北極地區的群島】
global﹝ˈglobḷ﹞*adj.* 全球的　　seed﹝sid﹞*n.* 種子
vault﹝vɔlt﹞*n.* 金庫；地下貯藏室
seed bank 種子銀行；種子庫　　beneath﹝bɪˈniθ﹞*prep.* 在…之下
Arctic﹝ˈɑrktɪk﹞*adj.* 北極地區的　　halfway﹝ˈhæfˈwe﹞*adv.* 在中途
Norway﹝ˈnɔrwe﹞*n.* 挪威　　***the North Pole*** 北極
***be meant to V*. 目的是為了…　　gene﹝dʒin﹞*n.* 基因
improve﹝ɪmˈpruv﹞*v.* 改善　　***aim to V*. 目的在於…
breed﹝brid﹞*v.* 培育　　variety﹝vəˈraɪətɪ﹞*n.* 種類；多樣性
respond﹝rɪˈspɑnd﹞*v.* 回應＜ *to* ＞
emerging﹝ɪˈmɝdʒɪŋ﹞*adj.* 新興的；剛出現的
challenge﹝ˈtʃælɪndʒ﹞*n.* 挑戰　　growth﹝groθ﹞*n.* 成長
currently﹝ˈkɝəntlɪ﹞*adv.* 目前　　hold﹝hold﹞*v.* 擁有
sample﹝ˈsæmpḷ﹞*n.* 樣本
originate﹝əˈrɪdʒəˌnet﹞*v.* 起源＜ *from* ＞

There is now, however, a growing body of opinion that the world's faith in Svalbard is misplaced. Those who have worked with farmers in the field say that diversity cannot be boxed up and saved in a single container— no matter how secure it may be. Crops are always changing, pests and diseases are always adapting, and global warming will bring additional challenges that remain unforeseen. In a perfect world, the solution would be as diverse and dynamic as plant life itself.

然而，現在有越來越多人認為，全世界對於斯瓦巴種子庫的信任是錯的。那些跟農民一起在田裡工作過的人說，多樣性並不能被封存在單一的容器裡——不論它會是多麼的牢靠。農作物不斷在改變，害蟲與疾病也一直在適應環境，而且全球暖化將會帶來未知的額外挑戰。在一個完美的世界裡，解決的辦法也許就像植物生命本身，那樣的多樣與多變。

growing〔'groɪŋ〕adj. 漸增的　　*a body of* 很多的
opinion〔ə'pɪnjən〕n. 意見　　faith〔feθ〕n. 信任 < in >
misplace〔mɪs'ples〕v. 誤置；將…放錯位置；將（信任）誤給…
be boxed up 被裝箱　　save〔sev〕v. 保存
single〔'sɪŋgl〕adj. 單一的　　container〔kən'tenɚ〕n. 容器
secure〔sɪ'kjʊr〕adj. 安全的；可靠的　　pest〔pɛst〕n. 害蟲
disease〔dɪ'ziz〕n. 疾病　　adapt〔ə'dæpt〕v. 適應環境
global warming 全球暖化　　additional〔ə'dɪʃənḷ〕adj. 額外的
remain〔rɪ'men〕v. 仍然是　　unforeseen〔͵ʌnfor'sin〕adj. 無法預測的
perfect〔'pɝfɪkt〕adj. 完美的　　solution〔sə'luʃən〕n. 解決之道
diverse〔də'vɝs〕adj. 多種的；不同的
dynamic〔daɪ'næmɪk〕adj. 動態的；不斷變化的；不斷發展的

The dispute about how best to save crop diversity centers on whether we should work with communities in the fields or with institutions, since it will be extremely difficult to find enough funding to do both. Now the isolated Svalbard seed vault is sucking up available funding. Yet, **the highly centralized approach** may not be able to help farmers cope with climate change, fifty or a hundred years from now. According to new research findings, as much as 75 percent of global crop diversity exists outside the big institutional seed banks. Such diversity is held instead by some of the world's most marginal farmers. Moreover, it is argued with increasing force that seed banks can neither make up for the practical knowledge of farmers on the ground, nor compete with their ingenuity.

　　關於如何保存農作物多樣性最好的爭論，主要是關於我們是否應該和農夫或機構合作，因為要找到足夠的資金來做這兩件事，將會非常困難。現在這孤立的斯瓦巴全球種子庫，快要耗盡可獲得的資金。然而這個高度集中的方法，可能無法幫助農民應付五十年或一百年後的氣候變遷。根據新的研究發現，全球農作物的多樣性，有多達百分之七十五，是存在於大型機構的種子庫之外。擁有這種多樣性的，反而是一些全世界最邊緣的農民。此外，人們越來越強力地主張，種子庫既不能彌補農民在田野的實際知識，也無法和他們的發明才能競爭。

dispute〔dɪ'spjut〕*n.* 爭論　　***center on*** 以…為中心；被集中在…上

work with 和…合作　　community〔kə'mjunətɪ〕*n.* 集團；團體

communities in the fields 「在田野的團體」，也就是「農民」。

institution〔ˌɪnstə'tuʃən〕*n.* 機構　　extremely〔ɪk'strimlɪ〕*adv.* 非常

funding〔'fʌndɪŋ〕*n.* 資金　　isolated〔'aɪslˌetɪd〕*adj.* 孤立的

suck〔sʌk〕*v.* 使耗盡；使枯竭　　***suck up*** 用完（= *use up*）

available〔ə'veləbḷ〕*adj.* 可獲得的；可用的

highly〔'haɪlɪ〕*adv.* 高度地；非常

centralized〔'sɛntrəlˌaɪzd〕*adj.* 集中的

approach〔ə'protʃ〕*n.* 方法　　***cope with*** 應付；處理

fifty or a hundred years from now 五十或一百年後

exist〔ɪg'zɪst〕*v.* 存在　　institutional〔ˌɪnstə'tjuʃənḷ〕*adj.* 機構的

instead〔ɪn'stɛd〕*adv.* 取而代之；反而

marginal〔'mɑrdʒɪnḷ〕*adj.* 邊緣的；不太重要的

argue〔'ɑrgju〕*v.* 主張

increasing〔ɪn'krisɪŋ〕*adj.* 漸增的；越來越多的

force〔fors〕*n.* 力量　　***neither A nor B*** 既不 A，也不 B

make up for 彌補　　practical〔'præktɪkḷ〕*adj.* 實際的；實用的

on the ground 在田地裡（= *in the field*）

compete〔kəm'pit〕*v.* 競爭

ingenuity〔ˌɪndʒə'nuətɪ〕*n.* 發明的才能；創意

48.（**C**）本文的主旨為何？

(A) 種子庫可以幫助農民改善他們的農作物。

(B) 成立種子庫的做法需要全球的合作。

(C) 把農作物的多樣性保存在種子庫的這個想法，是有爭議的。

(D) 種子庫能夠應付氣候變遷帶來的挑戰。

        main idea 主旨   require〔rɪ'kwaɪr〕*v.* 需要
        cooperation〔ko͵ɑpə'reʃən〕*n.* 合作
        debatable〔dɪ'betəbḷ〕*adj.* 有爭論餘地的；值得商榷的
        deal with 應付；處理（= *cope with*）

49. (**A**) 根據本文，以下關於斯瓦巴全球種子庫的敘述何者正確？
        (A) <u>它用光了大量的資金。</u>   (B) 它位於挪威中央。
        (C) 它的目的是要對抗基因改造的農作物。
        (D) 它擁有全球農作物多樣性的百分之七十五。

        located〔lo'ketɪd〕*adj.* 位於…的   ***fight against*** 對抗
        modify〔'mɑdə͵faɪ〕*v.* 修改；改造
        gene modified crop 基因改造的農作物（= *gene-modified crop*）

50. (**B**) 關於農民在保存農作物多樣性的這個角色，何者正確？
        (A) 跟種子庫競爭。   (B) <u>提供實用的知識。</u>
        (C) 包裝供做研究的種子。   (D) 因應人口增長。

        role〔rol〕*n.* 角色   preserve〔prɪ'zɝv〕*v.* 保存
        package〔'pækɪdʒ〕*v.* 包裝

51. (**A**) 第三段中的 "**the highly centralized approach**" 是指什麼？
        (A) <u>與機構合作。</u>   (B) 與農民合作。
        (C) 找到足夠的多樣化農作物。   (D) 找到足夠的資金。

        sufficient〔sə'fɪʃənt〕*adj.* 足夠的

第貳部分：非選擇題

一、中譯英

1. 快速時尚以速度與低價為特色，讓人們可以用負擔得起的價格買到流行的服飾。

Fast fashion is characterized by

The <u>features/traits/characteristics</u> of fast fashion are
$\Big\}$ speed and low

$\left\{ \begin{array}{l} \text{price,} \\ \text{cost,} \end{array} \right\}$ $\left\{ \begin{array}{l} \text{allowing} \\ \text{enabling} \end{array} \right\}$ people to buy $\left\{ \begin{array}{l} \underline{\text{fashionable/trendy}} \text{ clothes} \\ \text{clothes in fashion} \\ \text{clothes in vogue} \end{array} \right.$

at $\left\{ \begin{array}{l} \text{affordable prices.} \\ \text{prices they can afford.} \end{array} \right.$

2. 然而，它所鼓勵的「快速消費」卻製造了大量的廢棄物，造成巨大的污染問題。

$$\left.\begin{array}{l}\text{However,}\\\text{Nevertheless,}\\\text{Nonetheless,}\end{array}\right\}\text{the "fast consumption" it}\left\{\begin{array}{l}\text{encourages}\\\text{promotes}\end{array}\right\}\left\{\begin{array}{l}\text{produces}\\\text{generates}\\\text{creates}\end{array}\right\}$$

$$\text{a}\left\{\begin{array}{l}\text{large}\\\text{great}\\\text{huge}\end{array}\right\}\text{amount of waste,}\left\{\begin{array}{l}\text{causing}\\\text{resulting in}\\\text{bringing about}\\\text{leading to}\end{array}\right\}$$

$$\left\{\begin{array}{l}\text{the huge problem of pollution.}\\\text{serious pollution.}\end{array}\right.$$

二、英文作文：

My Community Project

For my community project, I would choose to help some senior citizens with cleaning and running errands — doing things for them they otherwise might not do or have problems with due to their age and physical limitations. I would like to organize and implement this activity for a couple of good reasons. Mainly, it's not just a service. We'd also be providing company and human contact that, again, they otherwise might not get. ***Most of all***, it bothers me how old people get cast aside and forgotten about. It's got to be difficult being old and alone with nobody to care for you.

My activity would be fairly straightforward. ***First***, I'd survey my senior citizens: What do you need help with? ***Next***, I'd talk to my volunteers and get their feedback. ***Also***, some kids don't have a lot of experience dealing with old people, so we'd talk about the dos and don'ts. ***Finally***, I'd arrange a weekly schedule and assign tasks. ***For example***, Ms. Chen needs someone to help with the laundry on

Wednesday.　Mr. Wang needs someone to go to the market on Saturdays. *In this way*, we could make improvements in the lives of our seniors and let them know that we haven't forgotten about them.

我的社區計劃

就我的社區計劃而言，我會選擇幫助一些老人打掃和跑腿——爲他們做一些，他們可能因爲年紀和生理上的限制，而無法或很難做到的事。我想要組織並實行這個活動，有幾個很好的理由。主要的理由是，這不只是服務。我們也會提供陪伴，而且有人和他們接觸，不這樣的話，這些可能也是他們無法得到的。最重要的是，老人如何被拋棄並且遺忘，會使我感到煩惱。年老又孤單，而且沒有人照顧，一定很辛苦。

我的活動很簡單易懂。首先，我會調查我的這些老人：您需要什麼協助？接著，我會和我的義工談一談，徵求他們的意見。此外，有些孩子沒有很多和老人相處的經驗，所以我們會談論一些該做與不該做的事。最後，我會安排每週的時間表，並指派任務。例如，陳女士星期三需要有人幫忙洗衣服。王先生每個星期六都需要有人去市場。如此一來，我們就可以改善我們長輩的生活，並讓他們知道，我們並沒有忘了他們。

community〔kə'mjunətɪ〕*n.* 社區　　project〔'prɑdʒɛkt〕*n.* 計畫
senior〔'sinjɚ〕*adj.* 年長的　　*n.* 年長者　　citizen〔'sɪtəzn̩〕*n.* 市民
senior citizen 老人　　errand〔'ɛrənd〕*n.* 差事　　*run errands* 跑腿
physical〔'fɪzɪkl̩〕*adj.* 身體的　　limitation〔,lɪmə'teʃən〕*n.* 限制
organize〔'ɔrgən,aɪz〕*v.* 組織　　implement〔'ɪmplə,mɛnt〕*v.* 實行
a couple of 兩三個；幾個　　mainly〔'menlɪ〕*adv.* 主要地
company〔'kʌmpənɪ〕*n.* 陪伴　　contact〔'kɑntækt〕*n.* 接觸
bother〔'bɑðɚ〕*v.* 困擾　　*cast aside* 拋棄　　*care for* 照顧
difficult〔'dɪfə,kʌlt〕*adj.* 困難的；辛苦的　　fairly〔'fɛrlɪ〕*adv.* 相當地
straightforward〔,stret'fɔrwəd〕*adj.* 直截了當的；簡單的；易懂的
survey〔sə've〕*v.* 調查　　volunteer〔,vɑlən'tɪr〕*n.* 志願者；義工
feedback〔'fid,bæk〕*n.* 意見反應　　*deal with* 和…相處
dos and don'ts 該做與不該做的事；注意事項
arrange〔ə'rendʒ〕*v.* 安排　　weekly〔'wiklɪ〕*adj.* 每週的
schedule〔'skɛdʒul〕*n.* 時間表　　assign〔ə'saɪn〕*v.* 指派
laundry〔'lɔndrɪ〕*n.* 待洗的衣物　　*in this way* 如此一來
improvement〔ɪm'pruvmənt〕*n.* 改善

107年指定科目考試英文科出題來源

題　　號	出　　　　　處
一、詞彙 第 1～10 題	今年所有的詞彙題，所有選項均出自「新版高中常用 7000 字」。
二、綜合測驗 第 11～20 題	11～15 題改寫自 Coveting Your Neighbor's Car, or Desperately Seeking the Joneses（覬覦你鄰居的汽車，也就是拚命想和他們比排場），敘述 keep up with the Joneses 這個流行語的由來。 16～20 題改寫自 What are the white dots on my nails?（我指甲上的白色斑點是什麼？）描述一般人對指甲上白色斑點的迷思，並說明可能的成因。
三、文意選填 第 21～30 題	改寫自 History of Aquaculture（水產養殖的歷史）一文，敘述古今中外各個文明國家的水產養殖歷史。
四、篇章結構 第 31～35 題	改寫自 French Revolution（法國大革命）一文，敘述法國大革命的歷史，探討引發革命可能的原因。
五、閱讀測驗 第 36～39 題	改寫自 A Short Illustrated History of the Bicycle（簡短的腳踏車圖解歷史），說明最早期的腳踏車發明的過程，以及之後的演變。
第 40～43 題	改寫自 LiFi internet: First real-world usage boasts speed 100 times faster than WiFi（LiFi 網際網路：第一次實際使用的速度是 WiFi 的 100 倍）一文，敘述最新科技 LiFi（光照上網技術）勝過 WiFi 的原因。
第 44～47 題	改寫自 Large beetles are shrinking, thanks to climate change（因為氣候改變，大型甲蟲正在縮小中）一文，說明大型甲蟲體型縮小和氣候變遷的關聯。
第 48～51 題	改寫自 The doomsday vault: the seeds that could save a post-apocalyptic world（世界末日種子庫：這些在世界毀滅後，能拯救世界的種子），探討 Svalbard Global Seed Vault（斯瓦巴種子庫）是否值得信任的問題。

107 年指定科目考試英文科試題修正意見

題　號	修　正　意　見
第 21～30 題 第一段第 2 行	… because it reduces the possibility of *over fishing* wild fish …. → … because it reduces the possibility of ***overfishing*** wild fish …. * overfishing（過度捕撈）是一個字。
第三段第 5 行	… well-to-do families could invite their guests over *and* choose …. → … well-to-do families could invite their guests over ***to*** choose …. * 表「目的」，應用不定詞。
第 31～35 題 倒數第 2 行	(F) Specifically, bread and salt, *two most* essential elements in *the French cuisine* …. → Specifically, bread and salt, ***the two most*** essential elements in ***French cuisine*** …. * 有指定，而且有最高級 most，故須加定冠詞 the；而 French cuisine（法國菜）為專有名詞，不須加 the。
第 36～39 題 第二段第 1 行	…, also called *Draisine* or *hobby horse*, …. → …, also called ***a Draisine*** or ***a hobby horse***, …. * 專有名詞 Draisine〔'drezɪn〕普通化時，前面要加不定冠詞 a；hobby horse 為普通可數名詞，單數也須加冠詞 a。
第二段 倒數第 4 行	… was to find a muscle-powered replacement for *the horses*, …. → … was to find a muscle-powered replacement for ***horses***, …. * 依句意，用來代替「馬」，而不是代替「那些馬」，故應將 the 去掉。
第 40～43 題 第三段 第 4 行	Li-Fi could help with tourism by providing *an easier access to* …. → Li-Fi could help with tourism by providing ***easier access to*** …. * access（接近或使用權）為不可數名詞，不可加冠詞 a。
第 46 題	(D) They recorded the *degrees* of oxygen concentration since …. → They recorded the ***degree*** of oxygen concentration since …. * degree 在此作「程度」解，而不是指多少度，所以應用單數。

第 48～51 題 第三段第 4 行	…to help farmers to cope with climate *change, fifty or a hundred years from now.* → …to help farmers to cope with climate **change fifty or a hundred years from now.** ＊時間副詞片語 fifty or a hundred years from now（五十年或一百年以後）的前面，不須加逗點。
第 50 題	Which of the following *is true about* the role of farmers in preserving crop variety? (A) Competing with seed banks. (B) Providing practical knowledge. (C) Packaging seeds for research. (D) Responding to population growth. → Which of the following *describes* the role of farmers in preserving crop variety? ＊回答原問句須用完整句，但選項都是動名詞片語，故用法不合，應將 Which of the following *is true about* …. 改成 Which of the following *describes* …. 才能用動名詞回答，才合乎問與答的句意。

107 年指考英文科出題來源

【107 年指考】綜合測驗：11-15 出題來源：

Coveting Your Neighbor's Car, or Desperately Seeking the Joneses

——By Steve Grutzmacher, Peninsula Pulse – August 7th, 2014

In a recent conversation with an acquaintance, the phrase "keeping up with the Joneses" arose and, as is so often the case in my conversations, I was quickly asked whether I knew the origin of this phrase. As it turns out, I did know how the phrase was popularized but I promised to do some further research. So let's begin with what I did know.

In simplest terms, "keeping up with the Joneses" means comparing one's own material worth to that of one's neighbors as a means of determining one's own worth. The emphasis is, of course, the accumulation of material goods and therefore failing to keep up with the accumulation of goods by one's neighbor reflects personal inferiority.

Back in 1913 a comic strip by Arthur R. "Pop" Momand debuted called "Keeping Up With the Joneses." The Joneses of the strip's title never actually appeared in the comic, though the main characters often referred to them. The comic was distributed by Associated Newspapers and ran in as many as 150 newspapers for 26 years.

Indeed "Keeping Up With the Joneses" was so popular that it was adapted into books, films and musical comedies. A footnote to keep in mind as you continue to read is though Momand was born in San Diego, he graduated from Trinity College in New York.

⋮

【107 年指考】綜合測驗：16-20 出題來源：

What are the white dots on my nails?

——by Jason Nell

You finally finished repainting those end tables for the guest room. As you're washing up, you notice something on your fingernail. You try to scrub it off and realize the little white dots are not paint; they're actually part of your nail.

You show the spots to your roommate and he says it could mean you have a calcium deficiency. Or wait, is it zinc? It's definitely some sort of nutritional deficit, of that he's certain. But you start to wonder if he's right because just last month, he told you that washing your face in egg whites will decrease the size of your pores. However, when you mentioned that to your dermatologist, she said that nothing can actually shrink your pores. So what are these white spots and how'd you get them?

One of the most common causes for these little white spots, which can show up on both fingernails and toenails, is a condition called leukonychia. Although the name sounds pretty serious, the condition typically isn't. And while many people think they're caused by a calcium or zinc deficiency, that's generally not the case.

In reality, these spots most often develop as a result of mild to moderate trauma to your nail. If you can't think of anything that would have injured your nail, consider the fact that nails grow very slowly, so the injury may have occurred weeks before the spots ever appeared. Another possibility is that the spots could be a sign of a mild infection or allergy, or a side effect of certain medications.

Whatever the source of the injury, these spots typically do not require any treatment and should go away as your nail grows out. And they should not return unless you suffer another nail trauma. However, this generally applies when only a single or a few nails are affected. If all of your nails are showing white spots or streaks, the leukonychia could be related to another more serious condition such as anemia, cardiac disease, cirrhosis, diabetes or kidney disease.

⋮

【107年指考】文意選填：21-30 出題來源：

History of Aquaculture

Aquaculture is the process of growing/raising fish, shellfish, or other aquatic animals or plants in a controlled environment.

It is an important part of the global food and seafood supplies. The Food and Agriculture Organization of the United Nations (FAO) recognizes farm-raised seafood as a key source to grow the global food supply to feed the increasing world population. However, aquaculture is not new. While large-scale, commercial aquaculture started in the mid-20th century, aquaculture itself goes back thousands of years. Evidence for aquaculture has been found around the world. While many cite China as the home of aquaculture, evidence indicates aquaculture started in many areas at various times that makes deciding on one specific time and place for the birth of aquaculture futile at best. For example, archaeological evidence points to the some level of aquaculture being practiced by the Maya and some North American native communities.

c.6000 BC
Australia

Gunditjmara people farmed eels in artificial ponds connected by canals near Lake Condah, possibly since as early as 6000 BCE

⋮

【107年指考】篇章結構：31-35 出題來源：

French Revolution

From Wikipedia, the free encyclopedia

The causes of the French Revolution are complex and are still debated among historians. Following the Seven Years' War and the American Revolution,[5] the French government was deeply in debt. It attempted to restore its financial status through unpopular taxation schemes, which were heavily regressive. Leading up to the Revolution, years of bad harvests worsened by deregulation of the grain industry also inflamed popular resentment of the privileges enjoyed by the aristocracy and the Catholic clergy of the established church. Some historians hold something similar to what Thomas Jefferson proclaimed: that France had "been awakened by our [American] Revolution."[6] Demands for change were formulated in terms of Enlightenment ideals and contributed to the convocation of the Estates General in May 1789. During the first year of the Revolution, members of the Third Estate (commoners) took control, the Bastille was attacked in July, the Declaration of the Rights of Man and of the Citizen was passed in August, and a women's march on Versailles that forced the royal court back to Paris in October. A central event of the first stage, in August 1789, was the abolition of feudalism and the old rules and privileges left over from the *Ancien Régime*.

The next few years featured political struggles between various liberal assemblies and right-wing supporters of the monarchy intent on thwarting major reforms. The Republic was proclaimed in September 1792 after the French victory at Valmy. In a momentous event that led to international condemnation, Louis XVI was executed in January 1793.

⋮

【107 年指考】閱讀測驗：36-39 出題來源：

The Hobby Horse: 1817 - Karl Drais and his running machine
A Short Illustrated History of the Bicycle

——By Carsten Hoefer

The history of the bicycle begins with an unhappy man with a very long name: Karl Friedrich Christian Ludwig Freiherr Drais von Sauerbronn.

Born in 1785 in the southwestern German city of Karlsruhe, Baron Karl Drais was one of the most creative German inventors of the 19th century: an aristocrat who became a democrat and supported the failed revolution of 1848, a man simultaneously admired and mercilessly ridiculed by his contemporaries. Originally a civil servant working for the Grand Duke of Badenia's forestry service, he later became a professor of mechanics.

⋮

The baron's numerous inventions include a typewriter with 25 keys, the meat grinder, a contraption to record piano music on punched paper, the stenotype machine and a pedal-powered quadricycle. While modern versions of Drais' meat grinder are still in use in countless butcher shops and households today, the invention that made him famous in 1817 is the *Laufmaschine* (running machine)—the ancestor of the bicycle.

The running machine was in effect a very primitive bicycle without a drivetrain. While the *Draisine* is not a bike in the modern sense of the word, Drais' invention marked the big bang for the bicycle's development, as British bike historian Serena Beeley argues. It was the first vehicle with two wheels placed in line. The frame and wheels were made of wood, the steering already resembled a modern handlebar. Riders sat on an upholstered leather saddle nailed to the frame and pushed themselves forward with their feet. The contraption weighed about fifty pounds.

An instant—though short-lived—international success, the running machine became known under various names: *Draisine* in Germany, *velocipede* (fast feet) or *Draisienne* in France, *hobby horse* or *dandy horse* in England - an allusion to the fact that the dandy horse's riders were mostly dapper young men with too much money on their hands. On the other side of the Atlantic, American critics viewed this latest proof of European eccentricity with scepticism: *Every species of transatlantic nonsense, it would seem, is capable of exciting curiosity, no matter how ridiculous*, proclaimed a pundit in the *Baltimore Morning Chronicle*.

Drais' big democratic idea behind the running machine was to find a muscle-powered replacement for the horse that would allow large numbers of people faster movement than walking or riding in a coach. Horses were expensive, needed a groom and consumed lots of food even when not in use.

Drais undertook his first documented ride on July 12, 1817, setting out from the city of Mannheim and covering a distance of about 13 kilometers in one hour. A few months later Drais created a huge sensation when he rode 60 kilometers in four hours. Useful accessories included an umbrella and a sail for windy days.

These publicity stunts were later followed by a marketing trip to Paris, where the *hobby horse* quickly caught on. The fad also quickly spread to Britain. Drais also invented a number of other muscle-powered vehicles—a quad, a trike and a tandem version of the running machine. None of these vehicles were commercially successful, but Drais' ideas paved the way for future designs.

The success of the hobby horse was short-lived, though. Draisines were heavy and difficult ro ride, and in 1818 the two-wheeled novelty vanished from many European roads again. Safety was an issue, too: Apart from cranks and pedals, many *Draisiennes* also lacked a brake. Since road conditions were abysmal, many riders simply rode on the sidewalk—with unhappy results. Apparently there were frequent collisions with unsuspecting pedestrians, and after a few years Drais' invention was banned in many European and American cities. And a third reason for the draisine's speedy demise seems to have been that the general public greeted the new invention with considerable hostility.

And although Drais had been granted a *privilege*—an early type of patent—by the Grand Duke of Badenia in 1818, the running machine never earned a lot of money for its creator. The *privilege* expired after five years, and the concept of intellectual property rights was still in its infancy. Numerous wagon builders simply copied the design.

Yet Drais' idea did not disappear entirely: In 1819 British coachmaker Denis Johnson started production of an improved draisine in London. Johnson used an iron fork in front and two iron stays in the rear instead of the clunky wooden braces used by Drais. The steering was also much improved and already bore a slight resemblance to a modern headset.

And on a sidenote: The disciples of Drais are active to this very day. In 2005, avid Austrian Walter Werner rode the entire length of the Danube on a *hobby horse* - from the great river's source in the Black Forest to the Black Sea. It took him five months to cover a distance of more than 3,400 kilometers. Reportedly even the monks of Romania, who are familiar with all kinds of otherworldly phenomena, were stunned. In Germany modern miniature versions of the running machine have made a comeback in recent years—as "glide bikes" for two- and three-year-olds.

【107 年指考】閱讀測驗：40-43 出題來源：

LiFi internet: First real-world usage boasts speed 100 times faster than WiFi

By Anthony Cuthbertson
November 23, 2015 12:05 GMT

Li-Fi, a super-fast alternative to Wi-Fi, is finally moving from research labs to the real world after an Estonian startup implemented the technology within a commercial context. Velmenni, a recent finalist at the Slush 100 startup competition in Helsinki, revealed that it has begun trialling the technology within offices and industrial environments in Tallinn.

The Li-Fi technology used by Velmenni in the pilots is able to send data at up to 1GBps—more than 100-times faster than current Wi-Fi technologies. At these speeds, a high-definition film could be downloaded in just a few seconds.

What is Li-Fi?

Li-Fi is a wireless technology similar to Wi-Fi that allows data to be sent at high speeds using visible light communication (VLC). Invented by Professor Harald Haas from the University of Edinburgh, Li-Fi has several advantages over Wi-Fi.

Li-Fi allows for greater security on local networks as light cannot pass through walls, which also means there is less interference between devices. Perhaps the most significant advantage is the speed that the technology offers. Researchers have achieved speeds of 224 gigabits per second in lab conditions.

⋮

【107 年指考】閱讀測驗：44-47 出題來源：

Large beetles are shrinking, thanks to climate change

——By Elizabeth Pennisi Jan. 30, 2018 , 10:05 AM

If you're afraid of giant insects, climate change has a silver lining for you. A new study shows that as temperatures have increased over the past century, the world's biggest beetles may have been shrinking, some downsizing by as much as 20% in 45 years.

⋮

The study began with a deep dive into the scientific literature. Michelle Tseng, an evolutionary ecologist at the University of British Columbia in Vancouver, Canada, and her undergraduate students combed through all the articles they could find, looking for laboratory studies of temperature effects on insects. They found 19 that indicated at least 22 beetle species shrank when raised in warmer than normal temperatures. The ground beetles, which in include tiger beetles and beetles that eat millipedes, shrank 1% of their body weight for every 1°C increase in rearing temperature.

The doomsday vault: the seeds that could save a post-apocalyptic world

One Tuesday last winter, in the town nearest to the North Pole, Robert Bjerke turned up for work at his regular hour and looked at the computer monitor on his desk to discover, or so it seemed for a few horrible moments, that the future of human civilisation was in jeopardy.

The morning of 16 December 2014 was relatively mild for winter in Svalbard: -7.6C with moderate winds. The archipelago, which lies in the Arctic ocean, is under Norway's control, but it is nearly twice as far from Oslo as it is from the North Pole. The main town, Longyearbyen, has many unexpected comforts—tax-free liquor and cigarettes, clothing stores and a cafe with artisan chocolates shaped like polar bears and snowflakes. For Bjerke, who works for the Norwegian government's property agency, Statsbygg, the cold and isolation were the big attraction when he moved there. Bjerke loved the stillness, and getting out into that big white Arctic wasteland on his snowmobile; so much so that he signed on for a second posting at Svalbard a decade or more after his first stint. But when Bjerke arrived at the office, he was looking forward to spending Christmas with his wife and three children near Oslo.

Statsbygg's green industrial-style building sits on a hill overlooking the town and the inky blue waters of a fjord. It is a stunning view, but that day, the monitor commanded Bjerke's attention. In the most important property under his care—the Svalbard Global Seed Vault—the temperature reading was off. The vault was too warm.

Since 2008, the Svalbard seed vault and its guardians have been entrusted by the world's governments with the safekeeping of the most prized varieties of crops on which human civilisation was raised. That morning, it contained the seeds of nearly 4,000 plant species—more than

720,000 individual plastic-sheathed samples. The site was built to be disaster-proof: 130 metres up the mountain in case of sea-level rise, earthquake resistant, and with a natural insulation of permafrost to ensure the contents were kept frozen for decades to come.

About 60% of Svalbard is glacial. There exist no signs that it was settled by humans before whalers and hunters built small communities along the coast, and coal was found. Nothing grows there apart from wildflowers and grass. But in the early 1980s, Nordic countries began using an abandoned mine shaft, down the hill from the vault, as a safe house for seeds. At a time when industrial-scale farming was perceived as a threat to crop diversity, it was the first experiment in using the permafrost as cold storage for seeds.

When governments began to talk about the danger to crops from climate change, Norway emerged as one of the only places still trusted by both developing and industrialised countries: if there was to be an agreement on founding a safe house for seeds, Norway was the logical place. Governments from Washington to Pyongyang agreed to deposit back-up copies of their most precious plant resources in Svalbard. The late Kenyan environmental activist and Nobel laureate Wangari Maathai made the first deposit, a box of rice seeds, in February 2008. On arrival at the vault, the seeds were plunged to a temperature of -18C, frozen in time against drought, pestilence, war, disease, and the slow-moving disaster of climate change.

⋮

The dispute centres on whether it is best to save crop diversity by working with communities in the fields, or in institutions. It is pretty clear that it will be extremely difficult to find the funding to do both, so, as much as scientists say they do not like to choose sides, they are forced to do so. The Crop Trust is betting on seed banks—with Svalbard as the ultimate back-up—to provide a haven for the genetic materials that can be retrieved 50 or more years in the future. That strategy has been endorsed by governments, industry, and funding bodies such as the Bill and Melinda Gates Foundation. Since 2004, the Crop Trust has raised more than $410m for the vault and other seed banks. Norway, which paid for the vault, was the biggest donor, committing $45m, followed by America, Britain, and Australia. The Gates Foundation has pledged nearly $30m.

The isolated majesty of the Svalbard seed vault, while a triumph of technology and global cooperation, is sucking up available funding, and yet this highly centralised approach may not in the end be up to the task of helping farmers cope with climate change, 50 or 100 years from now. New research suggests as much as 75% of global crop diversity exists outside the big institutional seed banks and is held instead by some of the world's most marginal farmers, most of them women.

"We recognise the importance of gene banks. We are not saying they are not important," said Ignacio. "But for us what they are doing, and what they have got to do, is just collect, and there is not much interaction with the community." She argues that the best way to save crop diversity would be to just help farmers get on with it.

⋮

In the light of day, the concrete portal of the seed vault looks a bit like an iceberg jutting out of the snow. The staff at the Crop Trust like the visual metaphor. The vault, they say, is just the beginning of their mission. That became clear the weekend of the Nordic officials' visit to the seed bank, when Haga, in puffy red down jacket and socks, stood in the conference room of the other big hotel in Svalbard energetically pitching German and European Union officials and agribusiness executives about the trust's next big idea.

⋮

107 年大學入學指定科目考試試題
數學甲

第壹部分：選擇題（單選題、多選題及選填題共占 76 分）

一、單選題（占 18 分）

說明：第 1 題至第 3 題，每題有 5 個選項，其中只有一個是正確或最適當的選項，請畫記在答案卡之「選擇（填）題答案區」。各題答對者，得 6 分；答錯、未作答或畫記多於一個選項者，該題以零分計算。

1. 設 A 為 3×3 矩陣，且對任意實數 a, b, c，$A\begin{bmatrix} a \\ b \\ c \end{bmatrix} = \begin{bmatrix} b \\ c \\ a \end{bmatrix}$ 均成立。

   試問矩陣 $A^2 \begin{bmatrix} 1 \\ 0 \\ -1 \end{bmatrix}$ 為何？

   (1) $\begin{bmatrix} 0 \\ 1 \\ 1 \end{bmatrix}$ (2) $\begin{bmatrix} -1 \\ 1 \\ 0 \end{bmatrix}$ (3) $\begin{bmatrix} 1 \\ 0 \\ 1 \end{bmatrix}$ (4) $\begin{bmatrix} 0 \\ 1 \\ -1 \end{bmatrix}$ (5) $\begin{bmatrix} -1 \\ 0 \\ 1 \end{bmatrix}$

2. 坐標平面上，考慮 $A(2,3)$ 與 $B(-1,3)$ 兩點，並設 O 為原點。令 E 為滿足 $\overrightarrow{OP} = a\,\overrightarrow{OA} + b\,\overrightarrow{OB}$ 的所有點 P 所形成的區域，其中 $-1 \leq a \leq 1$，$0 \leq b \leq 4$。考慮函數 $f(x) = x^2 + 5$，試問當限定 x 為區域 E 中的點 $P(x,y)$ 的橫坐標時，$f(x)$ 的最大值為何？

   (1) 5   (2) 9   (3) 30   (4) 41   (5) 54

3. 某零售商店販賣「熊大」與「皮卡丘」兩種玩偶，其進貨來源有 A, B, C 三家廠商。已知此零售商店從每家廠商進貨的玩偶總數相同，且三家廠商製作的每一種玩偶外觀也一樣，而從 A, B, C 這三家廠商進貨的玩偶中，「皮卡丘」所占的比例分別為 $\frac{1}{4}$、$\frac{2}{5}$、$\frac{1}{2}$。阿德從這家零售商店隨機挑選一隻「皮卡丘」送給小安作為生日禮物，試問此「皮卡丘」出自 C 廠商的機率為何？

(1) $\frac{1}{3}$　　(2) $\frac{2}{5}$　　(3) $\frac{10}{23}$　　(4) $\frac{10}{19}$　　(5) $\frac{5}{9}$

二、多選題（占 40 分）

說明：第 4 題至第 8 題，每題有 5 個選項，其中至少有一個是正確的選項，請將正確選項畫記在答案卡之「選擇（填）題答案區」。各題之選項獨立判定，所有選項均答對者，得 8 分；答錯 1 個選項者，得 4.8 分；答錯 2 個選項者，得 1.6 分；答錯多於 2 個選項或所有選項均未作答者，該題以零分計算。

4. 設 $f(x) = -x^2 + 499$，且

$A = \int_0^{10} f(x)dx$、$B = \sum_{n=0}^{9} f(n)$、$C = \sum_{n=1}^{10} f(n)$、$D = \sum_{n=0}^{9} \frac{f(n) + f(n+1)}{2}$

試選出正確的選項。

(1) A 表示在坐標平面上函數 $y = -x^2 + 499$ 的圖形與直線 $y = 0$、$x = 0$、$x = 10$ 所圍成的有界區域的面積

(2) $B < C$　　　　　　　(3) $B < A$

(4) $C < D$　　　　　　　(5) $A < D$

5. 坐標平面上，已知直線 L 與函數 $y = \log_2 x$ 的圖形有兩個交點 $P(a,b), Q(c,d)$，且 $\overline{PQ}$ 的中點在 x 軸上。試選出正確的選項。

(1) L 的斜率大於 0 　　　　　(2) $bd = -1$

(3) $ac = 1$ 　　　　　　　　(4) L 的 y 截距大於 -1

(5) L 的 x 截距大於 1

6. 坐標空間中，有 $\vec{a}$、$\vec{b}$、$\vec{c}$、$\vec{d}$ 四個向量，滿足外積 $\vec{a} \times \vec{b} = \vec{c}$，$\vec{a} \times \vec{c} = \vec{d}$，且 $\vec{a}$、$\vec{b}$、$\vec{c}$ 的向量長度均為 4。設向量 $\vec{a}$ 與 $\vec{b}$ 的夾角為 θ（其中 $0 \le \theta \le \pi$），試選出正確的選項。

(1) $\cos\theta = \dfrac{1}{4}$

(2) $\vec{a}$、$\vec{b}$、$\vec{c}$ 所張出的平行六面體的體積為 16

(3) $\vec{a}$、$\vec{c}$、$\vec{d}$ 兩兩互相垂直

(4) $\vec{d}$ 的長度等於 4

(5) $\vec{b}$ 與 $\vec{d}$ 的夾角等於 θ

7. 設 O 為複數平面上的原點，並令點 A, B 分別代表複數 z_1, z_2，且滿足 $|z_1| = 2$，$|z_2| = 3$，$|z_2 - z_1| = \sqrt{5}$。若 $\dfrac{z_2}{z_1} = a + bi$，其中 a, b 為實數，$i = \sqrt{-1}$。試選出正確的選項。

(1) $\cos\angle AOB = \dfrac{2}{3}$ 　　　(2) $|z_2 + z_1| = \sqrt{23}$

(3) $a > 0$ 　　　　　　　　(4) $b < 0$

(5) 設點 C 代表 $\dfrac{z_2}{z_1}$，則 $\angle BOC$ 可能等於 $\dfrac{\pi}{2}$

8. 設 $f(x)$ 為一定義在非零實數上的實數值函數。已知極限 $\lim\limits_{x \to 0} f(x)\dfrac{|x|}{x}$ 存在，試選出正確的選項。

(1) $\lim\limits_{x \to 0}\left(\dfrac{x}{|x|}\right)^2$ 存在

(2) $\lim\limits_{x \to 0} f(x)\dfrac{x}{|x|}$ 存在

(3) $\lim\limits_{x \to 0}(f(x)+1)\dfrac{x}{|x|}$ 存在

(4) $\lim\limits_{x \to 0} f(x)$ 存在

(5) $\lim\limits_{x \to 0} f(x)^2$ 存在

三、選填題（占 18 分）

說明： 1. 第 A 至 C 題，將答案畫記在答案卡之「選擇（填）題答案區」
所標示的列號（9−15）。

2. 每題完全答對給 6 分，答錯不倒扣，未完全答對不給分。

A. 坐標平面上，已知圓 C 通過點 $P(0,-5)$，其圓心在 $x = 2$ 上。若圓 C
截 x 軸所成之弦長為 6，則其半徑為 $\sqrt{⑨⑩}$ 。（化成最簡根式）

B. 假設某棒球隊在任一局發生失誤的機率都等於 p（其中 $0 < p < 1$），
且各局之間發生失誤與否互相獨立。令隨機變數 X 代表一場比賽 9
局中出現失誤的局數，且令 p_k 代表 9 局中恰有 k 局出現失誤的機率
$P(X = k)$。已知 $p_4 + p_5 = \dfrac{45}{8}p_6$，則該球隊在一場 9 局的比賽中出現

失誤局數的期望值為 $\dfrac{⑪⑫}{⑬}$ 。（化成最簡分數）

C. 設 A, B, C, D 為圓上的相異四點。已知圓的半徑為 $\dfrac{7}{2}$，$\overline{AB} = 5$，兩線段 $\overline{AC}$ 與 $\overline{BD}$ 互相垂直，如圖所示（此為示意圖，非依實際比例）。則 $\overline{CD}$ 的長度為 ___⑭√⑮___ 。

（化成最簡根式）

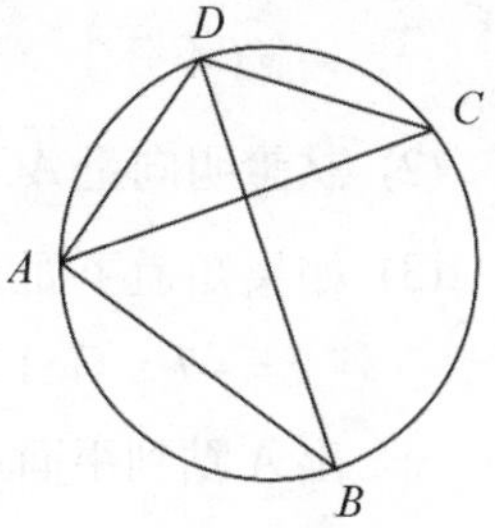

- - - - - - - - 以下第貳部分的非選擇題，必須作答於答案卷 - - - - - - - -

第貳部分：非選擇題（占 24 分）

說明：本部分共有二大題，答案必須寫在「答案卷」上，並於題號欄標明大題號（一、二）與子題號（(1)、(2)、……），同時必須寫出演算過程或理由，否則將予扣分甚至零分。作答務必使用筆尖較粗之黑色墨水的筆書寫，且不得使用鉛筆。若因字跡潦草、未標示題號、標錯題號等原因，致評閱人員無法清楚辨識，其後果由考生自行承擔。每一子題配分標於題末。

一、 坐標空間中有一個正立方體 *ABCDEFGH*，如圖所示（此為示意
圖），試回答下列問題。

    (1) 試證明 *A* 點到平面 *BDE* 的距離是對角線 *AG* 長度的三分之
一。(4 分)

    (2) 試證明向量 $\overrightarrow{AG}$ 與平面 *BDE* 垂直。(2 分)

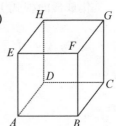

    (3) 如果知道平面 *BDE* 的方程式為 $2x + 2y$
$- z = -7$，且 *A* 點坐標為 $(2,2,6)$，試求
出 *A* 點到平面 *BDE* 的距離。(2 分)

    (4) 承 (3)，試求出 *G* 點的坐標。(4 分)

二、 考慮三次多項式 $f(x) = -x^3 - 3x^2 + 3$。試回答下列問題。

    (1) 在坐標平面上，試描繪 $y = f(x)$ 的函數圖形，並標示極值所在
點之坐標。（ 4 分 ）

    (2) 令 $f(x) = 0$ 的實根為 a_1, a_2, a_3，其中 $a_1 < a_2 < a_3$。試求 a_1, a_2, a_3
分別在哪兩個相鄰整數之間。(2 分)

    (3) 承 (2)，試說明 $f(x) = a_1$、$f(x) = a_2$、$f(x) = a_3$ 各有幾個相異實
根。(4 分)

    (4) 試求 $f(f(x)) = 0$ 有幾個相異實根（ 註：$f(f(x)) = -(f(x))^3 -$
$3(f(x))^2 + 3$ ）。（ 2 分 ）

107年度指定科目考試數學(甲)試題詳解

第壹部分：選擇題

一、單選題

1. 【答案】(2)

【解析】 $A \begin{bmatrix} a \\ b \\ c \end{bmatrix} = \begin{bmatrix} b \\ c \\ a \end{bmatrix} \Rightarrow A = \begin{bmatrix} 0 & 1 & 0 \\ 0 & 0 & 1 \\ 1 & 0 & 0 \end{bmatrix}$

$A^2 \begin{bmatrix} 1 \\ 0 \\ -1 \end{bmatrix} = \begin{bmatrix} 0 & 1 & 0 \\ 0 & 0 & 1 \\ 1 & 0 & 0 \end{bmatrix} \begin{bmatrix} 0 & 1 & 0 \\ 0 & 0 & 1 \\ 1 & 0 & 0 \end{bmatrix} \begin{bmatrix} 1 \\ 0 \\ -1 \end{bmatrix} = \begin{bmatrix} 0 & 1 & 0 \\ 0 & 0 & 1 \\ 1 & 0 & 0 \end{bmatrix} \begin{bmatrix} 0 \\ -1 \\ 1 \end{bmatrix}$

$= \begin{bmatrix} -1 \\ 1 \\ 0 \end{bmatrix}$　　　選 (2)

2. 【答案】(4)

【解析】 $\overrightarrow{OP} = a(2,3) + b(-1,3) = (2a - b, 3a + 3b)$

$-1 \le a \le 1 \qquad 0 \le b \le 4$

$\Rightarrow -2 \le 2a \le 2 \qquad 0 \le b \le 4$

$\Rightarrow -6 \le 2a - b \le 2$

$\Rightarrow -6 \le x \le 2$

$f(x) = x^2 + 5$ 在 $x = -6$ 有最大值 41　選 (4)

3. 【答案】 (3)

【解析】 令每廠商進貨玩偶皆為 a 個

$$\dfrac{\dfrac{1}{2}a}{\dfrac{1}{4}a+\dfrac{2}{5}a+\dfrac{1}{2}a}=\dfrac{10}{23} \qquad 選\ (3)$$

二、多選題

4. 【答案】 (1) (4)

【解析】 $A=\left[-\dfrac{1}{3}x^3+499x+C\right]_0^{10}=-\dfrac{1}{3}\cdot 1000+4990=\dfrac{13970}{3}$

$\doteqdot 4656\ldots$

$B=\dfrac{9\times 10\times 19}{6}+499\times 10=4705$

$C=\dfrac{-10\times 11\times 21}{6}+499\times 10=4605$

D 可看出 $\dfrac{B+C}{2}=\dfrac{4705+4605}{2}=4655$

$\therefore C<D<A<B$

5. 【答案】 (1) (3) (5)

【解析】 (1) $y=\log_2 x$ 的是遞增函數，任取二點連線斜率為正

(1) 對

(2) (3) $P(a,b)$，$Q(c,d)$，$b=\log_2 a$，$d=\log_2 c$

PQ 中點為 x 軸 $\Rightarrow \dfrac{b+d}{2}=0 \Rightarrow \dfrac{\log_2 a+\log_2 c}{2}=0$

$\Rightarrow \log_2 ac = 0 \Rightarrow ac = 1$　　(3) 對

(2) 錯，因為可找到反例，$b = 2$，$d = -2$，

此時，$P(4,2)$，$Q(\dfrac{1}{4},-2)$，但 $bd \neq -1$

(4) (5) 令 $P(t,s)$，$Q(\dfrac{1}{t},-s)$

$\Rightarrow L$ 的 x 截距 $= \dfrac{t + \dfrac{1}{t}}{2} \geq \sqrt{t \cdot \dfrac{1}{t}} = 1$

又 $t \neq \dfrac{1}{t}$，$\therefore x$ 截距 > 1　　(5) 對

(4) 錯，因為可找到反例：$P(4,2)$，$Q(\dfrac{1}{4},-2)$，$\mathrm{m}_{PQ} = \dfrac{16}{15}$

L 方程式為 $(y - 2) = \dfrac{16}{15}(x - 4)$，

y 截距為 $\dfrac{-34}{15} < -1$

6. 【答案】 (2) (3)

　　【解析】 (1) $\left| \vec{a} \times \vec{b} \right| = \left| \vec{c} \right| = \left| \vec{a} \right| \left| \vec{b} \right| \sin \theta = \left| \vec{c} \right|$

$4 \cdot 4 \cdot \sin \theta = 4$，$\sin \theta = \dfrac{1}{4}$，$\cos \theta = \pm \dfrac{\sqrt{15}}{4}$

(2) $\left| \vec{a} \times \vec{b} \right| \times \left| \vec{c} \right| \sin 90° = 4 \times 4 \times 1 = 16$

(3) $\vec{a} \times \vec{b} = \vec{c} \Rightarrow \vec{c} \perp \vec{a}$，$\vec{c} \perp \vec{b}$

$\vec{a} \times \vec{c} = \vec{d} \Rightarrow \vec{d} \perp \vec{a}$，$\vec{d} \perp \vec{c}$

知 互相垂直

(4) $|\vec{a} \times \vec{c}| = |\vec{a}||\vec{c}| \sin 90° = |\vec{d}| = 4 \times 4 \times 1 = 16$

　　$\vec{d}$ 的長度為 16

(5)

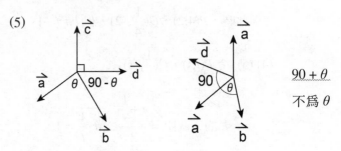

$90 + \theta$

不為 θ

7. 【答案】 (1) (3) (5)

　　【解析】 令 z_1 所代表的向量為 $\vec{a}$

　　　　　　z_2 所代表的向量為 $\vec{b}$

　　　　$|\vec{b} - \vec{a}| = \sqrt{5}$ ，$|\vec{a}| = 2$ ，$|\vec{b}| = 3$

　　　　$\Rightarrow |\vec{b}|^2 + |\vec{a}|^2 - 2\vec{a} \cdot \vec{b} = 5$

　　　　$\Rightarrow 9 + 4 - 2\vec{a} \cdot \vec{b} = 5$

　　　　$\Rightarrow 4 = \vec{a} \cdot \vec{b}$ ，又 $|\vec{a}||\vec{b}| \cos\theta = \vec{a} \cdot \vec{b}$

　　　　$\Rightarrow 2 \times 3 \cos\theta = 4 \Rightarrow \cos\theta = \dfrac{2}{3} \Rightarrow \sin\theta = \dfrac{\sqrt{5}}{3}$

　　　　(1) $\cos\theta = \dfrac{2}{3}$ （ ○ ）

　　　　(2) $|z_2 + z_1|^2 = |\vec{b} + \vec{a}|^2 = |\vec{a}|^2 + |\vec{b}|^2 + 2\vec{a} \cdot \vec{b}$

　　　　　　$= 4 + 9 + 2 \times 4 = 21$

　　　　　　$|z_2 + z_1| = 21$ （ × ）

(3) (4)

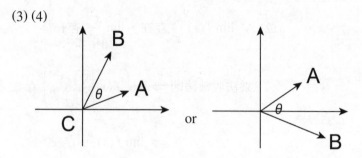

根據隸美弗 $\dfrac{z_2}{z_1} = \dfrac{3}{2}(\cos\theta + i\sin\theta)$

or $\dfrac{3}{2}(\cos(-\theta) + i\sin(-\theta))$

$= \dfrac{3}{2}(\dfrac{2}{3} + \dfrac{\sqrt{5}}{3}i)$ or $\dfrac{3}{2}(\dfrac{2}{3} - \dfrac{\sqrt{5}}{3}i)$

$= 1 + \dfrac{\sqrt{5}}{2}i$ or $1 - \dfrac{\sqrt{5}}{2}i$,

故 $a = 1$，$b = \pm\dfrac{\sqrt{5}}{2}i$，(3) 對；(4) 錯

(5) 若 z_1 幅角 $-\dfrac{\pi}{2}$，z_2 幅角 $\theta - \dfrac{\pi}{2}$，

$\Rightarrow z_3$ 幅角 $\theta \Rightarrow \angle BOC = \dfrac{\pi}{2}$

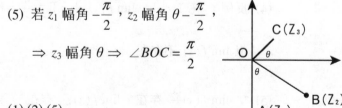

8. 【答案】(1) (2) (5)

【解析】$\displaystyle\lim_{x\to 0} f(x)\dfrac{|x|}{x}$ 存在

(1) $\displaystyle\lim_{x\to 0}\left(\dfrac{x}{|x|}\right)^2 = \lim_{x\to 0}\dfrac{x^2}{x^2} = 1$ （〇）

(2) $\because \lim\limits_{x \to 0} f(x)\dfrac{|x|}{x}$ 存在，$\lim\limits_{x \to 0} \dfrac{x^2}{|x|^2}$ 存在

乘法收斂法則 $\Rightarrow \lim\limits_{x \to 0}\left(f(x)\dfrac{|x|}{x}\right)\left(\dfrac{x^2}{|x|^2}\right)$ 存在

$\Rightarrow \lim\limits_{x \to 0} f(x)\dfrac{x}{|x|}$ 存在

(3) 假設 $\lim\limits_{x \to 0}(f(x)+1)\dfrac{x}{|x|}$ 存在，$\because \lim\limits_{x \to 0} f(x)\dfrac{x}{|x|}$

減法收斂法則 $\Rightarrow \lim\limits_{x \to 0}\left[(f(x)+1)\dfrac{x}{|x|}-f(x)\dfrac{x}{|x|}\right]$ 存在

$\Rightarrow \lim\limits_{x \to 0}\dfrac{x}{|x|}$ 存在

但 $\lim\limits_{x \to 0+}\dfrac{x}{|x|}=1 \neq \lim\limits_{x \to 0-}\dfrac{x}{|x|}=-1$，故根據反證法，(3) 錯

(4) 反例：$f(x)=\dfrac{|x|}{x}$，$\lim\limits_{x \to 0} f(x)\dfrac{|x|}{x}=\lim\limits_{x \to 0}\dfrac{|x|^2}{x^2}=1$ 存在，

但 $\lim\limits_{x \to 0} f(x)$ 不存在

(5) $\because \lim\limits_{x \to 0} f(x)\dfrac{|x|}{x}$ 存在，$\lim\limits_{x \to 0} f(x)\dfrac{x}{|x|}$ 存在

乘法收斂法則 $\Rightarrow \lim\limits_{x \to 0}\left(f(x)\dfrac{|x|}{x}\right)\left(f(x)\dfrac{x}{|x|}\right)$ 存在

$\Rightarrow \lim\limits_{x \to 0} f^2(x)$ 存在

三、選填題

A. 【答案】 $\sqrt{13}$

【解析】

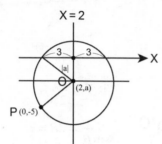

令 $O(2,a)$

$\overline{OP}^2 = r^2 = |a|^2 + 3^2$

$(2-0)^2 + (a+5)^2 = a^2 + 9$

$2^2 + a^2 + 10a + 25 = a^2 + 9$

$10a = -20$

$a = -2$

$r = \overline{OP} = \sqrt{2^2 + 3^3} = \sqrt{13}$

B. 【答案】 $\dfrac{18}{5}$

【解析】 $p_4 = p(X=4) = C_4^9 p^4 (1-p)^5$

$p_5 = p(X=5) = C_5^9 p^5 (1-p)^4$

$p_6 = p(X=6) = C_6^9 p^6 (1-p)^3$

$p_4 + p_5 = \dfrac{45}{8} p_6$

$126 p^4 (1-p)^5 + 126 p^5 (1-p)^4 = \dfrac{45}{8} \times 84 p^6 (1-p)^3$

$126(1-p)^2 + 126 p(1-p) = \dfrac{45}{2} \times 21 \times p^2$

$4(1-p)^2 + 4p(1-p) = 15 p^2$

$0 = 15 p^2 + 4p - 4$

$$0 = (3p + 2)(5p - 2)$$

$$p = \frac{2}{5}$$

$$E(X) = np = 9 \times \frac{2}{5} = \frac{18}{5}$$

C. 【答案】 $2\sqrt{6}$

【解析】

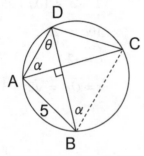

半徑 $= \dfrac{7}{2}$

$\dfrac{5}{\sin\theta} = 2R = 7$

$\dfrac{5}{7} = \sin\theta$

$\sin\alpha = \cos\theta = \dfrac{2\sqrt{6}}{7}$

$\dfrac{\overline{CD}}{\sin\alpha} = 2R = 7$

$\overline{CD} = 7 \times \dfrac{2\sqrt{6}}{7} = 2\sqrt{6}$

第貳部分：非選擇題

一、【答案】 (1) 得證

(2) 得證

(3) 3

(4) G(–4,–4,9)

【解析】(1) pf：令正方體邊長為 a，$(a>0)$

　　　　　A 為 $(0,0,0)$

　　　　　B 為 $(a,0,0)$

　　　　　D 為 $(0,a,0)$

　　　　　E 為 $(0,0,a)$

　　　　　G 為 (a,a,a)

看出平面 BDE 之方程式為 $x+y+z=a$

代距離公式

　　　A 到平面 BDE 之距為 $\dfrac{|0+0+0-a|}{\sqrt{1^2+1^2+1^2}}$

　　　　　　　　　　　　$=\dfrac{|-a|}{\sqrt{3}}=\dfrac{a}{\sqrt{3}}=3$

　　　A 到 G：$\overline{AG}=\sqrt{a^2+a^2+a^2}=\sqrt{3a^2}=\sqrt{3}a$

　　　　　　　　$=3\times\underbrace{\dfrac{\sqrt{3}}{3}a}_{A\ 到\ BDE\ 之距}$

故可知 A 到 BDE 之距為 $\overline{AG}$ 之 $\dfrac{1}{3}$，得證#

(2) 接上題，$\overrightarrow{AG}=(a,a,a)$，$BDE$ 之法向量 $\vec{n}=(1,1,1)$

知 $\overrightarrow{AG}\,/\!/\,\vec{n}$，故 $\overrightarrow{AG}$ 與平面 BDE 垂直#

(3) 代距離公式

　　　A 到 BDE 之距為 $\dfrac{|2\cdot2+2\cdot2-1\cdot6+7|}{\sqrt{2^2+2^2+1^2}}=\dfrac{|9|}{\sqrt{9}}=3$#

(4) 令 $\overline{AG}$ 與 BDE 交於 P 點，知 $\overrightarrow{AP} \parallel BDE$ 之法向量

$(2,2,-1)$，令 P 點為 $(2 + 2t, 2 + 2t, 6 - t)$

P 點滿足 BDE 之方程式，

代入 $\Rightarrow 2(2 + 2t) + 2(2 + 2t) - (6 - t)$

$\qquad 9t + 2 = -7$

$\qquad t = -1$

故 P 為 $(0,0,7)$，$\overrightarrow{AP} = (-2,-2,1)$

由第 1 題知 $\overrightarrow{AG} = 3\overrightarrow{AP} = (-6,-6,3) \Rightarrow G(-4,-4,9)$ #

二、【答案】(1) 極值 $(0,3)$、$(-2,-1)$

(2) $-3 < a_1 < -2$、$-2 < a_2 < -1$、$0 < a_3 < 1$

(3) $f(x) = a_1$ 有 1 根、$f(x) = a_2$ 有 1 根、

$\quad f(x) = a_3$ 有 3 個根

(4) 5 根

【解析】$f(x) = -x^3 - 3x^2 + 3$

$\Rightarrow f'(x) = -3x^2 - 6x$

$\Rightarrow f''(x) = -6x - 6$

(1) 令 $f'(x) = 0 \Rightarrow -3x(x + 2) = 0$，得 $x = 0$ or -2

令 $f''(x) = 0 \Rightarrow -6x - 6 = 0$，得 $x = -1$

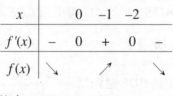

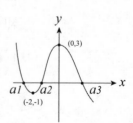

其中，$f(0) = 3$，$f(-2) = -1$

(2)

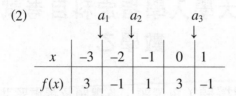

x	-3	-2	-1	0	1
$f(x)$	3	-1	1	3	-1

∴ a_1 於 -3 , -2 間，

　a_2 於 -2 , -1 間，

　a_3 於 0 , 1 間

(3) 由 $a_1 = -2$ 、$\cdots$　　　∴ 如圖：

　　$a_2 = -1$ 、$\cdots$

　　$a_3 = 0$ 、$\cdots$

　∴ $f(x) = a_1$ 有一解

　　$f(x) = a_2$ 有一解

　　$f(x) = a_3$ 有三解

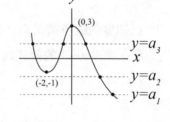

(4) $f(\underline{f(x)}) = 0 \Rightarrow f(x) = a_1$ 或 a_2 或 a_3

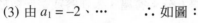

∴ 由 (3)，共 5 解

107年大學入學指定科目考試試題
數學乙

第壹部分：選擇題（單選題、多選題及選填題共占74分）

一、單選題（占18分）

說明：第1題至第3題，每題有5個選項，其中只有一個是正確或最適當的選項，請畫記在答案卡之「選擇（填）題答案區」。各題答對者，得6分；答錯、未作答或畫記多於一個選項者，該題以零分計算。

1. 已知實係數多項式 $f(x)$ 除以 $x^2 - 14x + 13$ 的餘式為 $ax + b$，且 $f(x)$ 除以 $x - 1$ 的餘式為4，則 $a + b$ 的值為何？

   (1) -1　　　(2) 0　　　(3) 1　　　(4) 4　　　(5) 13

2. 有一配置一輛運貨車之快遞公司，要將貨品運送至 A, B, C, D, E 五個不同地點。已知這五個地點只有下列連絡道路，其所需時間如下表。例如：路線 $A \leftrightarrow B$ 表示可以由 A 站到 B 站，也可以由 B 站到 A 站，行車時間皆為1小時。

路線	$A \leftrightarrow B$	$A \leftrightarrow C$	$A \leftrightarrow D$	$B \leftrightarrow E$	$C \leftrightarrow D$	$C \leftrightarrow E$	$D \leftrightarrow E$
行車時間	1小時	1小時	2小時	5小時	1小時	1小時	1小時

   今有配送任務必須從 A 站出發，最後停留在 E 站，每一站至少經過一次，且路線可以重複，試問至少要花多少小時才能完成任務？

   (1) 4　　　(2) 5　　　(3) 6　　　(4) 7　　　(5) 8

3. 設 $a < b < 2^{10}$，其中 $\log a = 3$。已知利用 $\log a$、$\log (2^{10})$ 的值與內插法求得 $\log b$ 的近似值為 3.0025，試問 b 的值最接近下列哪一個選項？（註：$\log 2 \approx 0.3010$）

(1) 1002　　(2) 1006　　(3) 1010　　(4) 1014　　(5) 1018

二、多選題（占 32 分）

說明：第 4 題至第 7 題，每題有 5 個選項，其中至少有一個是正確的選項，請將正確選項畫記在答案卡之「選擇（填）題答案區」。各題之選項獨立判定，所有選項均答對者，得 8 分；答錯 1 個選項者，得 4.8 分；答錯 2 個選項者，得 1.6 分；答錯多於 2 個選項或所有選項均未作答者，該題以零分計算。

4. 已知數列 $\langle a_n \rangle$、$\langle b_n \rangle$、$\langle c_n \rangle$、$\langle d_n \rangle$、$\langle e_n \rangle$ 定義如下：

$$a_n = (-1)^n \; ; \; b_n = a_n + a_{n+1} \; ; \; c_n = \left(\frac{-\sqrt{10}}{3} \right)^n \; ; \; d_n = \frac{1}{3} c_n \; ; \; e_n = \frac{1}{c_n}$$

其中 $n = 1, 2, 3, \cdots$。

下列選項中，試選出會收斂的無窮級數。

(1) $\displaystyle\sum_{n=1}^{\infty} a_n$　　(2) $\displaystyle\sum_{n=1}^{\infty} b_n$　　(3) $\displaystyle\sum_{n=1}^{\infty} c_n$　　(4) $\displaystyle\sum_{n=1}^{\infty} d_n$　　(5) $\displaystyle\sum_{n=1}^{\infty} e_n$

5. 設 $2^x = 3$，$3^y = 4$。試選出正確的選項。（註：$\log 2 \approx 0.3010$，$\log 3 \approx 0.4771$）

(1) $x < 2$　　　　　　　　(2) $y > \dfrac{3}{2}$　　　　　　　　(3) $x < y$

(4) $xy = 2$　　　　　　　(5) $x + y < 2\sqrt{2}$

6 某經銷商對甲、乙兩款血壓計作品管檢驗，發現從甲款每一批中抽出一個血壓計，其誤差超過 3 mmHg（毫米汞柱）及超過 6 mmHg 的機率分別為 0.32 及 0.1。從乙款每一批中抽出一個血壓計，其誤差超過 3 mmHg 及超過 6 mmHg 的機率分別為 0.16 及 0.05。在甲、乙兩款的檢驗是獨立事件的情況下，試選出正確的選項。

(1) 從甲款中抽出一個血壓計，其誤差超過 3 mmHg 但不超過 6 mmHg 的機率大於 0.2

(2) 若從待檢驗的甲款血壓計中連續抽兩次，每次抽一個血壓計檢驗後放回，假設這兩次的檢驗是獨立事件，其誤差依次為不超過 3 mmHg 及超過 6 mmHg 的機率為 0.136

(3) 從甲、乙兩款中各抽出一個血壓計，其誤差都不超過 3 mmHg 的機率大於 0.7

(4) 從甲、乙兩款中各抽出一個血壓計，至少有一個誤差不超過 3 mmHg 的機率大於 0.84

(5) 從甲、乙兩款中各抽出一個血壓計，兩者誤差的平均超過 3 mmHg 的機率小於 0.32×0.16

7. 保險公司把投保竊盜險的住宅分為 A、B 兩級，其所占比率分別為 60%、40%。過去一年 A、B 兩級住宅遭竊的比率分別為 15%、5%。據此，公司推估未來一年 A、B 兩級住宅被竊的機率分別為 0.15、0.05。今 A 級住宅中的 20% 經過改善，重新推估這些改善過的住宅未來一年被竊的機率會降為 0.03；而其他住宅被竊機率不變。根據以上資料，試選出正確的選項。

(1) 全體投保的住宅中，過去一年遭竊的比率為 12%

(2) 過去一年遭竊的投保住宅中，*A* 級所占的比率超過 90%

(3) 推估未來一年，改善過的 *A* 級住宅的被竊機率爲原來的 $\dfrac{1}{5}$

(4) 經改善後，推估未來一年被竊機率，全體投保的 *A* 級住宅會小於全體投保的 *B* 級住宅

(5) 經改善後，推估未來一年全體投保的住宅被竊機率小於 0.11

三、選填題（占 24 分）

說明：1. 第 A 至 C 題，將答案畫記在答案卡之「選擇（填）題答案區」所標示的列號（8–16）。

2. 每題完全答對給 8 分，答錯不倒扣，未完全答對不給分。

A. 地方上張安與李平兩位角逐鄉長，結果張安得票率 55%，李平得票率 45%，由張安勝選。民調機構預測，如果下任鄉長仍由張安與李平兩人競選，選民相同且每一張票都是有效票，則本屆支持張安的選民將有 25% 倒向支持李平，而本屆支持李平的選民將有 10% 倒向支持張安。若描述上述現象的轉移矩陣爲 *A*，則行列式 det *A* 的絕對值爲 $\dfrac{⑧⑨}{⑩⑪}$ 。（請化爲最簡分數）

B. 在坐標平面上的 △*ABC* 中，*D* 爲 $\overrightarrow{AB}$ 的中點，且點 *E* 在射線 $\overrightarrow{AC}$ 上，滿足 $\overrightarrow{AE} = 3\overrightarrow{AC}$。若向量內積 $\overrightarrow{AC} \cdot \overrightarrow{AD} = 15$，則向量內積 $\overrightarrow{AB} \cdot \overrightarrow{AE} = $ ⑫⑬ 。

C. 有 100 元、200 元、300 元、400 元的紅包袋各一個，由甲、乙、丙三人依序各抽取 1 個紅包袋，抽取後不放回。若每個紅包袋被抽取的機會都相等，則甲、乙、丙三人紅包金額總和的期望值為 ⑭⑮⑯ 元。

- - - - - - - - 以下第貳部分的非選擇題，必須作答於答案卷 - - - - - - - -

第貳部分：非選擇題（占 26 分）

說明： 本部分共有二大題，答案必須寫在「答案卷」上，並於題號欄標明大題號（一、二）與子題號（(1)、(2)、……），同時必須寫出演算過程或理由，否則將予扣分甚至零分。作答務必使用筆尖較粗之黑色墨水的筆書寫，且不得使用鉛筆。若因字跡潦草、未標示題號、標錯題號等原因，致評閱人員無法清楚辨識，其後果由考生自行承擔。每一子題配分標於題末。

一、 已知實係數二次多項式函數 $y = f(x)$ 滿足 $f(3) = f(-7)$。試回答
　　下列問題。

　　(1) 寫出 $y = f(x)$ 圖形的對稱軸方程式。(3 分)

　　(2) 若 $f(x) = a(x - k)^2 + b$，且 $y = f(x)$ 的圖形與 x 軸交於相異兩
　　　　點，試判斷 ab 乘積的值為正或負，並請說明理由。(4 分)

　　(3) 若方程式 $f(x) = 0$ 有相異實根，試證兩根之積小於 4。
　　　　(6 分)

二、 某車商代理進口兩廠牌汽車，甲廠牌汽車每台成本 100 萬元，
　　此次進口上限 20 台，售出一台淨利潤 11 萬元；乙廠牌汽車每
　　台成本 120 萬元，此次進口上限 30 台，售出一台淨利潤 12 萬
　　元。今車商準備 4400 萬元作為此次汽車進口成本，且保證所
　　進口的車輛必定全部售完。試回答下列問題。

　　(1) 寫出此問題的線性規劃不等式及目標函數。(4 分)

　　(2) 在坐標平面上畫出可行解區域，並以斜線標示該區域。
　　　　(3 分)

　　(3) 試問車商此次應進口甲、乙兩廠牌汽車各多少台，才能獲
　　　　得最大利潤？又最大利潤是多少？(6 分)

107年度指定科目考試數學(乙)試題詳解

第壹部分：選擇題

一、單選擇

1. 【答案】(4)

   【解析】$f(x) = (x^2 - 14x + 13) Q(x) + (ax + b)$

   $f(x) \div (x - 1) \cdots\cdots 4 \Rightarrow f(1) = 4 = (a + b)$

2. 【答案】(2)

   【解析】

   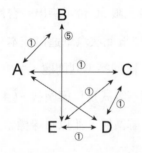

   BE 太耗時，若經過 B，

   AB 來回最省時，

   $\overline{AC}$、$\overline{CD}$、$\overline{DE}$ 各只花

   1 小時（最小時間）

   $A \to B \to A \to C \to D \to E$

   總共 5 小時

3. 【答案】(2)

   【解析】$\underset{3}{\underline{\log a}} < \underset{3.0025}{\underline{\log b}} < \underset{3.0100}{\underline{10 \log 2}}$

   $\underbrace{\qquad}_{0.0025} \underbrace{\qquad}_{0.0075}$

   $\underset{1000 \quad 1024}{\underline{a < b < 2^{10}}}$

   ①————③————

   1000 ——— b ——— 1024

   $b = \dfrac{3 \times 1000 + 1024 \times 1}{4} = \dfrac{4024}{4} = 1006$

二、多選題

4. 【答案】 (2) (5)

　　【解析】 $\langle b_n \rangle : 0, 0, \ldots,$ $\displaystyle\sum_{n=1}^{\infty} b_n$ 收斂

　　　　　a_n, c_n, d_n, e_n 皆為等比數列

　　　　(1) $\dfrac{a_{n+1}}{a_n} = -1$ （×）

　　　　(2) （○）

　　　　(3) $\dfrac{c_{n+1}}{c_n} = \dfrac{\sqrt{10}}{-3}$

　　　　　　$-\dfrac{\sqrt{10}}{3} < -1$ （×）

　　　　(4) $\dfrac{d_{n+1}}{d_n} = \dfrac{\dfrac{1}{3}c_{n+1}}{\dfrac{1}{3}c_n} = -\dfrac{\sqrt{10}}{3}$ （×）

　　　　(5) $\dfrac{e_{n+1}}{e_n} = \dfrac{\dfrac{1}{c_{n+1}}}{\dfrac{1}{c_n}} = \dfrac{c_n}{c_{n+1}} = -\dfrac{3}{\sqrt{10}}$

　　　　　　$-1 < -\dfrac{3}{\sqrt{10}} < 1$ （○）

5. 【答案】 (1) (4)

　　【解析】 $x \log 2 = \log 3$，$x = \dfrac{\log 3}{\log 2} = \dfrac{0.4771}{0.3010} \fallingdotseq 1.58$

$$y \log 3 = \log 4，y = \frac{2\log 2}{\log 3} = 1.26$$

(1) $x < 2$（〇）

(2) $y > \dfrac{3}{2}$（×）

(3) $x < y$（×）

(4) $xy = 2$（〇）

(5) $x + y = 2.84 < \boxed{2\sqrt{2}}$（×）

　　　　　　　2.828

6. 【答案】(1) (4)

　【解析】　　> 3 mmHg　0.32　　　　　　　> 3 mmHg　0.16

　　　　　甲　　　　　　　↕ 0.22　　　乙　　　　　　↕ 0.09

　　　　　　> 6 mmHg　0.1　　　　　　　> 6 mmHg　0.05

(1) $0.22 > 0.2$（〇）

(2) 依次 $(0.68)(0.1) = 0.068$（×）

(3) $(0.68)(0.84) < 0.7$（×）

(4) $1 - (0.32)(0.16) > 0.84$

　　$0.16 > (0.32)(0.16)$（〇）

(5) 平均超過 3 mmHg

　　　$(0.32)(0.16)$

　　$+ (0.1)(0.84)　> (0.32)(0.16)$（×）

　　$+ (0.68)(0.05)$

7.【答案】(3) (5)

【解析】

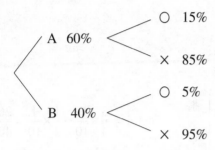

(1) $60\% \times 15\% + 40\% \times 5\% = \dfrac{3}{5} \times \dfrac{3}{20} + \dfrac{2}{5} \times \dfrac{1}{20}$

$= \dfrac{11}{100}$ （×）

(2) $\dfrac{\dfrac{60}{100} \times \dfrac{15}{100}}{\dfrac{60}{100} \times \dfrac{15}{100} + \dfrac{40}{100} \times \dfrac{5}{100}} = \dfrac{9}{11} < \dfrac{9}{10}$ （×）

(3) 原竊機率 $= \dfrac{15}{100}$，後竊機率 $= \dfrac{3}{100}$

$\dfrac{\dfrac{3}{100}}{\dfrac{15}{100}} = \dfrac{1}{5}$ （○）

(4) $\dfrac{80}{100} \times \dfrac{15}{100} + \dfrac{20}{100} \times \dfrac{3}{100} = \dfrac{4}{5} \times \dfrac{15}{100} + \dfrac{1}{5} \times \dfrac{3}{100}$

$= \dfrac{63}{500} > \dfrac{25}{500}$ （×）

(5) $\dfrac{60}{100} \times \dfrac{63}{500} + \dfrac{40}{100} \times \dfrac{5}{100} = \dfrac{3}{5} \times \dfrac{63}{500} + \dfrac{2}{5} \times \dfrac{25}{500}$

$= \dfrac{239}{2500} < \dfrac{275}{2500} = \dfrac{11}{100}$ （○）

三、選填題

A. 【答案】$\dfrac{13}{20}$

　　【解析】　張　李

$$\begin{pmatrix} \dfrac{3}{4} & \dfrac{1}{10} \\ \dfrac{1}{4} & \dfrac{9}{10} \end{pmatrix} \begin{matrix} 張 \\ 李 \end{matrix}$$

$$\det A = \dfrac{3}{4} \times \dfrac{9}{10} - \dfrac{1}{4} \times \dfrac{1}{10} = \dfrac{26}{40} = \dfrac{13}{20}$$

B. 【答案】90

　　【解析】$\overrightarrow{AC} \cdot \overrightarrow{AD} = x \cdot y \cos\theta = 15$

$$\overrightarrow{AB} \cdot \overrightarrow{AE} = 3x \cdot 2y \cos\theta$$
$$= 6\, xy \cos\theta$$
$$= 6 \times 15 = 90$$

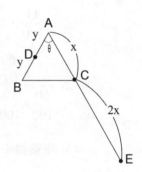

C. 【答案】750

　　【解析】　　　　　　　　　　摸彩原理

甲	100	200	300	400
P	$\dfrac{1}{4}$	$\dfrac{1}{4}$	$\dfrac{1}{4}$	$\dfrac{1}{4}$

乙	100	200	300	400
P	$\dfrac{1}{4}$	$\dfrac{1}{4}$	$\dfrac{1}{4}$	$\dfrac{1}{4}$

丙	100	200	300	400
P	$\dfrac{1}{4}$	$\dfrac{1}{4}$	$\dfrac{1}{4}$	$\dfrac{1}{4}$

$$E\,(\text{甲}) = 100 \times \dfrac{1}{4} + 200 \times \dfrac{1}{4} + 300 \times \dfrac{1}{4} + 400 \times \dfrac{1}{4} = \dfrac{1000}{4}$$
$$= 250$$

$$E（乙）= 250$$

$$E（丙）= 250$$

$$E（甲+乙+丙）= 250 \times 30 = 750$$

第貳部分：非選擇題

一、【解析】(1) $\because f(3) = f(-7)$

$\therefore$ 對稱軸：$x = \dfrac{3+(-7)}{2} = -2$ #

(2) $\because f(x) = a(x-k)^2 + b$

$\therefore$ 頂點 (k,b) 又 $f(x)$ 與 x 軸交於相異 2 點

① 若 $a > 0$，開口向上

$\therefore b < 0 \Rightarrow ab < 0$

② 若 $a < 0$，開口向下

$\therefore b > 0 \Rightarrow ab < 0$

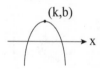

$\therefore ab < 0$ #

(3) $\because$ 軸：$x = -2$

$\therefore f(x) = a(x+2)^2 + b = \underline{a}x^2 + \underline{4ax} + \underline{4a+b}$

又設兩根為 α、β

$\therefore \alpha \cdot \beta = \dfrac{4a+b}{a} = 4 + \dfrac{b}{a} < 4$ #　$\left(\because \dfrac{b}{a} < 0 \right)$

二、【解析】 設甲廠牌汽車 x 台，乙廠牌汽車 y 台

(1) $\begin{cases} 0 \le x \le 20 \\ 0 \le y \le 30 \\ 0 \le 100x + 120y \le 4400 \to 0 \le 5x + 6y \le 220 \end{cases}$

目標函數 $= 110000 \cdot x + 120000\, y$

(2)

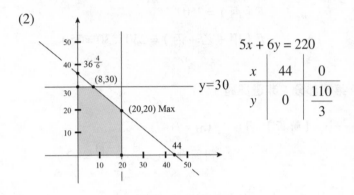

$5x + 6y = 220$

x	44	0
y	0	$\dfrac{110}{3}$

$x = 20$

Max

(3)

(x,y)	(20,0)	(20,20)
$110000x + 120000y$	2200000	4600000

(8,30)	(0,30)	
4480000	3600000	

∴ 當 $x = 20$，$y = 20$ 時

有最大利潤：4600000 元#

107 年大學入學指定科目考試試題
歷史考科

第壹部分：選擇題（占 80 分）

一、單選題（占 68 分）

說明：第 1 題至第 34 題，每題有 4 個選項，其中只有一個是正確或最適當的選項，請畫記在答案卡之「選擇題答案區」。各題答對者，得 2 分；答錯、未作答或畫記多於一個選項者，該題以零分計算。

1. 一位現代學者指出：北宋有四多，士大夫興起而官多，印刷發達而書多，提倡學問而書院多，因為此三者而出現的另一多是：
(A) 貪污　　　(B) 議論　　　(C) 信仰　　　(D) 世族

2. 西方的拼音文字最早出現在亞述、迦南、腓尼基等西亞古文明中。他們將蘇美、阿卡德的象形、音節等文字符號，簡化成拼音字母，多用以記錄物件與人名。這些古代民族簡化字母，最初的動機最可能是：
(A) 軍事目的　(B) 經濟需要　(C) 藝術創作　(D) 文學表達

3. 自強運動期間，李鴻章推動某項洋務遭到強烈反對，十分氣憤，致函醇親王說：「辦天下事，貴實心，尤貴虛心，非真知灼見，不能辦事。……所願諸大君子，務引君父以洞悉天下中外實情，……勿狃常見而忽遠圖。」李氏果有遠見，八國聯軍後，各地官紳一改先前反對態度，集資辦理這項洋務。這應是哪方面的工作？
(A) 外交方面：商談條約　　　(B) 軍備方面：造礮購艦
(C) 交通方面：興建鐵路　　　(D) 文教方面：興辦學堂

4. 某一時期，中外發生衝突，臺灣官員奏報：廣東本有洋船往來，
　 通市已久，許多無賴之徒，樂意為洋人所用。臺灣向無洋商，洋
　 船不到，故無此患。但仍宜稽察奸民，以除內患。這應是臺灣何
　 時的情況？
　 (A) 鴉片戰爭之際　　　　　(B) 牡丹社事件時
　 (C) 中法戰爭之際　　　　　(D) 甲午戰爭前後

5. 工業革命在近代歐洲各國發生的時程不一，英國在十八世紀後期
　 率先走上工業革命，歐陸國家則多至十九世紀中葉後才步入工業
　 增長之路，且其工業化發展也與英國有不同的樣貌。以下四個敘
　 述中，哪兩項是德國工業革命的特色？（甲）政府是重要的推手
　 力量；（乙）紡織業對機械化起帶動作用；（丙）農業革命是資本
　 和人力主要來源；（丁）鐵路在工業發展上具促進作用。
　 (A) 甲乙　　　　(B) 乙丙　　　　(C) 丙丁　　　　(D) 甲丁

6. 一位熟悉中國事務的美國記者寫道：關於這一事件，「從更長遠
　 的視野看，這是中國長久以來對其傳統理想破滅的高點。在大約
　 半個世紀中，中國人把他們的文化一塊塊敲下，試圖把『倒退』
　 的因素拿掉。這期間，甚至到完全自我毀滅的地步：人們憎恨中
　 國人的一切，但同時也憎恨外國人的一切。」他指的最可能是：
　 (A) 新文化運動　　　　　　(B) 人民公社
　 (C) 文化大革命　　　　　　(D) 天安門事件

7. 文獻記錄臺南三郊的由來：配運於上海、寧波、天津等處之貨物
　 曰北郊，有二十餘號營商，群推蘇萬利為北郊大商；配運於金、
　 廈兩港，漳、泉二州等處之貨物曰南郊，有三十餘號營商，群推
　 金永順為南郊大商；熟悉於臺灣各港之採羅（買）者曰港郊，有
　 五十餘號營商，群推李勝興為港郊大商。由是商業日興，積久成
　 例，逐成三郊巨號。從這記錄看，三郊的名號是源自：

(A) 進行貿易地區　　　　　(B) 郊商所在地點

(C) 沿襲舊有慣例　　　　　(D) 營商商號數量

8. 十七、十八世紀時盛行三角貿易，有位商人從甲地購買衣服、火槍和金屬用品，裝船運至乙地交易後，再從乙地載人到丙地販賣，最後從丙地採購糖與菸草等物品，運回甲地出售。甲、乙、丙三地依序最可能是：

(A) 廣州、舊金山、馬尼拉

(B) 倫敦、象牙海岸、牙買加

(C) 加爾各答、麻六甲、好望角

(D) 阿姆斯特丹、巴達維亞、長崎

9. 右圖為某次遊行活動中的宣傳看板，看板中描繪美、英等國領袖遭到巨蛇纏繞，無法動彈。看板下方懸著日本、納粹德國與義大利等國的旗幟。這個遊行活動最可能發生於：

(A) 1932 年的柏林

(B) 1938 年的巴黎

(C) 1941 年的臺北

(D) 1966 年的河內

10. 學者論述某次革命時說：「當時，大多數國家的政治人物，都咒罵這一革命及其建立的制度，認為它是某種可怕的、邪惡的東西。相反地，這些國家中的許多偉大作家、激情的革命者和自由主義者，則像迎接曙光般地歡迎這個革命，甚至根據類似理念組成政黨。」這個革命最可能是：

(A) 1917 年俄國革命　　　(B) 1959 年古巴革命

(C) 1979 年何梅尼革命　　(D) 2010 年茉莉花革命

11. 春秋時代晚期以後,列國開始登錄人民,建立戶籍制度。戶籍制度出現以後,凡著錄的人,又謂之「齊民」。漢代人民都要登錄於戶籍,也稱作「錄民」。請問:「齊民」主要表示何種身分上的平等?「齊民」與「錄民」的出現,在歷史上應作怎樣的解釋?
    (A) 政治身分;封建制延續的舊面貌
    (B) 經濟身分;郡縣制形成的新現象
    (C) 社會身分;封建制延續的舊面貌
    (D) 法律身分;郡縣制形成的新現象

12. 歐洲人的傳統衣著使用毛料和麻布。十七世紀以後,英國商人從海外「某地」引進棉布,因價廉物美,穿著舒適,深受社會各階層的歡迎,卻使本土毛紡織業深受打擊。英國國會遂於 1700 年立法禁止進口棉布,以保障本土毛紡織業的利益。「某地」是指:
    (A) 印度　　　(B) 埃及　　　(C) 中國　　　(D) 北美

13. 下列是三段關於書籍刊刻的資料:(甲)書之所以貴舊刻者,非謂其概無一誤。近世經校讎(勘)者,自頗勝於舊本,然專輒妄改,亦復不少。(乙)衡陽王鈞,手自細寫五經,置於巾箱之中,巾箱五經,蓋自此始。(丙)毋昭裔出私財百萬,以營學館,且請刻版,以印九經。蜀主從之,由是蜀中文字復盛。從資料內容判斷,三段資料出現的前後順序應是:
    (A) 甲、乙、丙　　　　　　(B) 甲、丙、乙
    (C) 乙、丙、甲　　　　　　(D) 乙、甲、丙

14. 近代歷史學家孟森說:「以國家全體而論,當開創之後,而無檢制元勳宿將之力,人人挾其馬上之烈以自豪,權貴縱橫,民生凋弊,其國亦不可久。功臣遭戮,千古歎漢、明兩祖之少恩,其實亦漢、明開國之功,所以能速就耳。」孟森針對誅戮開國功臣的這段文字,最主要是:

(A) 歷史事實敘述　　　　　　(B) 史料眞僞考證
(C) 人物性格分析　　　　　　(D) 政治策略評論

15. 1545 年，羅馬教廷在特倫特（Trent）召開大公會議討論教會改革問題，以回應宗教改革對教會的衝擊。會議歷時十八年，在教義與教會實務上均作出決議。教義方面宣告：「得救須靠信仰與事功」、「聖經與歷史傳統並重」、「聖經解釋權屬於教會」等；教會實務方面明令：「嚴禁聖職買賣」、「主教應常駐教區」、「禁止濫發贖罪券」等。我們如何理解特倫特大公會議的性質？
    (A) 教義上固守傳統，教務上堅拒改革
    (B) 教義上固守傳統，教務上接受改革
    (C) 教義上革新傳統，教務上堅拒改革
    (D) 教義上革新傳統，教務上接受改革

16. 右表是 1952 至 2000 年間臺灣一項統計數字。我們應如何理解這個表格？
    (A) 大學入學考試錄取比例；乙爲錄取者
    (B) 農、工業產品出口值比例；乙爲工業產品
    (C) 公、私立高級中學校數比例；乙爲公立學校
    (D) 鐵道、公路之運輸量比例；乙爲公路

項目 年代	甲（%）	乙（%）
1952	91.9	8.1
1960	67.7	32.3
1970	21.4	78.6
1980	9.2	90.8
1990	4.5	95.5
2000	1.4	98.6

17. 在一場和臺灣有關的戰役中，甲、乙雙方各擬定作戰計畫，甲方：「臺灣缺乏可對抗外國艦隊之水師戰船，不如採取誘之爲陸戰之策。因之，以新募之勇營，普遍配置於全島南北之各要害。」乙方：「先派軍艦偵察基隆港之情形，並分艦隊爲二：一

衝淡水港，一衝基隆港，以陸戰隊從基隆突出於淡水，欲於水、
陸有聯。」甲、乙方各應是：

(A) 中、法　　　(B) 中、日　　　(C) 日、美　　　(D) 美、中

18. 古埃及人追求永生，發展出陪葬咒文，幫助死者通過死亡之地，
前往來世。舊王國時，咒文僅刻置在金字塔內法老墳室的牆上，
稱為「金字塔文」；中王國時，咒文刻在棺木內側，稱為「棺
文」，在許多達官貴人墓室均有發現；到新王國時，咒文多寫在
莎草紙卷軸上，置於死者身旁，稱為「死者之書」，出現在一般
筆吏、祭司、甚至女性的墓葬中。我們應如何理解這樣的演變？

(A) 死者之書內容愈趨複雜　　　(B) 追求永生願望的普及化

(C) 永生的觀念越來越淡薄　　　(D) 追求永生常受政治干擾

19. 某書寫道：清同治初年，慈禧太后同意曾國藩派遣留學生、建造
輪船、製造西式武器，但同時警告不可仿效日本的維新路線，而
冒犯祖宗家法。多年後，她閱讀馮桂芬的《校邠廬抗議》，對其
中所提出的變法思想有良好印象，但是，她反對戊戌變法。下列
何者最可能是慈禧太后反對戊戌變法的原因之一？

(A) 不同意中學為體西學為用觀念

(B) 為保持傳統，反對向西方學習

(C) 光緒帝聯海軍與慈禧分庭抗禮

(D) 光緒皇帝及其大臣們操之過急

20. 1945 年 9 月 2 日，一位國家領導人說：「我國人民等待日本被打
敗的這一天，已經等了 40 年。當年那場戰爭的失敗，留給我國
人民痛苦的記憶，我們終於等到雪恥的這一天。」這位領導人與
那場戰爭是指：

(A) 史達林；日俄戰爭　　　(B) 蔣中正；甲午戰爭

(C) 杜魯門；珍珠港事變　　　(D) 李承晚；甲申事變

21. 博物館規劃臺灣某個時代特展，內容之一是以數字來呈現此一時
　　代之特色，依序為：「一個中國」、「兩個政府」、「三個政黨」、
　　「四六事件」、「論壇五虎將」、「魂斷六張犁」、「第七艦隊協防」、
　　「八二三砲戰」、「九年義務教育」。此一時代應為：
　　(A) 日本時代　　　　　　　　(B) 戒嚴時代
　　(C) 解嚴時代　　　　　　　　(D) 民主時代

22. 右圖呈現西元 1000 至 1800 年間，德意志地區西部人口變化狀況。
　　造成圖中「甲」時段人口急遽下
　　降的主因為何？
　　(A) 黑死病爆發，人口大量死亡
　　(B) 三十年戰爭，導致人口傷亡
　　(C) 萊茵河氾濫成災，造成饑荒
　　(D) 發現新航路，人口紛紛外移

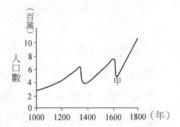

23. 1950 年代後期，海運界曾考慮「貨櫃運輸」的作法，亦即將雜散
　　貨品組合包裝，放入標準貨櫃內，以改善運輸效率。但因必須改
　　建港口，導致費用太高而無法推廣。後來，美國參與一場戰爭，
　　利用貨櫃從美國將大量軍需品運到「甲」地，貨輪返航時再到
　　「乙」地，將該地工業產品運回美國銷售。此後，世人才認識到
　　貨櫃運輸的效能。上文所說「甲」、「乙」地最可能是：
　　(A) 韓國仁川、臺灣高雄　　　(B) 越南峴港、日本橫濱
　　(C) 西德漢堡、英國倫敦　　　(D) 以色列海法、法國馬賽

24. 中國歷史上一個時期，司馬氏得到大士族琅邪王氏的支持，登基
　　為帝，建立了朝廷，於是有「王與馬共天下」的說法。琅邪王氏
　　之後，依次出現潁川庾氏、譙郡桓氏、陳郡謝氏等權臣的時候，
　　依然是庾與馬、桓與馬、謝與馬「共天下」的局面。這是哪一時
　　期？出現怎樣的政治型態？

(A) 西晉；皇權政治　　　　(B) 西晉；門閥政治

(C) 東晉；皇權政治　　　　(D) 東晉；門閥政治

25. 隋文帝命大臣修定刑律，採用魏、晉舊律，以及齊、梁之律，廢除前代梟（斬後懸首）、轘（車裂）、鞭等慘刑，並修改審案規範，取消審囚酷法，使枷和杖都有定式。民眾若有枉屈，可依序上告到朝廷。隋文帝改定新律，表現出哪種精神？

(A) 以輕代重，化死為生　　(B) 以輕代重，化生為死

(C) 以重代輕，化死為生　　(D) 以重代輕，化生為死

26. 明治維新以來，日本積極追求西化，甚至出現「脫亞入歐論」。但某一時期，日本思想界風向出現變化，主張要「批判近代性與西方文化」，強調在文化戰爭中反抗西方，不要屈膝於西方之文化理想中。當時，報紙刊登一首詩：「我立於義與生命／彼立於利；我可說捍衛正義／彼可說利之侵略；當彼藐視四方／我則打造大東亞家庭」，反映知識界的反西方思潮。這個時期是：

(A) 明治維新時期，文化界抗拒西方思潮

(B) 大正民主時期，文化界擔憂文化失序

(C) 二次大戰期間，思想界配合戰爭目標

(D) 盟軍占領時期，知識界抗拒美國文化

27. 1920 年代初期，希特勒的「國家社會主義德國工人黨」發布 25 條綱領，並宣稱這些主張都「不會改變」。不過，1920 年代末期，國社黨卻修改了其中的一條，以爭取中產階級的支持。它最可能是針對下列哪條黨綱進行修改？

(A) 禁止非德裔移民移居德國

(B) 大企業須與工人共享利潤

(C) 只有德裔人民享有公民權，但猶太人除外

(D) 為了國家利益，政府可無償徵收人民財產

28. 有一幅畫卷描繪某個城市的景象：街市縱橫，店鋪林立，車馬行
　　人摩肩接踵。河道兩岸有佛寺、戲臺、茶莊、金銀店、中藥店，
　　乃至豬行、羊行、糧油穀行，應有盡有。特別是店鋪高懸「東西
　　兩洋貨物俱全」、「川廣雜貨」、「萬源號銀鋪」等招牌。這個城市
　　最可能是：
　　(A) 齊國臨淄　　　　　　　　(B) 漢代長安
　　(C) 唐代洛陽　　　　　　　　(D) 明代南京

29. 史家指出某一古代民族的特質：「這個時期，他們表現為樂觀的
　　現世主義者，相信現世值得生活，不必期望渺茫的彼世；他們是
　　個人主義者，祈求完成自己，而非謙卑順從以獲得神的憐憫；他
　　們是人文主義者，愛慕感官所及的自然世界，而非神往於超世間
　　的天國。」這個民族是：
　　(A) 古典時代的希臘人　　　　(B) 殷商時期的中國人
　　(C) 摩西時代的希伯來人　　　(D) 吠陀時代的雅利安人

30. 學者指出：1936 年西安事變前，蔣中正聲望已高，是公認的領
　　袖，無人能與之競爭。西安事變發生後，舉國惶惶，待脫險消息
　　傳出，歡聲雷動，可知蔣氏受到全國擁戴。當時，他大可繼續對
　　中共用兵，但他並未如此，最主要原因，在深知對日戰爭不能避
　　免，必須團結內部，以獲得外援。於是他與中共和解，以聯好某
　　國。某國是指：
　　(A) 英國　　　(B) 美國　　　(C) 蘇聯　　　(D) 德國

31. 巴黎市中心有一個著名廣場，受到政治變動影響，名稱從十八世
　　紀中葉到十九世紀中葉曾數度更易。以下這些代表性地標於十八
　　世紀中葉至十九世紀中葉之間出現於此一廣場，其順序最可能
　　是：
　　(A) 自由女神像、路易十五雕像、埃及方尖碑

(B) 自由女神像、埃及方尖碑、路易十五雕像

(C) 路易十五雕像、自由女神像、埃及方尖碑

(D) 埃及方尖碑、路易十五雕像、自由女神像

32. 資料甲：蒙古語「(斡)脫古孛斡勒」是「老奴婢」、「世僕」的
　　　　　　意思，意指由祖先的奴婢身分承襲而來。元初，忽必烈
　　　　　　的名相安童即出身「(斡)脫古孛斡勒」，他是木華黎的
　　　　　　四世孫，其部族被海都(成吉思汗遠祖)征服後，世代
　　　　　　相襲俘虜和奴婢之身分。

　　資料乙：大蒙古國政府的性質，與韋伯所說「家產制」頗為吻
　　　　　　合，即是政府不過是皇室家務機構之延伸，大臣係由家
　　　　　　臣充任，仍與皇帝維持嚴格的私屬主從關係，大汗對大
　　　　　　臣擁有絕對的權威，而大臣則須對大汗絕對效忠。

　　根據上述資料，我們如何理解「(斡)脫古孛斡勒」在蒙元朝廷
　　的地位？

(A) 他們出身奴婢，缺乏自信，雖居高位，不能任事

(B) 他們出身低微，卻受重用，朝臣既卑視，亦不服

(C) 他們與皇族關係特殊，與皇室之間，時時起衝突

(D) 他們與皇室維持緊密關係，皇帝亦予特權與恩惠

33. 藝術史書討論某時期歐洲建築、裝飾風格的變化，指出：「在建
　　築方面，私人贊助者取代宮廷的原有地位。小的廳堂、房舍代替
　　了城堡與宮殿；冷冰冰的大理石或厚重的青銅，比不上優雅可親
　　的閨閣內室；紫、金、深藍色，不若灰、銀、灰綠、粉紅色受人
　　歡迎。」此一風格的轉變應發生於何時？代表何種風格的變化？

(A) 十三世紀上半葉，從羅馬式到哥德式

(B) 十七世紀上半葉，從文藝復興式到巴洛克式

(C) 十八世紀上半葉，從巴洛克式到洛可可式

(D) 十九世紀上半葉，從新古典式到新哥德式

34. 一位社會改革者主張:「社會主義植根於民主政治,民主必然促使我們承認每一個達到目標的步驟,必須獲得多數人民的支持。即使想立即革除舊事務,仍必須在多數人民同意時才能完成。我們面臨原則的實踐時,必須先形成法案,逐條在委員會中辯論,再由適當的機關來執行。」這位改革者主張的是:
    (A) 烏托邦社會主義　　　　　(B) 歐文派社會主義
    (C) 費邊社社會主義　　　　　(D) 馬克思社會主義

二、多選題(占 12 分)

說明: 第 35 題至第 38 題,每題有 5 個選項,其中至少有一個是正確的選項,請將正確選項畫記在答案卡之「選擇題答案區」。各題之選項獨立判定,所有選項均答對者,得 3 分;答錯 1 個選項者,得 1.8 分;答錯 2 個選項者,得 0.6 分;答錯多於 2 個選項或所有選項均未作答者,該題以零分計算。

35. 荷蘭東印度公司統治臺灣的時間不長,其歷史評價如何,至今仍值得討論,但凡走過必留足跡,特別是對原住民的統治影響更見深遠。下列哪些「東印度公司遺產」(政策或作為),對原住民的影響至清代還可以見到?
    (A) 贌社制度　　　　(B) 新港文書　　　　(C) 王田制度
    (D) 領主封臣　　　　(E) 勞役徵調

36. 學者指出:十七世紀後期起,歐洲人對鄂圖曼帝國的敘述論調開始轉變,從先前讚嘆帝國富饒、疆土遼闊與人力充沛,轉而批評鄂圖曼統治的專制、暴政,強調它缺乏合法性、貪污嚴重、司法不公。這種觀點的轉變與十七、十八世紀哪些發展有關?
    (A) 鄂圖曼帝國在歐洲的勢力開始式微
    (B) 鄂圖曼帝國大舉迫害境內基督教徒

(C) 歐洲建立近代國家，發展遠洋貿易，愈趨富強

(D) 歐洲發生啓蒙運動，帶來自由、人道主義思想

(E) 鄂圖曼揚棄歐洲文化影響，回歸伊斯蘭本土化

37. 中共與北韓金氏家族關係密切，有其淵源，主要是派兵參加「韓戰」。1950 年 6 月北韓軍隊南下，攻陷漢城（首爾），並向南推進；9 月，以美軍爲主力的聯合國軍隊登陸仁川，乘勢反攻，跨越北緯 38 度線，直抵鴨綠江邊。此時，毛澤東雖十分猶豫，仍決定派「人民志願軍」援助金日成政府，10 月底成功伏擊美軍。麥克阿瑟也未料到中共會派軍參戰，甚至還希望在 11 月感恩節前統一全韓，結束戰事。此後雙方展開幾次重大戰役，互有勝負，在北緯 38 度線上拉鋸，形成長期對峙之勢，直到 1953 年 7 月才簽訂和平協定。下列哪些是有關中共參加韓戰的合理敘述？

(A) 中共以人民志願軍名義參戰，即不願與美國全面爲敵

(B) 冷戰局勢下，美國支持的統一韓國，毛澤東深感威脅

(C) 中共志願軍能夠攻下漢城，美軍過於輕敵是重要因素

(D) 志願軍能對抗美軍，蘇聯派正規軍介入應是主要因素

(E) 志願軍雖然多，不能致勝，在於武器上與美軍有落差

38. 1979 年英國大選，在工黨執政失敗、經濟陷入困境中，保守黨獲勝。面對英國經濟困境，保守黨宣示：要解決經濟問題，必須讓私人企業發展，使其有利潤，投資、創造高薪工作機會，「然後，我們才有錢幫助老者、弱者、病者。」根據這個理念，保守黨採取哪些政策以振興經濟？

(A) 鼓勵工會運動　　　　　　(B) 實施減稅政策

(C) 國營事業民營化　　　　　(D) 縮減社福支出

(E) 立法管制匯率

第貳部分：非選擇題（佔 20 分）

說明：共有四大題，每大題包含若干子題。答案必須寫在「答案卷」
　　　上，並於題號欄標明大題號（一、二、……）與子題號（1、
　　　2、……），若因字跡潦草、未標示題號、標錯題號等原因，
　　　致評閱人員無法清楚辨識，其後果由考生自行承擔。作答務
　　　必使用筆尖較粗之黑色墨水的筆書寫，且不得使用鉛筆。每
　　　一子題配分標於題末。

一、 以下三則為和臺人「三千煩惱絲」有關的資料，閱讀後回答問
　　 題。

　　 資料甲：悔染陋風三四春，奮然割去一時新。而今偷得文明樣，
　　　　　　 洗濯圓顱見性真。

　　 資料乙：是何世界任戕殘，警吏施威六月寒。削足妄思求適履，
　　　　　　 髡（剃）頭謬說慶彈冠（做官）。時無美鬢（濃密）人
　　　　　　 人鬏（脫落），家有金蓮步步難。癸女丁男（指成年）
　　　　　　 顛倒甚，此間奚事不心酸。

　　 資料丙：予素喜西制，嘗慕改妝效顰，以為利便，奈格於清俗，
　　　　　　 不肯權變為憾。今者，國既喪師獻款，身為棄地遺民，
　　　　　　 此次東遊（日本），沿途頻遭無賴輩擲石詬罵之苦，因
　　　　　　 是決意斷辮改妝，以為出門方便之計。

　　 1. 三則資料出現的背景和哪一時期的何種政策有關？（2 分）

　　 2. 三則資料中有兩則資料對處理頭髮的態度較主動，是哪兩
　　　　則？這兩則資料主動處理頭髮各持的理由為何？（4 分）

二、 閱讀下列資料，回答問題。

　　 資料甲：《漢書・藝文志》:「太史公百三十篇」。

資料乙：《史記‧周本紀》：「周太史伯陽讀史記曰：『周亡
　　　　矣。』」；

　　　　《史記‧陳杞世家》：「孔子讀史記至楚復陳」；

　　　　《史記‧儒林列傳》：「孔子因史記作春秋」；

　　　　《漢書‧楊惲傳》：「惲始讀外祖（司馬遷）太史公記」。

資料丙：清代著名考據學家王鳴盛著《十七史商榷》，開篇第一
　　　　句寫道：「漢（書藝文）志史記百三十篇」。

1. 根據資料甲、乙，《漢書》所稱的「太史公（記）」與《史記》
　所稱的「史記」，所指分別為何？（4分）

2. 有史家認為從考據學角度來看，資料丙王鳴盛著《十七史商
　榷》開篇第一句所言並不妥當。請根據上述甲、乙兩則資料
　推論其原因。（2分）

三、　西元四世紀，一位羅馬軍人史家對羅馬周邊外族有這樣的描述：

　　資料甲：「匈人（Huns）都是身體結實，四肢強壯，醜如怪
　　　　　　物，看來像是站立的野獸。」

　　　　　　「他們沒有建物可以遮蔽，都在山林中遊蕩；他們沒
　　　　　　有皇室管轄，而由族中首領混亂地治理；他們沒有固
　　　　　　定的居所，也沒有法律，只是以馬車為居，從一處到
　　　　　　另一處。」

　　資料乙：「放牧的薩拉遜人（Saracens）四處漫遊，所到之處
　　　　　　都成廢墟。他們如同貪婪的鷹，一看到獵物，就以最
　　　　　　快的速度抓捕。」

　　　　　　「從亞述到埃及沙漠，那裏的各部族人都沒拿過農具
　　　　　　或種過樹，都未以耕地為生。他們沒有家，不斷地在
　　　　　　森林中流浪，沒有固定居所，也無法律。」

回答下列問題：

1. 資料甲、乙反映出這位史家是以何種心態看待外族？（2分）

2. 從這位史家對兩個外族社會特色的論述，可以推論他對身處之「羅馬文明」有特別看重之處。請舉出兩項他看重的文明要素。（2分）

四、撒哈拉沙漠雖橫亙非洲北部，穿越撒哈拉的貿易仍自古不斷，帶來南北地區商品、文化的交流。早期，因交通工具的限制，穿越撒哈拉貿易只能間接、間斷進行，貿易商利用南到北之間斷續分布的綠洲鏈，將貨物從一個綠洲運售到下一個綠洲，再由該地貿易商運售到下一個綠洲，層層傳遞。這種型態下，商品傳遞時間長，貿易量不大。但西元三、四世紀時，撒哈拉地區發生一次「沙漠運輸革命」，使長距離旅行、貿易成為可能，遂發展出大規模、有規則、長距離的商隊貿易，擴大貿易幅度與規模，漠南商品更容易銷往地中海世界。

回答下列問題：

1. 上文所說西元三、四世紀發生的「沙漠運輸革命」，所指為何？（2分）

2. 西元1500年以前，穿越撒哈拉貿易的主要商品為何？請指出兩項。（2分）

107年度指定科目考試歷史科試題詳解

第壹部分：選擇題

一、單選題

1. **B**

   【解析】 北宋因爲採取文人政治，對於文人非常禮遇，因此給予文人極大的議論朝政的空間。

2. **B**

   【解析】 腓尼基人將埃及象形文字簡化，其目的是在於方便和周遭民族訂定契約，因此選經濟需求。

3. **C**

   【解析】 「集資」爲關鍵字，集資說明著此項建設所需資金極爲龐大，而各地可以自行處理的只有鐵路符合集資的說明。

4. **A**

   【解析】 台灣向無洋商，可以得知此時台灣尙未經歷英法聯軍開港通商，因此選 1860 年以前的時間。

5. **D**

   【解析】 德國工業革命的發展是由國家推動，且由鐵路建設開始帶動交通運輸。

6. **C**

【解析】 中國人把自己的文化敲掉，可以知道是新文化運動和文化大革命，但是又反對西方文化，所以可以知道是文化大革命（因為新文化運動是主張全盤西化）。

7. **A**

【解析】 臺南三郊的敘述上說配送貨物於上海、寧波、天津稱為北郊，可以知道是以貿易地區做為區分。

8. **B**

【解析】 17、18 世紀三角貿易，可以知道是地理大發現後歐洲、美洲、非洲的貿易情形。乙購買衣服、火槍等是非洲、丙購買奴隸是美洲、甲買糖等美洲作物是歐洲。

9. **C**

【解析】 日本、納粹德國、義大利說明當時軸心國已經組成；又美國也被纏住，說明當時美國也加入戰場中，因此選 1941 年～1945 年之間的軸心國地區。

10. **A**

【解析】 大多數政治人物咒罵這個制度的建立和其革命。可以說明這件事件發展出一個新形態的統治方式，而符合這個標準的只有 1917 年俄羅斯的共產革命產生。

11. **D**

【解析】 錄民等說明著在郡縣制度底下，統治者將各個人民在法律上地位平等，這樣有利於統治者在調度以及徵調人力。

12. **A**

【解析】 英國於 1600 年就已經成立東印度公司，並且在印度進行貿易，後來受到帝國主義的影響才轉為殖民印度的方式。

13. **C**

【解析】 乙說明手字細寫五經，是手抄書，在印刷術（唐）出來之前；丙開始印刷為唐之後；甲則有校勘，可以知道為更後期的部分。

14. **D**

【解析】 這段文言文說明是指，開國功臣會因為自己的功勞而產生權貴優越感，進而產生特權，對於開國的統治者不利。漢、明能夠迅速穩定開國狀態，實因誅殺功臣而產生。這段文言文說明統治者的政治策略分析。

15. **B**

【解析】 教義方面宣告：「得救須靠信仰與事功」、「聖經與歷史傳統並重」、「聖經解釋權屬於教會」等，解釋權在教會這說明教會捍衛立場，和新教可自己閱讀不同；但是在實務上進行了一些改革。

16. **B**

【解析】 1980 年代尚未有這麼高的大學錄取率；台灣公立學校比率遠比表中高；台灣鐵路亦為台灣交通運輸重要一環，若甲為鐵路比例過低；因此選農工產業比較為適合。

17. **A**

【解析】　基隆、淡水港可以知道是清末開港通商之後台灣的情形。因此選清末影響台灣的戰爭；故選中法戰爭。

18. **B**

【解析】　陪葬文從早起只有法老王有，到後期一般官員等都有，說明著對於永世的期望是不分身分貴賤高低的。

19. **D**

【解析】　慈禧太后反對戊戌變法原因：第一皇帝以及改革者實務經驗太少，變法過於理想化；第二變法太快，對於既得利益者的利益受到影響，會影響統治的穩定度。

20. **A**

【解析】　1945 年說 40 年前被日本人打敗；1905 年是日俄戰爭的時間；故答案選蘇聯。

21. **B**

【解析】　這一題只要知道任何一個關鍵字都可以知道答案，第七艦隊協防是韓戰的事件，因此選民國 38～76 年戒嚴時期。

22. **B**

【解析】　甲時代為 1600 年代左右，此題在問 1600 年為何德國人口會減少，因此選 1610～1640 在神聖羅馬帝國發生的 30 年宗教戰爭最為符合答案。

23. **B**

【解析】　題目一開始提到 1950 年代後期，後來提到之後，因此可以得知是 1950 年代以後的事情，而 1950 年代之後美國在亞洲參加的戰爭爲越戰，因此答案選越南＋日本港口。

24. **D**

【解析】　王與馬共天下，這句說法是東晉時期，瑯琊王司馬睿仰賴王導等人協助才能建立東晉，因此選的是東晉的門閥政治。

25. **A**

【解析】　隋文帝廢除了審囚酷法，使刑罰減輕；另外民衆若有冤屈可以上告朝廷，由此可以降低冤獄的產生，因此選以輕代重、化死爲生。

26. **C**

【解析】　從詩中的大東亞共榮圈可以知道這個時間是戰爭時期，日本學術對於戰爭目標的支持所創作。

27. **D**

【解析】　本來納粹黨章指出國家爲了國家利益，可以無條件徵收人民財產，這點對於中產階級尋求安定以及個人資產維護是有衝突的，因此納粹爲了爭取中產階級支持廢除了這點。

28. **D**

【解析】 看到銀鋪可以知道這個時候白銀已經流入中國，故選明清時期的都市。

29. **A**

【解析】 人文主義者為這題的關鍵字，上古文明中就屬希臘為人文主義的思想，因此選希臘文明。

30. **C**

【解析】 蔣中正和中共和解，爭取某國支持，中共是由蘇聯所支持，因此由題目可以判斷出蔣中正想爭取的對象是蘇聯。

31. **C**

【解析】 路易 15 雕像可以說明著早期波旁王朝專制、自由女神像象徵著法國大革命自由、平等、博愛精神、埃及方尖碑說明著拿破崙對於北非的控制。

32. **D**

【解析】 資料甲就有提到忽必烈名相安童就是奴婢身分，而奴隸可以當到宰相，也說明著蒙古時期這樣的關係，皇帝也會給予一些特權和恩惠。

33. **C**

【解析】 在藝術史中有提到，反對宮廷文化的是洛可可文化，洛可可文化興起於 18 世紀的法國。

34. **C**

【解析】 題目中有提到社會主義要透過民主政治而改善完成，這樣的理念課本中有提到是費邊派社會主義者的想法。

二、多選題

35. **ABE**

【解析】 王田制度隨著荷蘭統治結束之後被廢除，繼任者明鄭時期將部分王田改為官田；領主封臣是歐洲的封建制度方式，明鄭時期採取漢人的官僚體制，因此廢除了封建制度。其餘三項仍有使用。

36. **ACD**

【解析】 鄂圖曼土耳其本身對於被統治者採取宗教寬容政策；鄂圖曼土耳其本身就未受到歐洲文化影響過多；而歐洲人會對鄂圖曼的讚嘆轉為批判，源自於自身實力的提升以及鄂圖曼本身的衰弱。

37. **ABCE**

【解析】 (D) 選項錯誤在於蘇聯沒派出正規部隊。

38. **BCD**

【解析】 1979 年英國保守黨勝選，保守黨相較於工黨是偏向資本主義的部分，資本主義以資本家角度出發，希望市場自由競爭，因此主張政府不應該干涉過多；因此反對工會運動，同時也主張自由匯率的部分。

第貳部分：非選擇題

一、【解答】 1. 從資料丙中喪師獻款，棄地遺民可以得知此時的台灣是被割讓的，因此是日治時期。另外資料乙**削足妄思求適履**可以看到政府要求解放纏足，因此寫放足斷髮政策較為妥當。

2. 資料甲說偷得文明樣，可以得知是因為文明因素。資料丙中提到去日本遭到當地人擲石謾罵之苦，所以決定剃髮方便出門。

二、【解答】 1. 漢書中所提到的太史公記是司馬遷所著作的《史記》；而司馬遷的《史記》中提到孔子因史記作春秋，則是指孔子看了各國史書之後寫了春秋，因此司馬遷所說的史記視為各國史書比較洽當。

2. 由第一題可以得知史記有不同的解釋意思，資料丙的說法直接把史記視為司馬遷的著作，這個在解釋上不夠精確。

三、【解答】 1. 資料甲中提到匈人醜如怪物；而資料乙說薩拉遜人所到之處都成廢墟。這些都是由自己的文化角度去做評估，因此寫文化本位主義。

2. 資料甲和資料乙同時重複的有固定的住所和法律；因此可以推論出這位學者最重視的是這兩項。

四、【解答】 1. 三世紀的時候，非洲的柏柏爾人使用駱駝開始貿易，使得撒哈拉地區貿易變得頻繁。因此可以推論這時期的運輸革命是駱駝的使用。

2. 早期貿易中，北非缺金但產鹽；西非則相反；因此藉由貿易將金和鹽進行物質交換。故答案寫金、鹽。

107年大學入學指定科目考試試題
地理考科

壹、單選題（占76分）

說明：第1題至第38題，每題有4個選項，其中只有一個是正確或
最適當的選項，請畫記在答案卡之「選擇題答案區」。各題
答對者，得2分；答錯、未作答或畫記多於一個選項者，該
題以零分計算。

1. 「不能跟天討太多，善用大自然的資源與運作，放棄速度與產量
的追求，循環資源避免溪河優養化，讓生物在潔淨豐饒的田間相
生相剋，四季換得來自田野慷慨的自然賜予」，這是臺灣北部某
農業社區的發展願景。上述願景的實踐可以獲致下列哪些正面效
益？
甲、永續發展　　　　乙、國際分工　　　　丙、農業轉型
丁、農村再生　　　　戊、農業企業化
(A) 甲乙丁　　　(B) 乙丙戊　　　(C) 甲丙丁　　　(D) 乙丁戊

2. 石滬是一省時省力的古老漁撈方式，但建造石滬需有一定的地理
條件配合，包括：沿岸海底傾斜度不宜過大、海岸附近需有足夠
建造石滬的石料、潮差適中。照片1為臺灣西部某處海岸拍攝的
石滬，該處海岸最可能位於下
列何處？
(A) 竹苗
(B) 中彰
(C) 雲嘉
(D) 臺南

照片1

3. 不同時間的衛星影像可以偵測地表的變遷狀況，圖 1 為 2000 年及 2016 年的衛星影像，影像中虛線範圍是變化明顯的區域。分析以下 2 張影像的甲處和乙處並進行推論，下列哪項結論最為合理？

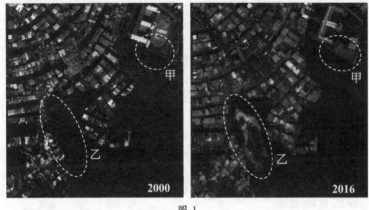

圖 1

(A) 2016 年乙處開闢了一座公園
(B) 2000 年後甲處新蓋了一棟建築物
(C) 2000 年後乙處山坡地有違法開發
(D) 2016 年在甲處有一棟實驗大樓完工

4. 圖 2 最可能是 2013 年下列哪種主題的全球分布地圖？
   (A) 二氧化碳排放量
   (B) 愛滋病感染比例
   (C) 國內生產毛額（GDP）
   (D) 貧窮線以下的人口比例

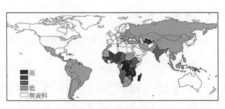

圖 2

5. 歐盟致力於可再生能源的開發與利用，風力發電預估到 2030 年達到歐盟總用電量的 29.6%，下列何者最可能是歐盟主要離岸風力發電機組的分布海域？
   (A) 北海　　　(B) 地中海　　　(C) 北極海　　　(D) 波羅的海

6. 位於印度南部的邦加羅爾（Bangalore），俗稱「印度矽谷」，周邊區域為許多跨國科技公司的據點並聚集多國人口；這裡有異國主題的酒吧，以及販賣美式速食及法式甜點的餐廳，這些現象反映了下列哪些概念？

甲、全球化　　　　　乙、地方化　　　　　丙、計劃經濟
丁、產業群聚　　　戊、跨國社會空間
(A) 甲乙丙　　　　　　　(B) 乙丙丁
(C) 丙丁戊　　　　　　　(D) 甲丁戊

7. 京都議定書的精神為全球減碳，刪減的目標以 1990 年的溫室氣體排放量為基準，簽約各國依此基準及國情訂定減碳目標，下列推論何者最適當？

(A) 目前排放量刪減比例愈多的國家，愈加使用化石燃料
(B) 目前排放量刪減比例愈少的國家，愈重視生態環境的維護
(C) 目前排放量與目標排放量相近的國家，經濟發展出現停滯狀態
(D) 目前排放量較目標排放量低的國家，有多餘的碳排放權可以出售

8. 發展「生態都市」應遵循生態學的概念，包括將人類、植物、動物和地球環境納入空間規劃的考量。下列哪些作為符合上述「生態都市」的理念？

甲、倡導綠建築　　　乙、增加綠地面積　　　丙、增加道路密度
丁、維持生物多樣性　　戊、增加都市開發面積
(A) 甲乙丙　　　　　　　(B) 乙丁戊
(C) 甲乙丁　　　　　　　(D) 丙丁戊

9. 假設不考慮紅綠燈與體力耗損的情況，只考慮交通工具與路線特性。甲生以某路段進行 GPS 記錄的實驗，並發現騎腳踏車上坡的

速度比在平地步行還慢。圖 3 是甲生實驗
路段示意圖。下列何者最可能是甲生依照
圖 3 上的順序所記錄的 GPS 軌跡？

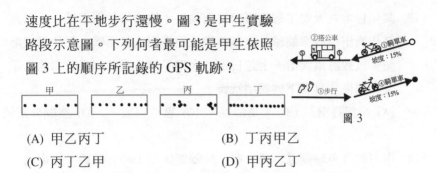

圖 3

(A) 甲乙丙丁

(B) 丁丙甲乙

(C) 丙丁乙甲

(D) 甲丙乙丁

10. 南島語系包括約一千餘種語言，廣泛分布於印度洋和太平洋，下
列哪些島嶼屬於南島語系的分布區？

甲、南美洲西北側的千里達島　　乙、南美洲西南方的復活節島

丙、非洲東南方的馬達加斯加島　丁、亞洲東南緣的民答那峨島

戊、澳洲東南方的塔斯馬尼亞島

(A) 甲乙丙　　　(B) 乙丙丁　　　(C) 丙丁戊　　　(D) 甲丙戊

11. 下列為常用的永續發展策略，何者可提高環境負載力？

甲、改善農業灌溉系統　　　　　乙、發展再生能源技術

丙、推廣人口節育政策　　　　　丁、提倡在地生產與消費活動

(A) 甲乙　　　　(B) 乙丙　　　　(C) 丙丁　　　　(D) 甲丁

12. 2010 年以後，中國珠江三角洲地區的在地電子業上下游及周邊相
關產業，對國外零組件進口的依賴度逐年降低，並逐漸發展出本
土的供應鏈，此現象稱為「紅色供應鏈」。相較於臺灣電子業的
供應鏈，此紅色供應鏈具有下列哪些優勢？

甲、工業慣性產能效益更高　　乙、產品的製程效率更提升

丙、產業群聚經濟效益更大　　丁、內需市場商機潛力更大

戊、國際分工的效益更提升

(A) 甲乙丙　　　(B) 乙丙丁　　　(C) 丙丁戊　　　(D) 甲乙戊

13. 某年日本六大電子零件廠因美國蘋果手機的零件需求減少，以致該年的出口訂單縮減；隔年蘋果公司推出新款手機，零件需求增加，以致訂單大增。上述日本六大電子零件廠與蘋果公司的產業合作關係，具有下列哪項特質？

    (A) 聚集經濟　　(B) 工業慣性　　(C) 區位擴散　　(D) 空間分工鏈

14. 南海的許多珊瑚礁島嶼，在主權歸屬問題上時有爭議，如臺灣、中國、汶萊、馬來西亞、菲律賓和越南等國家，都宣稱對南海諸島或部分島嶼擁有主權。各國在這片海域爭搶的利益主要是下列何者？

    甲、運輸　　乙、觀光　　丙、漁業　　丁、能源　　戊、農業

    (A) 甲乙丙　　(B) 乙丁戊　　(C) 甲丙丁　　(D) 丙丁戊

15. 非洲的氣候以赤道爲中心大致南北對稱，加上地形起伏，呈現多元的自然景觀帶分布。該大洲下列哪個緯度的自然景觀帶最爲單調？

    (A) 北緯 25 度　(B) 0 度　　　(C) 南緯 23.5 度　(D) 南緯 30 度

16. 表 1 中哪種日常生活行爲的改變，對臺灣碳足跡與生態印跡的影響，最爲合理？

表 1

	生活行爲	碳足跡	生態印跡
甲	吃臺灣土雞→吃澳洲牛肉	增加	增加
乙	穿外國平價服飾→穿臺灣製高級服飾	增加	減少
丙	使用臺灣紅磚→使用義大利大理石	減少	增加
丁	騎腳踏車→駕駛轎車	減少	減少

(A) 甲　　　　(B) 乙　　　　(C) 丙　　　　(D) 丁

17. 某傳染病發病範圍在第一階段的中心點坐標為 TM2（252000, 3245000），涵蓋半徑為 3,000 公尺；第二階段的中心點坐標為 TM2（254000, 3246000），涵蓋半徑為 4,000 公尺；第三階段的中心點坐標為 TM2（255000, 3249000），涵蓋半徑為 6,000公尺。此傳染病最可能是屬於哪種擴散類型？

(A) 擴張型　　　(B) 位移型　　　(C) 混合型　　　(D) 階層型

18. 2016 年全球愛滋病毒感染者共計約 3,670 萬，其中東部暨南部非洲就有約 1,940 萬。愛滋病毒傳染途徑主要有性行為、血液和垂直感染，感染者在全球區域呈現分布不均的情況，其主要受到下列何種因素影響？

(A) 氣候　　　(B) 種族　　　(C) 社會文化　　　(D) 經濟豐裕

19. 近年臺灣農田休耕、棄耕或廢耕的面積逐年增加，糧食進口量大幅上揚，2016 年以熱量為計算基準的糧食自給率僅剩 31%。造成臺灣近年糧食自給率下降的原因，最可能包括下列何者？

甲、農業科技進步　　　　　乙、農村勞動力老化
丙、國人飲食習慣改變　　　丁、氣候變遷導致產量降低
戊、加入 WTO 後部分糧食作物無法與進口作物競爭

(A) 甲乙丁　　　(B) 乙丙戊　　　(C) 甲丙丁　　　(D) 乙丁戊

20. 圖 4 為某亞熱帶地區河川下游降水量與強風日數的月統計圖，此區在下列哪個時段發生沙塵飛揚問題的頻率最高？

(A) 三月至四月
(B) 五月至六月
(C) 七月至九月
(D) 十月到次年二月

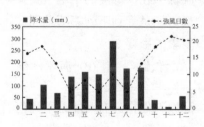

圖 4

21-22 為題組

　　1931 年倫敦地鐵員工 Harry Beck 為了解決地鐵路線太過複雜、一般民眾不易理解的難題，採用拓樸地圖概念設計出一種簡化的地鐵路網圖，後來為各國捷運地圖所仿效，如圖 5 的新加坡捷運地圖。請問：

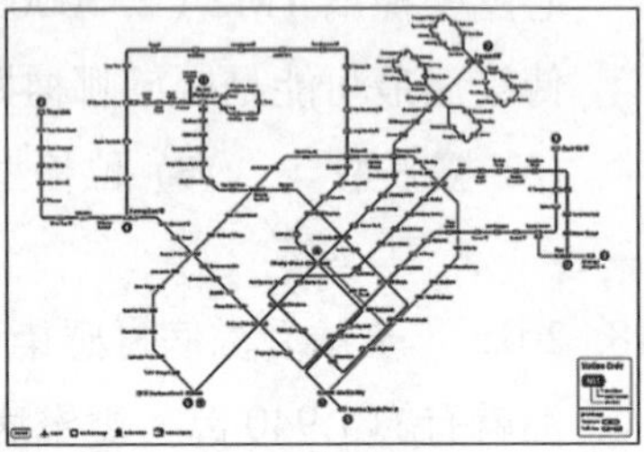

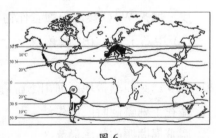

圖 5

21. 這種路網圖可以精確的表達下列
　　哪些站與站間的關係？
　　甲、距離　　　　　乙、方位角
　　丙、前後順序　　　丁、路線交會節點
　　戊、車站面積大小
　　(A) 甲乙　　　　(B) 丙丁　　　　(C) 丁戊　　　　(D) 甲戊

22. 根據此路網圖所提供的資訊，最適合進行下列哪項工作？
　　(A) 量測出車站坐標　　　　　(B) 計算乘車所需時間
　　(C) 找出車站位於哪條街道　　(D) 找出經過最少站的乘車規劃

23-24 為題組

　　圖 6 為某一種原料指向的農產加工產品分布圖。請問：

23. 圖中此原料作物得以跨越回
　　歸線，在低緯度的甲地生長，
　　最可能是受到下列哪項地理
　　要素的影響？
　　(A) 洋流　　　(B) 海陸分布　　　(C) 海拔高度　　　(D) 地方風系

圖 6

24. 此原料作物最有可能是下列何者？
　　(A) 小麥　　　(B) 葡萄　　　(C) 咖啡　　　(D) 茶樹

25-26 為題組

　　臺灣的農戶規模小，75% 的農戶其耕作面積小於一公頃，且農場規模也小，絕大部分的農場面積也僅約一公頃。表 2 為 2014 年全球四種農業類型國家的農戶規模與農場規模統計表。請問：

表 2

農業類型國家		<1 公頃	1-5 公頃	5-50 公頃	>50 公頃
甲	農戶規模（%）	0	77	22	1
	農場規模（%）	0	33	57	10
乙	農戶規模（%）	11	26	44	19
	農場規模（%）	0	1	11	88
丙	農戶規模（%）	68	29	2	1
	農場規模（%）	25	45	25	5
丁	農戶規模（%）	0	37	59	4
	農場規模（%）	0	7	52	41

25. 日本在 2015 年廢除長達十年的稻田轉作政策，鼓勵農業經營法人化以因應人口老化及農戶規模問題。日本最可能是表 2 中的哪種農業類型國家？

(A) 甲　　　　(B) 乙　　　　(C) 丙　　　　(D) 丁

26. 歐洲某國以丘陵為主，氣候夏乾冬雨，該國農場規模大多超過 1 公頃，但因灌溉的需求，農場規模也不宜過大，大部分農戶經營農場規模較小的蔬果作物，而山間平緩的丘陵，則以農場規模稍大的橄欖、柑橘果樹為主。某國最可能是表 2 中的哪種農業類型國家？

(A) 甲　　　　(B) 乙　　　　(C) 丙　　　　(D) 丁

27-28 為題組

　　高雄市衛武營都會公園原本是國防部的軍營，民國 70 年代本來規劃為國民住宅用地，但市民有不同意見，並於民國 81 年成立「衛武營公園促進會」，極力主張將營區改建為公園，以作為市民休閒遊憩之用。隔年行政院同意衛武營營區改作都會公園使用，經過長久協調，民國 91 年終於設置了「衛武營公園與藝文中心」。請問：

27. 此項計畫涉及的土地利用改變，須藉由下列哪項法規審查通過？
    (A) 都市計畫法　　　　　　　　(B) 國土計畫法
    (C) 文化資產保存法　　　　　　(D) 風景特定區管理規則

28. 高雄市民主張將衛武營作為公園綠地，並成立「衛武營公園促進會」，這項推動公園成立的過程，最適合用下列哪個概念說明？
    (A) 區位移轉　　(B) 地方參與　　(C) 地景評估　　(D) 環境影響評估

29-31 為題組

　　一個國家 15～64 歲的人民，稱為勞動人口。勞動人口的數量占全國總人口的比例，稱為「勞動力比例」。如果這個比例的趨勢是上升的，表示該國當時的勞動力資源相對比較豐富，對該國當時的經濟發展是十分有利的黃金時期，而稱為人口紅利。但如果趨勢是下滑的，稱為人口負債。圖 7 是代表日本、美國、中國、越南與印度等五個國家的勞動力比例圖（2018 年以後為推估）。請問：

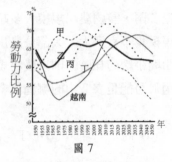

圖 7

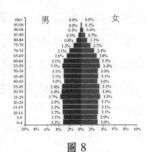

圖 8

29. 日本是圖 7 中哪條曲線？
(A) 甲
(B) 乙
(C) 丙
(D) 丁

30. 根據圖 7 中所示，2020 年之後擁有人口紅利的國家除越南之外，最可能是下列哪個國家？
(A) 日本
(B) 美國
(C) 中國
(D) 印度

31. 圖 8 最可能是下列哪個國家 2020 年的人口金字塔？
(A) 甲
(B) 乙
(C) 丙
(D) 丁

32-33 為題組

　　1935 年地理學家胡煥庸提出從黑龍江黑河（原璦琿）到雲南騰衝的連線，大致可將中國分為東南與西北兩部分，人稱「胡煥庸線」（圖 9）。請問：

32. 中國各種地理現象的分布，下列哪些現象與胡煥庸線大致符合？

甲、農業區與畜牧區的分界

乙、一穫區與二穫區的分界

丙、稻作區與小麥區的分界

丁、濕潤地區與乾燥地區的分界

戊、人口稠密區與人口稀疏區的分界

圖 9

(A) 甲乙丙
(B) 甲丁戊
(C) 乙丙丁
(D) 乙丁戊

33. 中國的經濟政策中，下列哪些政策期望能直接促進「胡煥庸線」西側的發展？

甲、西氣東輸　　　　乙、西電東送　　　　丙、振興老工業

丁、沿海經濟開放　　　戊、青藏鐵路的興建

(A) 甲乙丙　　(B) 乙丙丁　　(C) 丙丁戊　　(D) 甲乙戊

34-35 為題組

　　獲得空間坐標的方式有很多種，例如利用 GPS 儀器至現場進行定位，或直接使用 Google 地圖提供的「門牌地址定位服務」。後者是利用地理資訊系統的功能，提供使用者輸入門牌地址轉換成空間坐標的網路服務，圖 10 即為五筆利用門牌地址輸入 Google 地圖後得到的結果。請問：

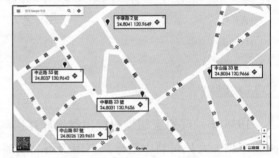

圖 10

34. 若在「門牌地址定位服務」輸入中華路 40 號，Google 地圖上顯示的空間坐標最可能為下列何者？

(A) 24.8027, 120.9650　　　　(B) 24.8042, 120.9658

(C) 24.8030, 120.9653　　　　(D) 24.8025, 120.9659

35. 若要獲得 1,000 筆地址的經緯度資料，「門牌地址定位」與「GPS 現場定位」兩種方式，最可能具有下列哪種差異性？

(A) GPS 現場定位易受網路連線的影響

(B) GPS 現場定位的後續分析較為容易

(C) 門牌地址定位服務的人力成本較低

(D) 門牌地址定位服務易受天候的影響

36-38 為題組

圖 11 是不同年
代及季節拍攝的福
爾摩沙衛星 2 號及
Google earth 影像，
呈現臺灣本島某條
溪流的河口地形變
化，圖的左側大致
為北方。據經濟部
水利署的研究顯示：

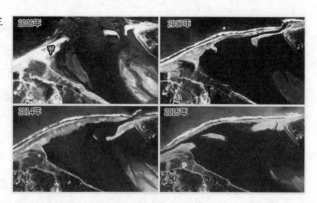

圖 11

此溪流的河口北側海岸地形變遷特性應屬波浪主導型，夏、秋季的颱
風與波浪會將河口泥沙往北輸送，形成海岸堆積現象；冬季季風波浪
則將淤沙往南移動，造成河口北側的侵蝕現象。河口南側海岸的季節
性變化較不明顯，侵淤互見。當洪水氾濫時，常將河口沙洲沖走，直
流入海。請問：

36. 這條河流的河口與哪個國家公園之間的直線距離最近？

　　(A) 台江　　　　(B) 墾丁　　　　(C) 玉山　　　　(D) 太魯閣

37. 圖 11 中 2006 年的甲處最可能是下列哪種海岸地形？

　　(A) 海階　　　　(B) 沙嘴　　　　(C) 沙頸岬　　　　(D) 連島沙洲

38. 圖 12 的拍攝年代大概在什麼
　　時候？

　　(A) 2006 年或以前

　　(B) 2006 至 2007 年間

　　(C) 2007 至 2014 年間

　　(D) 2015 年或以後

圖 12

貳、非選擇題（占 24 分）

說明：共有三大題，每大題包含若干子題。答案必須寫在「答案卷」
上，並於題號欄標明大題號（一、二、……）與子題號（1、2、
……），若因字跡潦草、未標示題號、標錯題號等原因，致評
閱人員無法清楚辨識，其後果由考生自行承擔。作答務必使
用筆尖較粗之黑色墨水的筆書寫，且不得使用鉛筆。每一子
題配分標於題末。

一、 2018 年 3 月 2 日布吉納法索首都中的法國使館和該國軍事總部
遇襲，造成數十人死傷，這兩起攻擊可能意圖報復於日前召開
的非洲五國地區反恐會議。然而，2017 年 5 月，五國已簽署備
忘錄，共同部署地區聯合安全部隊來加強「新月形沙丘反恐行
動」，維護三個重點地區的安全：一是位於茅利塔尼亞和馬利邊
境的西區；二是尼日和查德邊境地帶的東區；三則是馬利、尼
日與布吉納法索接壤的中區。請問：

1. 文中五國集團因主要位於撒哈拉沙漠南緣，所以此區被稱為
   什麼？（2 分）

2. 參與「新月形沙丘反恐行動」所部署的三個重點地區，哪個
   地區距離紅海最近？（2 分）

3. 聯合國目前採取「綠色長城」措施：「減少農牧開發」、「大量
   種植耐旱植物」，此二項措施可以分別減緩此區長期面臨的什
   麼環境困境？（4 分）

二、 圖 13 為 NASA 整理 2000 年的亞洲部分地區的崩塌災害分布圖，
從圖中可以明顯的看出山崩發生的地點有其特性，請問：

1. 甲區的崩塌因素中，
   有一種是由季風伴隨
   哪種降雨類型所導致？
   （2分）

2. 造成丙區經常發生崩
   塌的主要降雨類型為
   何？（2分）

圖 13

3. 請寫出造成臺灣崩塌
   的兩項主要誘發因素？（4分）

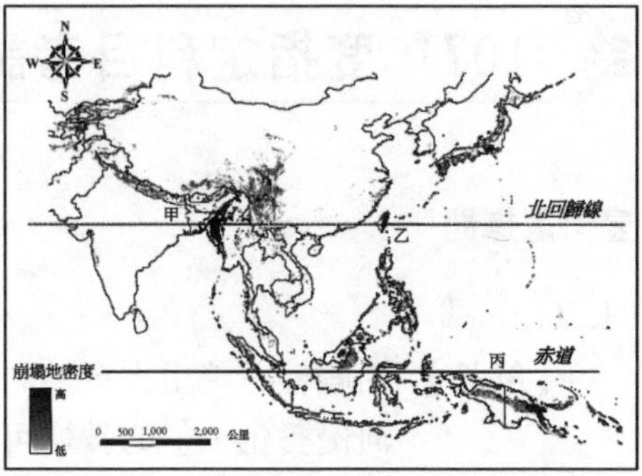

三、 氣溫與降水為評估氣候分類的兩大依據。表3為甲、乙兩地月
　　均溫、平均降水量及平均蒸發散量的水文記錄，請問：

表 3

月　　份	1月	2月	3月	4月	5月	6月	7月	8月	9月	10月	11月	12月
甲地 氣溫	18	18	17	14	12	10	9	10	11	13	15	16
甲地 降水量	67	48	76	87	99	113	111	106	82	81	74	74
甲地 蒸發散量	67	48	43	36	30	37	25	29	54	39	33	41
乙地 氣溫	5	6	8	10	13	16	19	19	16	12	7	5
乙地 降水量	137	101	90	59	43	38	19	29	48	82	148	150
乙地 蒸發散量	11	24	31	47	43	35	19	29	48	57	22	25

※氣溫單位為攝氏度。降水量與蒸發散量的單位為毫米／單位面積。

1. 甲地最可能位於哪個氣候區？（2分）

2. 甲地的哪個季節可能發生乾旱危機？請就表3資訊舉出一項
   判斷的理由。(4分)

3. 乙地 12 月的「平均入滲與逕流量」，加起來共是多少毫米？
   （2分）

107年度指定科目考試地理科試題詳解

壹：選擇題

1. **C**

   【解析】 由題幹「善用大自然的資源與運作，循環資源避免溪河優養化…」的敘述可知應為「生態農業」的作法，故選擇與生態農業相關的（甲）（丙）（丁）。

2. **A**

   【解析】 中彰、雲嘉、台南等地為平原地形，沿海多為沙岸，缺乏建造石滬的石材；而竹苗為丘陵地形，沿海較多礫石，故較有可能出現石滬。

3. **B**

   【解析】 甲處在 2000 年的圖上原本並沒有建築物，而在 2016 年的圖上出現了建築物，故 (B) 正確。但無法由此確定該建築物是已經完工的實驗大樓，故選項 (D) 不恰當。至於乙處在 2000 年時本來有植被覆蓋，卻在 2016 年出現了不規則的裸露地，而非人為破壞常見的規則幾何圖案，應較可能是自然崩塌所造成的現象，故選項 (A) (C)不恰當。

4. **D**

   【解析】 貧窮線以下人口比例最高的國家主要還是在非洲，尤其是撒哈拉沙漠以南國家。

5. **A**

   【解析】 北海位於西風帶，風力終年穩定。

6. **D**

【解析】「許多跨國科技公司的據點」是（甲）全球化的經營概念；「印度矽谷」是高科技產業上（丁）產業群聚的概念；「異國主題的酒吧，以及販賣美式速食及法式甜點的餐廳」符合（戊）跨國社會空間的概念。

7. **D**

【解析】(A) (B) (C) 選項的敘述皆為不一定會發生的現象。

8. **C**

【解析】（丙）（戊）兩選項會破壞環境，較不符合生態都市的定義。

9. **D**

【解析】丙圖中有數個點位置非常接近，應為公車停靠導致，故為②搭公車；甲圖的點位間距平均且最大，應就是①騎腳踏車下坡；乙圖比丁圖相較速度較快是③步行；丁圖是最慢的④騎腳踏車上坡。

10. **B**

【解析】南島語系的分布範圍為東起南美智利復活節島，西到東非馬達加斯加島，最北為台灣故菲律賓的民答那峨島會位於其中。

11. **A**

【解析】（甲）改善農業灌溉系統將可以使更多土地獲得灌溉，有效提高土地的環境負載力；（乙）發展再生能源可以提供更多的能源，增加環境負載力。至於（丙）（丁）只是減少消耗，並未增加環境負載力。

12. **B**

【解析】 （乙）發展出完整上下游和周邊零組件的本土供應鏈，有助於提升效率，縮短產品的製程（丙）上下游和周邊相關零組件廠商聚集，就是產業群聚的概念；（丁）不再依賴國外零組件進口，發展本土的供應鏈，象徵中國內需市場的興起。

13. **D**

【解析】 研發設計與生產製造分散在世界各地不同國家，即稱為全球空間分工鏈。

14. **C**

【解析】 南海各國競爭的利益最主要為航運、漁業、石油與天然氣。

15. **A**

【解析】 25°N 應為撒哈拉沙漠所在位置，植被稀少景色單調。

16. **A**

【解析】 生活過得愈奢侈享受，生態印跡的數值就會增加；而使用化石燃料（交通工具）愈多，碳足跡的數值就會增加，故答案選 (A)。

17. **C**

【解析】 此傳染病的三個中心點有移動的趨勢（位移型），且其範圍彼此重疊（擴張型），故為位移型與擴張型皆符合的混合型。

18. **C**

【解析】 感染率最低的地方為西亞和北非，其性觀念與性行為都受到伊斯蘭教的影響與限制。

19. **B**

【解析】 （乙）農村因勞力老化，大多不再種植需要較多人力的糧食作物；（丙）國人飲食習慣的改變，造成稻米產量過剩；（戊）加入 WTO 之後，改種植市場價格較好的經濟作物。

20. **D**

【解析】 沙塵飛揚的條件為氣候乾燥加上多強風。

21. **B**

【解析】 簡化後的地鐵圖只強調站與站的相對位置與前後順序，至於距離、方向、車站面積等資料幾乎都是不正確的。

22. **D**

【解析】 同上。

23. **C 或 A**

【解析】 該農作物大多種植在溫帶地中海型氣候區，甲地為該農作物分布中唯一在熱帶區域。其原因有二，一是地形較高降溫，二是涼流經過降溫，故 (A) (C) 皆可選。

※ 第 23 題答案調整說明：

本題選項 (C) 為正確答案並無疑義。選項 (A) 原設為誘答選項，但經考試後召開之答案討論會議，並諮詢多位大學教授與高中老師，再召開專家會議討論確認結果，因考量學生課程學習以及本題涉及的當地農業發展現況，並無法完全排除甲地因洋流經過而降溫的影響，所以決定本題答案開放 (A) 選項。故本題參考答案為 (C) 或 (A)。

24. **B**

【解析】 該農作物大多種植在溫帶地中海型氣候區，故選擇地中海型作物的葡萄。

25. **C**

【解析】 日本與臺灣的農業型態相似，農場規模小，農民個人擁有的耕地規模也小。

26. **A**

【解析】 題目要求「農場規模大多大於 1 公頃，但因灌溉的需求，農場規模也不宜過大」，符合的只有甲類型國家。

27. **A**

【解析】 都市土地利用的規劃，主要是由都市計畫中的土地使用分區管制條例來加以規範。

28. **B**

【解析】 地方居民自發性的表達意見，參與公共事務的決策，就是「地方參與」。

29. **A**

【解析】 甲曲線為日本、乙曲線為美國、丙曲線應為中國、丁曲線為印度。

30. **D**

【解析】 印度的人口自然增加率居高不下，勞動力將繼續增加，人口紅利將持續出現。

31. **B**

【解析】 圖 8 的人口金字塔呈現出靜止型（彈頭型），較有可能為美國或中國。但中國的人口金字塔應有明顯的性別比失衡，該金字塔卻未呈現此特徵。

32. **B**

【解析】　（乙）一穫與二穫區的分界線為長城；（丙）水稻和小麥的分界線則為秦嶺淮河。

33. **D**

【解析】　（丙）振興老工業區指的是東北地區的工業；（丁）沿海經濟開放則是針對東部沿海經濟帶。

34. **D**

【解析】　「中華路 40 號」應位於「中華路 23 號」的東南方，因此，其經度座標應大於「中華路 23 號」的經度值 120.9656，而緯度值應小於「中華路 23 號」的緯度值 24.8031。

35. **C**

【解析】　使用門牌地址定位系統直接在系統上建置，不須親臨現場用 GPS 定位，較節省人力成本。

36. **D**

【解析】　由冬季時受季風影響波浪使得漂沙向南延伸甚至封閉溪口，可判斷為東部河川。

37. **B**

【解析】　此為漂沙堆積出的沙嘴地形。

38. **D**

【解析】　在圖中靠近甲處的岸邊，可以見到一個白色的圓形。此一設施在圖 11 中的四張衛星影像圖中，只有 2015 年的圖上可以見到此設施，即表示圖 12 應為 2015 年或是 2015 年以後的衛星影像圖。

貳、非選擇題

一、 1. 【解答】 撒赫爾指的是撒哈拉沙漠南緣到熱莽原氣候的過
渡帶。

2. 【解答】 由非洲各國的位置即可得知，尼日和查德邊境地
帶的東區距離紅海較近。

3. 【解答】 撒哈拉沙漠的沙漠化面積不斷的擴大，連帶造成
沙塵暴問題也相當嚴重。

二、 1. 【解答】 甲區為印度東北部的山區，其位於夏季西南季風
的迎風坡，為地形雨。

2. 【解答】 丙區為印尼，該地位於赤道附近，屬於熱帶雨林
氣候，降雨類型為對流雨。

3. 【解答】 台灣地形崎嶇坡度陡峭，再加上降水強度大，容
易造成崩塌。

三、 1. 【解答】 甲地年溫差小，且降雨特性為全年有雨，秋冬多
雨的類型，所以應為地處南半球的溫帶海洋性氣
候區。

2. 【解答】 甲地在 1、2 月呈現無剩水的狀態，較可能發生乾
旱危機。而此時是南半球的夏季。

3. 【解答】 陸地降水量（150）－陸地蒸發散量（25）
＝入滲量＋逕流量＝125

107 年大學入學指定科目考試試題
公民與社會考科

一、單選題（占 78 分）

說明： 第 1 題至第 39 題，每題有 4 個選項，其中只有一個是正確或最適當的選項，請畫記在答案卡之「選擇題答案區」。各題答對者，得 2 分；答錯、未作答或畫記多於一個選項者，該題以零分計算。

1. 秘魯首都利馬以防止竊盜與犯罪為由，在山脊豎立綿延數里的牆，將富裕與貧困兩區分隔，被當地人稱為「恥辱之牆」。這道牆最可能產生何種社會影響？
   (A) 鞏固文化位階　　　　　　(B) 增加文化認同
   (C) 減少政府濫權　　　　　　(D) 提高社會資本

2. 甲乙討論某項現代國家的制度，甲認為此制度受重視，代表人權保障擴展至社會權；乙認為若要發揮其功能，不能僅依賴國家，亦需公民支持資源共享與互助的理念。依據題文訊息，下列何者最可能為此制度的相應措施？
   (A) 政府將公民編組以便參與防災救助
   (B) 政府補助社區成立巡守隊共維治安
   (C) 政府對低收入戶提供基本生活補助
   (D) 政府鼓勵非營利組織投入慈善救助

3. 記者小光製作影片介紹某族群文化，遭記者專業自律團體批評影片內容多有錯誤，甚至傳遞對該族群的偏見，而反對播出影片；但小光主張記者有權評論社會現象。從媒體近用權觀點來詮釋此事件，下列何者最恰當？

(A) 接近權保障人人有機會接近媒體，故小光可以記者身分實現言論自由

(B) 使用權保障人民有權製作媒體訊息，但內容須符合媒體專業倫理規範

(C) 媒體近用權乃為確保人民知的權利，故記者之言論不得任意加以限制

(D) 記者的自製影片內容若有不妥，相關當事人仍可基於接近權要求更正

4. 右圖的統計資料反映出「子女數目」在「男性與女性」間，存在著「平均個人月收入」有所差異的社會現象。下列何者最能詮釋此三者的關係？

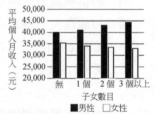

(A) 女性擔任親職與否和工作收入間呈負相關

(B) 子女數目與男性工作收入間的關聯不明顯

(C) 男性與女性皆會因為收入增加而生育更多子女

(D) 男性與女性月收入差距隨著子女數增加而減少

5. 非政府或非營利組織提供公共服務並倡議公共政策，對民主政治日益重要。為實現其公共性，下列何者是此類組織<u>不可為</u>之事？

(A) 從事營利行為　　　　　(B) 接受企業捐款

(C) 分配盈餘給成員　　　　(D) 依法納稅給政府

6. 某福利國家有 7% 的獨居人口長期受孤獨之苦，該國政府因而決定設立新部門，專責處理獨居者因缺乏社會互動而產生的身心健康需求，也獲得不少民眾在網路留言支持。從國家存在的目的而言，以下四項支持的意見，何者最能彰顯該國設立獨居者專責部門的理由？

　　(A) 國家應解決獨居者身心失衡問題以維護社會秩序
　　(B) 國家應保障人民基本權利並提升人民的生活品質
　　(C) 國家應盡力滿足人民的需求才能提高統治合法性
　　(D) 國家應盡力確保孤獨者不會遭受他人漠視與排擠

7. 美國政府如果要宣布新的對臺軍售案，下列何者是其最可能提出
　的政策正當性說明？
　　(A) 「一個中國、各自表述」是美國制定臺海政策時的基本原則
　　(B) 美臺簽訂之「共同防禦條約」明定美國有義務維護臺灣安全
　　(C) 「臺灣關係法」雖非國際條約，但對於政府政策具有拘束力
　　(D) 美國自冷戰初期即強力支持民主臺灣，此立場不會輕易改變

8. 小君為了完成課堂報告，需蒐集俗稱「兩會」的<u>全國人民代表大
　會</u>（簡稱「全國人大」）與<u>中國人民政治協商會議全國委員會</u>（簡
　稱「全國政協」）的資料，因此到「兩會」的官方網站搜尋。下列
　何者是小君可能搜尋到的資料？
　　(A) 中國公民選舉「兩會」代表的投票率
　　(B) 國務院總理主持「全國人大」的會議
　　(C) 「全國人大」審查並核可年度預算案
　　(D) 「全國政協」選舉國家主席和副主席

9. 某國舉行國會大選，某選區共有 38 位參選人競爭 8 席，下表是
　該選區 8 位得票最高當選人的資料。該國某政治學者據此結果撰
　文評論其選舉制度問題。下列何者最可能是該學者提出的問題？

當選名次	1	2	3	4	5	6	7	8
所屬政黨	甲	乙	乙	丙	甲	甲	甲	丁
得票率 (%)	19.8	9.4	6.9	4.6	3.5	3.4	2.8	2.7

(A) 造成勝者全拿，未充分反映民意

(B) 讓同選區當選者的民意基礎差距過大

(C) 易獨厚大黨，小黨勝選機率過低

(D) 讓落選者得票數總和高於當選者總和

10. 某官員甲被人檢舉收賄而遭檢察官起訴，偵查時有媒體向檢察官
探知案情但遭拒絕；其後地方法院審理時，認為全案未有足夠明
確的索賄證據，乃判決甲無罪。本案檢察官行使職權涉及的法律
問題，下列敘述何者正確？

(A) 檢察官拒絕向媒體說明偵查情況，侵害新聞自由，檢察官違
反法律

(B) 檢察官因有人檢舉而偵查起訴，所以本案係屬於刑事上的公
訴程序

(C) 偵查時如果沒有辦法取得甲承認有罪之自白，檢察官就不應
起訴甲

(D) 為保障被告甲之權利，如果經地院判決無罪，檢察官即不能
再上訴

11. 為遏止頻繁的酒駕肇事，甲主張應立法增加鞭刑以處罰酒駕者，
且應對曾經酒駕者追加鞭刑處罰，以維護公平。乙則反對以鞭刑
解決酒駕問題，主張雖可維持酒駕刑罰，但應以教育宣導來提醒
喝酒不開車，並鼓勵餐廳提供代駕措施，減低酒駕的發生。僅就
甲乙兩人對酒駕刑罰的主張，下列敘述何者正確？

(A) 甲主張所依據的刑罰理論，與「死刑可遏止犯罪率上升」之
主張相同

(B) 甲主張對違法酒駕者一律追加處以鞭刑，可落實罪刑法定主
義的要求

(C) 乙反對鞭刑係因希望將酒駕行為除罪化，改以其他法律措施
解決問題

(D) 乙主張仍可維持酒駕刑罰，顯示乙不同意「刑罰應屬國家最後手段」

12. 甲依規定上傳碩士學位論文到指定的網站後，被人檢舉部分章節大幅抄襲乙的碩士學位論文，甲除可能被學校撤銷學位外，尚可能須負擔何種民事法律責任？
(A) 侵害乙著作財產權的損害賠償
(B) 侵害乙名譽與人格權的損害賠償
(C) 侵害乙論文所有權的損害賠償
(D) 侵害乙論文公開傳輸權的損害賠償

13. 近年常發生民眾集會遊行衝撞體制事件，引發「惡法亦法」或「惡法非法」與法律修廢的爭議。從法治理念思考上述爭議，何者最符合保障人權的精神？
(A) 無論法律是否為惡法，修法之前政府和人民仍應遵守以免造成社會混亂
(B) 法律代表國民主權下的主流民意，少數人應該服從而不應違法衝撞體制
(C) 政府執法旨在維護憲政核心價值，不應因形式違法而剝奪意見表達自由
(D) 法律是否為惡法應該由司法院認定，民眾無權指稱法律違憲而拒絕遵守

14. 某校因宿舍內學生吸菸情況嚴重，決定嚴加查辦。校方公告如寢室內發現有人吸菸，則全寢室所有人皆處以退學處分，引發侵害學生權益的批評。依據法治國原則，此種處罰的不當之處與下列何者最類似？

(A) 給予優惠利益之法規廢止時，未能顧及依舊法享有權益者的權利保障

(B) 政黨推薦的候選人得減半繳納保證金，但未獲推薦者則必須全額繳納

(C) 法律規定父母對於未成年子女權利之行使不一致時，應由父親來行使

(D) 修法將易肇事路段之超速處罰，由依情節輕重罰款改爲一律吊銷駕照

15. 股票與公司債爲企業於資本市場取得資金的主要工具，若甲僅持有某企業的股票，而乙僅持有該企業的公司債。以下有關甲和乙的敘述何者正確？

(A) 無論甲持有股票或乙持有債券，每年皆獲得利息

(B) 甲的投資存在市場性風險，乙的投資則無該風險

(C) 甲可在所持有的股票到期後取回所有投資的資金

(D) 雖該企業稅後盈餘高於預期，但不影響乙的報酬

16. 有甲乙兩國，其中甲國有許多海盜，這些海盜原本常攻擊掠奪國際商船，但後來有些海盜改爲收取保護費後保障繳費商船安全。另外，乙國某企業則是教導甲國海盜捕魚技術並借予漁船，且保證收購其漁獲。經此，攻擊事件即鮮少再發生。以下有關甲國海盜行爲的改變以及乙國企業的作爲，對於兩國經濟影響之推論，何者正確？

(A) 甲國海盜改索取保護費，使甲國的生產力增加

(B) 甲國海盜轉行捕魚，使甲國國內生產毛額增加

(C) 乙國企業教導甲國海盜捕魚技術，乙國的生產力增加

(D) 乙國進口甲國海盜之漁獲，使乙國國內生產毛額增加

<u>17-18 為題組</u>

◎ 近年來，小芸積極參與地方文史團體，該團體號召當地民眾共同
蒐集及調查地方相關史蹟與史料，也配合政府文化政策與作為，
致力於營造水（水湳洞）金（金瓜石）九（九份）成為世界文化
遺產的潛力點。

17. 對於小芸所參與團體能發揮的社會功能，下列敘述何者最為恰當？
   (A) 規劃與執行文化相關的政策
   (B) 提升該團體成員的文化資本
   (C) 提升水金九居民的文化認同
   (D) 推動水金九社區的流行文化

18. 下列何者最能說明小芸所參與團體的工作目標？
   (A) 形成生活風格   (B) 消弭文化位階
   (C) 倡議資源國有化   (D) 落實全球在地化

<u>19-20 為題組</u>

◎ 右表是某國
三個所得階
層的相關調
查結果。學
者對此提出
不同見解：

所得階層	體重過重者占各階層人口百分比	年平均家戶所得（萬元）	年平均家戶美容支出（萬元）	年平均家戶保健支出（萬元）
高所得	32%	203	40	50
中所得	40%	127	10	15
低所得	46%	80	5	10

19. 甲學者主張表中數據顯示，經濟資源不平等帶來生活品質與生活
型態之社會階層化現象。此學者所指稱的階層化現象，最可能為
下列何者？
   (A) 個人健康狀態的好壞可能與其所屬所得階層有關
   (B) 較高所得階層因較為健康故其保健支出相對較少

(C) 各所得階層的經濟資源有所落差，其消費慾望的多寡也不同

(D) 較高所得階層的消費能力相對較強，較易形成營養過剩現象

20. 乙學者認為，高所得民眾之消費模式，乃呼應顧里與米德理論所主張自我概念是與他人交互作用所形成。此學者的意見與下列哪項敘述最吻合？

(A) 所得越高者，越有閒暇時間管理自我身體外貌

(B) 身體狀況越佳者，越具自信心以追求經濟成就

(C) 所得越高的人們，越重視他人對自我身體形象之評價

(D) 所得越低的人們，則花費在美容相關的支出金額越低

21-22 為題組

◎ 近年英國某些政治人物及民眾，不滿歐盟主導的區域整合所衍生的跨國移民與跨國就業問題，並批評歐洲政府及議會決策專斷，主張取回國家自主權；後來以公民投票通過脫離歐盟。而美國現任總統川普上任後，亦對多邊貿易組織與協定抱持懷疑態度，強調美國優先，受到不少民意支持。

21. 下列哪一個現象最適於解釋上述英國與美國國情發展的共同現象？

(A) 經濟衝突導致國家主權概念出現

(B) 跨國人權保障引發國家危機意識

(C) 大國利益與南北經濟衝突的糾結

(D) 國家利益與全球化趨勢間的對抗

22. 依據題文訊息，對兩國政治人物及其支持者而言，以下哪項政策最可能皆具有優先性？

(A) 強化勞動就業市場的競爭性

(B) 提高國內的市場勞動參與率

(C) 建立跨國移民就業訓練機制

(D) 增進跨國政治經濟合作關係

23-24 為題組

◎ 冷戰結束後，蘇聯解體使美國成為全球事務主導者，但隨著國際
事務日趨複雜及其本身面臨的國內政治經濟困境，美國逐漸無法
獨力處理紛亂的國際問題，而經濟實力增強的中國，開始成為美
國和其他大國尋求合作的對象。

23. 依據題文訊息及當前國際政治的權力結構變化，下列敘述何者最
適當？

(A) 中國成為新霸權並取代美國國際地位成為全球政治領導者

(B) 美國被迫與中國共享國際政治領導權並共同維護世界秩序

(C) 美、中兩國以及其他多個大國共同分享國際政治的領導權

(D) 美國仍為主要的領導者但多個大國共同扮演重要影響角色

24. 題文所述的國際權力結構變化，對臺灣拓展國際參與的哪項努
力，會產生最不利的影響？

(A) 持續對邦交國家提供經濟上的援助

(B) 提供國際人道救援以提昇國際形象

(C) 透過非政府組織參與國際社會事務

(D) 爭取我國成為重要國際組織的會員

25-26 為題組

◎ 某國股市和房市泡沫破滅後出現下列現象：資產價格崩跌，房地
產與股票財富大幅縮水；某些銀行不良債權遽升，出現存款擠兌
風潮，連帶使其他沒有不良債權的銀行倒閉；民眾為減輕債務負
擔，不敢擴大消費而使民間需求轉弱；因民間需求不足，連續數
年物價上漲率出現負成長，發生「通貨緊縮」。

25. 該國發生的情況，何者具有外部成本的現象？
    (A) 民眾財產減少使民間總合消費下降
    (B) 某些銀行擠兌風潮使得其他銀行倒閉
    (C) 民間需求明顯不足使物價指數下跌
    (D) 資產價格崩跌使股票持有人財富縮水

26. 該國此一時期最有可能出現下列何種現象？
    (A) 重貼現率提高   (B) 個人所得增加
    (C) 平均生活成本提高   (D) 政府支出增加

27-28 為題組

◎ 假設某國的一般家庭每年只購買高麗菜和高麗菜水餃兩種商品，
   該國統計資料如下表所示。

年度	高麗菜 單價	消費 數量	高麗菜水餃 單價	消費 數量
2014	40	90	6	800
2015	20	100	3	1000
2016	40	80	6	900
2017	60	50	9	500

27. 依據表中資料，可於設定基期年後計算各年度的消費者物價指
    數。以下敘述何者正確？
    (A) 以 2016 年為基期，2017 年消費數量雖然較少，但該年的物
        價指數高於 2016 年
    (B) 以 2017 年為基期，2015 年消費數量只要增加，該年物價指
        數可能高於 2017 年
    (C) 2015 至 2017 年兩種商品單價年增金額相同，故此三年的物
        價指數成長率皆同
    (D) 以 2014 年為基期，2014 年和 2016 年兩種商品單價雖相同，
        但物價指數卻不同

28. 若 2015 年以來，因病蟲害蔓延，使高麗菜年產量持續下降，導致高麗菜價格上揚。在其他條件不變下，下列對高麗菜水餃市場供需的敘述，何者正確？
    (A) 高麗菜水餃供給增加
    (B) 高麗菜水餃需求減少
    (C) 高麗菜水餃供給減少
    (D) 高麗菜水餃需求增加

29-30 為題組

◎ 某國因為經濟快速發展使人口逐漸往大都市聚集，加上國內外資金不斷流入房地產市場，雖然大都市的房屋數量增加，房價卻也居高不下。不斷攀升的房價引起無力購屋者的不滿，也促使該國政府計畫採取相關措施以平抑房價。

29. 依據上述房地產市場的價量變化，若其他條件不變，下列敘述何者最為可能？
    (A) 需求量變動引起數量改變，導致供給變動
    (B) 需求量變動使價格改變，導致供給量變動
    (C) 需求變動引起數量改變，導致供給的變動
    (D) 需求變動使價格改變，導致供給量的變動

30. 下列哪項措施最可能可以達到該國政府的政策目標？
    (A) 降低房屋稅的稅率
    (B) 提高房屋交易稅率
    (C) 放寬外國資金流入
    (D) 降低房屋貸款利率

31-32 為題組

◎ 某國經過大規模非暴力抗爭之後，推翻統治數十年的舊政府，並以全民普選方式選出新政府。新政府採取一系列手段處理過去長期以來人權侵害問題，以利國家發展。這些手段包括追訴舊政權時期人權侵害者的責任，成立委員會以還原過去歷史真相，並制定受難者賠償法律，讓倖存者或受害者親屬提出賠償申請。

31. 依據題文訊息推論該國舊政府時期的政治特性，下列何者最可能？
    (A) 長期專政體制　　　　　　(B) 經歷頻繁修憲
    (C) 未曾舉行選舉　　　　　　(D) 國家認同分歧

32. 新政府對受害者應負賠償責任的類型，與下列哪項事件的政府責任最接近？
    (A) 政府為興建大型育樂中心，徵收農民私人所有的土地
    (B) 公務員執行勤務時，利用職務之便乘機竊取人民財物
    (C) 警匪槍戰中，路人閃避不及遭流彈射中導致終身殘廢
    (D) 政府勒令撲殺感染口蹄疫牛隻，導致畜產業血本無歸

33-35 為題組

◎ 環保局發現某化工廠違法排放廢水，以致超過 1/3 的河段遭受污染，無法提供農業灌溉用水。環保局遂依違反水污染防治法規定，勒令該公司即日起停工並予以重罰。雖然停工當天該公司股票配發每股 2 元現金股利，但收盤時股價仍自 100 元下跌 10%。

33. 上述的河川水資源，具有下列何種特性？
    (A) 可共享亦可排他
    (B) 可共享但無法排他
    (C) 無法共享但可排他
    (D) 無法共享亦無法排他

34. 假設某甲半年前以每股 100 元買進該公司股票，若不考慮股票交易的相關租稅和手續費下，停工當天某甲以收盤價賣出股票，其買賣該公司股票的報酬率為何？
    (A) 負 10%　　　　　　　　　(B) 負 8%
    (C) 正 10%　　　　　　　　　(D) 正 2%

35. 依題旨，環保局所為之行政行為類型與下列何者性質最為接近？

(A) 社會局修正低收入戶生活補助規定

(B) 教育局訂定學生獎學金的申請要點

(C) 營建署核定某公司設置大型停車場

(D) 地政處發布違規罰鍰繳納統計資料

36-39 為題組

◎ 某國為乳品進口國，最近該國某連鎖量販店發布新聞稿表示，因國際乳品價格持續上揚和國內運輸物流勞動成本增加，數家主要供應商近期將調漲嬰兒奶粉價格最多達 35%。消息披露後，新聞媒體紛紛大幅報導，也引發搶購風潮，各大銷售通路均出現嚴重缺貨的現象。嬰兒奶粉搶購、缺貨的話題也在網路社群媒體延燒，多家新聞媒體又不斷發布「漲價前搶最後一波便宜嬰兒奶粉，一張表秒懂何處下手」訊息，更強化搶購風潮。該國政府面對這波漲價和搶購風潮，除向民眾保證嬰兒奶粉不會短缺，也向主要供應商和量販業者進行「不要調漲」的道德勸說，但沒有進一步採取其他作為。許多網友留言批評該國政府缺乏效能，既未鼓勵哺育母乳，又放任嬰兒奶粉廠商漲價；此外，也有網友主張政府消保官應主動查訪廠商是否涉及集體漲價。

36. 在此事件中，大眾傳播學者批評新聞媒體未能善盡社會責任，造成負面影響。依據題文資訊，下列何者最可能是學者評論的內容？

(A) 媒體傳播假新聞使民眾誤認即將漲價，顯示媒體時常錯誤影響民眾認知

(B) 媒體對公共議題未能呈現多元訊息並查證，反映媒體公共性不足的問題

(C) 媒體輕易接受廠商的置入性行銷，未能適切發揮媒體應有的第四權功能

(D) 媒體未防止嬰兒奶粉漲價消息擴散傳播，造成民眾恐慌，違反專業倫理

37. 從「效能政府」的角度思考，下列網友留言批評該國政府作為的內容，何者最為恰當？
    (A) 政府運作越來越傾向以企業為顧客的服務管理，以致削弱政府效能
    (B) 政府長期受乳品利益團體的包圍和遊說，造成角色模糊及功能不彰
    (C) 政府對漲價搶購問題束手無策，是政府組織去任務與民營化的惡果
    (D) 政府對漲價搶購問題缺乏有效的評估，產生政策和行政的雙重缺失

38. 若依據我國的法律，政府對廠商及量販店可能採取的作為，下列敘述何者正確？
    (A) 奶粉廠商如果聯手調漲價格，政府可依法禁止該漲價行為
    (B) 政府若採取網友要求的作為，係依據消費者保護法之授權
    (C) 量販店的行為可能構成暴利行為，政府消保官可撤銷契約
    (D) 政府對廠商所採取的措施，因無強制力故不屬於行政行為

39. 若其他條件不變，上述價量變動的現象及搶購風潮因應政策的效果，下列敘述何者正確？
    (A) 該現象的發生是需求增加，但供給不變
    (B) 該現象的發生是需求不變，但供給減少
    (C) 若實施限購六罐政策，亦無助紓解漲價壓力
    (D) 若保證一個月內不漲價，則可減緩搶購風潮

二、多選題（占 22 分）

說明：第 40 題至第 50 題，每題有 5 個選項，其中至少有一個是正
　　　確的選項，請將正確選項畫記在答案卡之「選擇題答案區」。
　　　各題之選項獨立判定，所有選項均答對者，得 2 分；答錯 1
　　　個選項者，得 1.2 分；答錯 2 個選項者，得 0.4 分；答錯多於
　　　2 個選項或所有選項均未作答者，該題以零分計算。

40. 某國資料顯示，有三種職業長期為收入排行榜前幾名，且大學相
關科系學生多來自高社經階層。下列哪些是功能論與衝突論對此
現象較可能的解釋？
(A) 衝突論強調高薪的誘因，促使高階層家庭要求其子女就讀這
　　些科系
(B) 衝突論認為個人能否從事這些職業，往往取決於其既有的經
　　濟資源
(C) 功能論主張高階層家庭子女較有機會從事這些職業意味著階
　　級再製
(D) 衝突論批判這些專業的從業者坐領高薪，卻未對社會做出等
　　值貢獻
(E) 功能論主張這些專業職業的高薪，能有效吸引優秀人才選擇
　　該職業

41. 下表是甲乙丙丁四個家庭在 2000 年和 2015 年兩次調查中（兩次
調查對象均相同），親子兩代的職業轉變狀況。根據下表，關於
表中四個家庭的社會流動，下列敘述哪些較為恰當？

	甲		乙		丙		丁	
	親代	子代	親代	子代	親代	子代	親代	子代
2000 年	工廠工人	學生	法官	學生	木工	水泥工	教師	學生
2015 年	工廠老闆	工廠老闆	法官	檢察官	水泥工	公司老闆	教師	教師

(A) 甲丙家子代均是代內的向上流動

(B) 乙丁家兩代之間均是代間水平流動

(C) 乙家兩代社會聲望與所得均最高

(D) 甲家代內垂直和代間水平流動皆有

(E) 四個家庭均呈現階級複製的現象

42. 我國目前多種法律制度皆強調程序正義的保障，關於我國基於正當法律程序而發展的法律制度現狀，下列敘述哪些正確？

(A) 為保障人民，若警察臨檢未遵正當法律程序，人民可向高等法院按鈴申告

(B) 為使紛爭能進入訴訟體制接受正當法律程序檢驗，應禁止訴訟外紛爭調解

(C) 為維護被告的權利，檢察官必須經過法官同意才可以進行羈押等強制處分

(D) 憲法保障法官獨立審判之權，如依法裁判，即使判決違背輿論也不能撤銷

(E) 為保障被害者之權利，律師應自律，不為犯罪情節重大的嫌疑犯進行辯護

43. 甲就讀某公立高中，因為學習成績不佳，經常被老師訓斥其將來沒有出息。某次期末考試時，一位老師指控甲作弊，當天經由校長裁處給予甲記一次大過處分。就本事件所涉及的校園人權問題，下列敘述哪些是正確的？

(A) 學校老師訓斥甲沒有出息的言行，涉及侵害甲的人格權利

(B) 甲若作弊被依校規處罰，校方亦應給甲申訴及答辯的機會

(C) 老師不會故意汙衊學生，若罪證確鑿則無申訴與答辯必要

(D) 甲遭受記過處分，依大法官釋憲結果可提起行政爭訟救濟

(E) 該高中對甲記過處分屬於行政指導，故甲可以提行政救濟

44. 某公司因景氣不佳，要求員工減薪。員工認為該公司並未虧損，不應減薪。該公司工會出面與老闆協商，老闆出示員工受雇時簽訂的契約，契約記載員工不能授權給工會代替其談判薪資，且不可以罷工，因此拒絕與工會協商，該工會乃發動罷工。此事件涉及的勞動權利，下列敘述哪些正確？

(A) 罷工常會造成勞資雙方損失，因此該公司的契約對於勞方並非不利

(B) 勞資雙方因為經濟實力不平等，應該有工會協助勞工進行薪資協商

(C) 基於私法自治原則，工會的罷工行為因為明確違反勞動契約而無效

(D) 契約條款明訂員工不能授權工會進行薪資談判，工會談判行為無效

(E) 該公司與員工簽訂的契約內容違反勞動相關法規，其契約因而無效

45. 甲乙是夫妻，因車禍同時去世，其家庭成員關係如右圖。本案涉及的遺產繼承，下列敘述哪些正確？

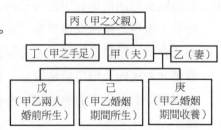

(A) 若丁願意撫養甲乙遺留子女，即有優先繼承權

(B) 己是真正婚生子女應由其繼承，他人不能繼承

(C) 丙可優先繼承遺產，讓甲死後仍能盡孝親責任

(D) 戊非婚生子女，但因甲乙後來結婚，仍可繼承

(E) 庚雖非婚生子女，仍可以優先於丙丁繼承遺產

46. 我國大法官的部分職權已採用憲法法庭形式審理，下列哪些屬於此種形式？
   (A) 政黨違憲解散案件
   (B) 審查法律或命令違憲
   (C) 統一解釋法律及命令
   (D) 憲法疑義解釋案件
   (E) 總統副總統彈劾案件

47. 借貸市場裡存款者提供資金給銀行屬於資金供給，借款者向銀行借入資金屬於資金需求，其中存款者和借款者除了一般民眾和企業外，政府也可扮演這兩種角色。下列政府政策何者直接造成資金供給的變動？
   (A) 政府編列預算設立初創基金，存入商業銀行貸放給青年創業
   (B) 政府取消廠商投資的租稅抵免措施，造成國內投資意願下降
   (C) 政府簡化企業設廠前的環境評估，提高國內企業的投資誘因
   (D) 央行實施量化寬鬆買入政府公債，政府將收入存入商業銀行
   (E) 央行調降商業銀行的重貼現率，商業銀行跟著降低存款利率

48. 若國際食用油市場有甲乙丙三國，甲乙兩國每年都從丙國進口食用油，但甲乙兩國間並無食用油貿易。乙國發生假油事件，使其國產食用油銷售量慘跌，並使得由丙國進口數量大增，導致丙國食用油的國內及出口價格攀升。根據以上條件，有關三國食用油市場消費者與生產者剩餘和社會福祉的變動，下列敘述哪些正確？
   (A) 甲國消費者剩餘上升
   (B) 甲國生產者剩餘上升
   (C) 乙國生產者剩餘下降
   (D) 丙國消費者剩餘下降
   (E) 丙國的社會福祉下降

49-50 為題組

◎ 大華為我國某地方自治團體行政機關的科長，小明則受該行政機關首長邀請，自企業界轉任而成為大華的上級局長。最近為某項政策是否要徵詢民意，兩人意見相左。小明主張直接辦理公投，但大華認為無法舉辦公投，應辦理電話民意調查。

49. 依現行法律規定與實務經驗，對兩種徵詢民意方式的評析，下列哪些最適當？
　　(A) 小明主張的方式可由該機關逕行辦理，大華的方式需委託專業機構
　　(B) 小明主張的方式較具有公信力，大華的方式則成本較低且節省公帑
　　(C) 小明主張的方式屬於直接民主，大華的方式則未必與直接民主有關
　　(D) 兩種方式皆可以提升政策決策品質，並避免政策受特定利益的操控
　　(E) 兩種方式皆為民意政治的展現，其結果對政策的制訂具有法律效力

50. 依據題文判斷，該地方自治團體之政府組織與權責，下列推論哪些最可能？
　　(A) 其行政機關之首長係由行政院院長依法任命
　　(B) 其組織依法僅設有行政機關而沒有立法機關
　　(C) 須執行上級政府委辦事項但可制定地方法規
　　(D) 依法可以引進第三部門參與政府的公共服務
　　(E) 其預算執行與財政收支依法須受行政院監督

107年度指定科目考試公民與社會考科試題詳解

一、單選題

1. **A**

   【解析】 防止竊盜與犯罪爲由，以圍牆將富裕與貧困分隔兩
   區，屬於鞏固文化位階（富對貧）的作法。故選 (A)。

2. **C**

   【解析】 依題意推測，某國家制度，代表人權保障擴展至社會
   權，且不能僅依賴國家，亦需公民支持資源共享與互
   助，應屬社會福利相關制度。故選 (C)。

3. **D**

   【解析】 本題核心爲掌握媒體近用權中「接近權」與「使用權」
   概念判斷。接近權屬於當事人或閱聽人可提出「更正」
   或「澄清」。故選 (D)。

4. **A**

   【解析】 子女數目代表家庭親職家務比例越高，由圖可知，子
   女數目越多，女性工作收入呈負相關，與男性工作收
   入呈正相關。故選 (A)。

5. **C**

   【解析】 非政府或非營利組織，爲展現其公共性的特質，與企
   業組織最大的差異在於「是否分配盈餘」，前者不分配
   盈餘。故選 (C)。

6. **B**

　【解析】　照顧獨居者，並非維護社會秩序的國家功能，亦非提

　　　　　　高統治合法性。國家存在的目的應保障人民基本權利

　　　　　　並提昇人民的生活品質。故選 (B)。

7. **C**

　【解析】　1980 年後由美國國內法「臺灣關係法」取代，成為台

　　　　　　美雙方關係架構，故選 (C)。

　　　　　　(A) 一個中國，美國未提出各自表述。

　　　　　　(B) 「中美共同防禦條約」已於 1980 年終止。

　　　　　　(D) 冷戰期間仍有不同程度的變化。

8. **C**

　【解析】　全國人大為中國最高權力機關，亦為立法機關，審查

　　　　　　並核可年度預算案，故選 (C)。

　　　　　　(A) 中國公民並未有兩會的普選權。

　　　　　　(B) 由選舉主席團主持全國人大會議。

　　　　　　(D) 全國人大選舉國家主席和副主席。

9. **B**

　【解析】　依題意可知，有 8 席可當選，該選舉選制屬於「複數

　　　　　　選區相對多數制」。第一高票得票率 19.8%，近五分

　　　　　　之一，與最低當選得票率 2.7% 民意基礎差距大，故

　　　　　　選 (B)。

　　　　　　(A) 並未有勝者全拿現象。

　　　　　　(C) 小黨勝選機率相對提高。

　　　　　　(D) 依表當選者得票數總和為 53.1%。

10. **B**

【解析】 檢察官提出之訴訟，屬於公訴程序，故選 (B)。

(A) 檢察官有偵察不公開義務。

(C) 偵查過程，需符合不證己罪原則。

(D) 檢察官仍可決定是否上訴。

11. **A**

【解析】 甲主張屬應報刑罰理論，故選 (A)。

(B) 對於所有酒駕，不分情節一律追加鞭刑，並未符合罪刑法定主義的要求。

(C) 乙反對鞭刑，但並未主張酒駕除罪化。

(D) 乙主張維持酒駕刑罰，顯示乙同意「刑罰應屬國家最後手段」。

12. **A**

【解析】 甲抄襲著作內容，侵害乙之著作財產權的損害賠償，故選 (A)。

13. **C**

【解析】 政府執法旨在維護憲法核心價值，不應因形式違法而剝奪意見表達自由，故選 (C)。

(A) 從惡法非法角度看待人權侵害，人民在修法前仍有不遵守惡法的權利。

(B) 人權保障不應以多數霸凌少數。

(D) 法律是否為惡法，並非單由司法院認定。

14. **D**

【解析】　依題意，無論違規或違法情節輕重，皆一律處罰，屬
違反依法行政原則、比例原則，故選 (D)。

(A) 違反信賴保護原則。

(B) 違反平等原則。

(C) 違反平等原則。

15. **D**

【解析】　乙持有公司債，屬於與該企業之債權債務關係，企業
盈餘並不影響報酬，故選 (D)。

(A) 乙持有公司債，可得利息。

(B) 乙持有公司債，仍可能承擔該企業經營風險。

(C) 甲持有股票，須承受市場性風險，可能連帶產生
虧損。

16. **B**

【解析】　甲國海盜轉行捕魚，由地下經濟轉為合法生產行為，
納入國內生產毛額，國內生產毛額增加，故選 (B)。

(A) 索取保護費，將使甲國生產成本增加，生產力下
降。

(C) 乙國企業教導甲國海盜捕魚技術，乙國投入增加，
生產力下降。

(D) 乙國進口漁貨，乙國國內生產毛額下降。

17. **C**

【解析】　團體號召當地民眾共同參與史料蒐集及調查工作，將
提升當地居民的文化認同程度。

18. **D**

【解析】 致力於營造在地文化成為世界文化遺產的作法，符合全球在地化意涵：「個人、團體、公司、組織、單位與社群同時擁有『思考全球化，行動在地化』的意願與能力。」故選 (D)。

19. **A**

【解析】 由表判讀，高所得階層，顯然體重過重人口較少且平均家戶保健支出較高，健康狀態好壞與所屬所得階層有關，故選 (A)。

(B) 保健支出相對多。

(C) 無從判斷消費慾望多寡。

(D) 無從判斷是否形成營養過剩現象。

20. **C**

【解析】 依題意，高所得民眾越重視他人對自我身體形象之評價，符合顧里與米德理論主張自我概念形成與他人互動間之關連，故選 (C)。

21. **D**

【解析】 全球化引致出跨國移民與就業問題、多邊貿易組織與協定，英國與美國認為與自身國家利益產生衝突，引發保護主義的興起，故選 (D)。

22. **B**

【解析】 在保護自身國家利益的前提下，增加就業機會，提高國內市場勞動參與率之政策將具有優先性，故選 (B)。

23. **D**

【解析】中國雖於 1990 年代後崛起成為重要影響者，仍尚未取代美國為國際主要領導者地位，故選 (D)。

(A) 中國尚未取代美國國際地位。

(B) (C) 美國並未與中國共享國際政治領導權。

24. **D**

【解析】我國與中國的政治主權爭議，隨著中國增強國際社會主導權與影響力，將影響我國參與重要國際組織的機會，故選 (D)。

(A) (B) (C) 未涉及政治主權爭議，較不易受不利影響。

25. **B**

【解析】某些銀行不良債權遽升，出現存款擠兌風潮，連帶使其他沒有不良債權的銀行倒閉，屬於外部成本現象，故選 (B)。

(A) (C) (D) 屬於直接影響的現象。

26. **D**

【解析】通貨緊縮時期，政府支出將增加，以增加民間資金供給，故選 (D)。

(A) 重貼現率降低。

(B) 個人所得減少。

(C) 平均生活成本降低。

27. **A**

【解析】以 2016 為基期，2017 物價指數 $= (60 \times 80 + 9 \times 900) / (40 \times 80 + 6 \times 900) \times 100 = 150$，故選 (A)。

(B) 2015 物價指數需視 2015 的價格變動才有影響。

(C) 年增金額相同，物價指數成長率遞減。

(D) 以 2014 為基期，則價格相同，物價指數不變。

28. **C**

【解析】 高麗菜價格上揚，對高麗菜水餃而言屬於生產成本上升，高麗菜水餃供給減少，故選 (C)。

29. **D**

【解析】 人口往大都市聚集，需求增加，向右移動，使均衡價格上升，致使供給量的變動，故選 (D)。

30. **B**

【解析】 提高房屋交易稅率，將使需求減少，向左移動，故選 (B)。

(A) (C) (D) 皆使需求增加。

31. **A**

【解析】 依題意，該國數十年未曾有符合民主原則選出政府的機制，屬於長期專政體制，故選 (A)。

(B) 專政體制不易發動修憲。

(C) 可能有選舉，但非符合民主原則。

(D) 文中無法判斷國家認同性質。

32. **B**

【解析】 依題意，對人權受難者賠償，屬於因故意或過失不法侵害人民自由或權利，國家負損害賠償責任的類型，故選 (B)。

(A) (C) (D) 屬於國家補償。

33. **D**

【解析】 河川水資源，無法共享，任何使用者會影響其他使用者，且缺乏排除他人使用機制，故選 (D)。

34. **B**

【解析】 投資報酬率 ＝ [(90 － 100 ＋ 2) ÷ 100] × 100% ＝ －8％

35. **C**

【解析】 環保局針對違規行為採取重罰，屬於對單方產生具體效果的行政處分，故選 (C)。

(A) 法規命令。

(B) 行政規則。

(D) 事實行為。

36. **B**

【解析】 媒體對公共議題未能呈現多元訊息並查證，故選 (B)。

(A) 該報導缺乏多元查證，未必為假新聞。

(C) 該報導並非置入性行銷，亦非媒體第四權（監督政府）功能。

(D) 媒體具有提供訊息的功能。

37. **D**

【解析】 效能政府指現代政府應以經濟、效率、效能、公平等面向評估政策，提升政府效能、節省行政成本，提供更好的公共服務品質。政府對漲價搶購問題缺乏有效的評估，產生政策和行政的雙重缺失，有違效能政府的目標，故選 (D)。

    (A) 企業顧客爲導向服務管理，爲提升政府效能之改
        變。

    (B) 文中無從判斷利益團體與政府間關係。

    (C) 政府去任務與民營化與題意無涉。

38. A

  【解析】 依據《公平交易法》，政府可針對聯手調漲價格的聯合
        行爲，依法開罰，故選 (A)。

      (B) 與消費者保護法無關。

      (C) 未構成《民法》上暴利行爲所述，趁人急迫或無
         經驗。

      (D) 政府所採措施屬於行政指導之行政行爲。

39. C

  【解析】 政府若實施數量管制，無助抒解漲價壓力，可能進一
        步造成黑市高價出現，故選 (C)。

      (A) 依題意無法確定供給不變。

      (B) 需求增加。

      (D) 短暫的價格限制無助減緩搶購意願。

二、多選題

40. BE

  【解析】 衝突論認爲個人的發展取決於既有的經濟資源；功能
        論主張專業職業的高薪，能有效吸引人才努力產生社
        會流動，故選 (B) (E)。

      (A) 衝突論認爲既有的經濟資源，促使高階層家庭要
         求其子女就讀特定科系。

(C) 功能論主張這種現象是階級再製。

(D) 衝突論批判高薪專業者，擁有經濟優勢是一種經濟上不平等。

---

41. **BD**

【解析】　乙丁家產生代間水平流動，即繼承家業（法官 vs 檢察官、教師 vs 教師）；甲家代內垂直流動（學生 → 工廠老闆）與代間水平流動（工廠老闆 vs 工廠老闆），故選 (B) (D)。

(A) 丙家之親代在兩調查下皆為勞動階級，無向上流動。

(C) 乙家社會聲望高，未必所得高。

(E) 丙家產生代間垂直流動，非階級複製。

---

42. **CD**

【解析】　審檢分隸的發展下，檢察官須荊法官同意才可僅行羈押；法官獨力審判之權，不受輿論壓力影響，故選 (C) (D)。

(A) 可透過行政救濟管道進行權利救濟。

(B) 訴訟外調解，為降低訴訟成本的方式。

(E) 犯罪情節重大嫌疑犯，有權雇請律師辯護。

---

43. **AB**

【解析】　侮辱言行涉及侵害人格權；作弊依法處罰，應改申訴及答辯機會，故選 (A) (B)。

(C) 應給學生申訴與答辯機會。

(D) 高中生遭受記過處分，尚無提起行政爭訟救濟之權。

(E) 對學生記過處分屬於行政處分，故甲可以提行政
救濟。

44. **BE**

【解析】 勞資雙方因爲經濟實力不平等，應該有工會協助勞工
進行薪資協商；該公司與員工簽訂的契約內容違反勞
動相關法規，其契約因而無效，故選 (B) (E)。

(A) 罷工應屬勞方爭取權益的合法權利。

(C) 私法自治不得爲反勞動相關法規之規定。

(D) 該契約條款違反勞動相關法規之規定。

45. **DE**

【解析】 戊非婚生子女，甲乙結婚後準正婚生子女，可繼承；
庚爲收養成立法定血親關係，權利義務視同自然血
親，依繼承順位，優先於丙丁，故選 (D) (E)。

(A) 丁爲甲之手足，繼承爲第三。

(B) 戊己庚皆有第一順位繼承權。

(C) 丙依繼承順位爲第二。

46. **AE**

【解析】 依據《中華民國憲法增修條文》第 5 條，司法院大法
官組成憲法法庭審理總統、副總統之彈劾及政黨違憲
之解散事項，故選 (A) (E)。

(B) (C) (D) 由大法官會議決議之。

47. **ADE**

【解析】 依題意，設立初創基金，增加貸款機會；央行買入公
債，資金流入民間；央行調降重貼現率，將使存款意
願下降，增加民間資金流動，故選 (A) (D) (E)。

(B) 取消租稅抵免措施，造成廠商生產成本上升。

(C) 簡化設廠環境評估，企業生產成本下降。

48. **BCD**

【解析】 丙國出口價格上漲，甲國生產者剩餘上升；乙國價格
下跌，生產者剩餘下降；丙國出口價格上漲，丙國消
費者剩餘下降，故選 (B) (C) (D)。

(A) 丙國出口價格上漲，甲國消費者剩餘下降。

(E) 丙國出口價格上漲，社會福利上升。

49. **BC**

【解析】 公投較具有公信力，民意調查成本較低；公投屬於直
接民主，民意調查屬諮詢參考性質，未必與直接民主
有關，故選 (B) (C)。

(A) 地方公投須依《公民投票法》規定，經提案、連
署後提出。

(D) 公投僅代表決策是否有民意基礎支撐，未必提升
政策決策品質。

(E) 民意調查屬民意政治展厭，未具政策制訂的法律
效力。

50. **CD**

【解析】 地方自治團體須執行上級政府委辦事項但可制定地方
法規，亦可依法引進第三部門參與政府的公共服務，
故選 (C) (D)。

(A) 地方自治團體由民選方式選出行政機關首長。

(B) 地方自治團體依法設有立法機關。

(E) 其預算執行與財政收支依法須受立法機關與監察
院監督。

107 年大學入學指定科目考試試題
物理考科

第壹部分：選擇題（占 80 分）

一、單選題（占 60 分）

說明： 第 1 題至第 20 題，每題有 5 個選項，其中只有一個是正確或最適當的選項，請畫記在答案卡之「選擇題答案區」。各題答對者，得 3 分；答錯、未作答或畫記多於一個選項者，該題以零分計算。

1. 假設地球可視爲密度均勻的孤立球體，比較以下甲、乙、丙三處的重力場強度，由大至小排列順序爲下列何者？
   甲：臺灣東岸海平面一處。
   乙：大氣層對流層頂。
   丙：福衛五號人造衛星軌道（地面上空高度 720 公里）。
   (A) 丙乙甲　　　　　　(B) 甲乙丙　　　　　　(C) 乙丙甲
   (D) 甲丙乙　　　　　　(E) 乙甲丙

2. 下列關於哈伯定律和宇宙膨脹的敘述，何者正確？
   (A) 顏色越偏紅的星系離我們越遙遠
   (B) 哈伯定律最早是由愛因斯坦所提出
   (C) 地球到太陽的距離正以宇宙膨脹的速率隨時間而增加
   (D) 根據哈伯定律，遙遠星系的遠離速率正比於它跟我們的距離
   (E) 宇宙目前正在膨脹是由於觀察到我們的銀河系內各星座之間的距離隨時間而增加

3. 已知水的比熱約爲 4.19 kJ/(kg‧K)，冰的熔化熱約爲 335 kJ/kg。有一組學生欲測量金屬的比熱，經討論後決定先將冰與水放入一絕熱容器中混合。已知在 0 °C 達成熱平衡時，水有 0.39 kg，而冰有 0.01 kg。此時將溫度爲 82.0 °C、質量爲 0.20 kg 的金屬球放入，若整個系統再度達到熱平衡時的溫度爲 2.0 °C，且過程中的熱量散失可不計，則金屬球的比熱最接近多少 kJ/(kg‧K)？
   (A) 0.17　　　(B) 0.25　　　(C) 0.31　　　(D) 0.42　　　(E) 0.61

4. 將相同種類的理想氣體分別灌入兩個不同的密閉容器中，當氣體達到熱平衡後，下列關於兩容器內氣體性質的敘述，何者正確？
   (A) 溫度較高者，壓力必定較大
   (B) 體積較大者，壓力必定較小
   (C) 壓力較大者，氣體分子的平均動能必定較大
   (D) 莫耳數較大者，氣體分子的總動能必定較大
   (E) 溫度較高者，氣體分子的方均根速率必定較大

5. 下列關於原子的敘述，何者最符合拉塞福模型或波耳模型的原始主張？
   (A) 原子中有正電荷和負電荷
   (B) 原子中的正電荷集中於原子核
   (C) 原子質量的 10 % 集中於原子核
   (D) 原子核主要是由質子和中子構成
   (E) 氫原子的光譜爲不連續，是因爲光具有粒子的特性

6. 在已知的 37 種碘的同位素中，只有碘-127 是穩定的，其他都具有放射性，例如碘-138 原子核可衰變成爲氙原子核，並放出一未知粒子 X 及反微中子 $\bar{\nu}$，其核反應式爲：$^{138}_{53}\text{I} \rightarrow {}^{m}_{54}\text{Xe} + {}^{p}_{q}\text{X} + \bar{\nu}$。

已知 $^{138}_{53}\text{I}$ 的質量數爲 138，所帶基本電荷數爲 53，則 m + p + q 等於下列何數？

(A) 136　　(B) 137　　(C) 138　　(D) 139　　(E) 140

7. 掃描顯微鏡可以用探針觀察微小尺度的現象與操控微小尺度的物體。若探針可感測及操控的最小尺度約爲針尖粗細的 1.0 ％，則能感測單一原子的探針，其針尖粗細最大的尺度約爲下列何者？

(A) 10 mm　(B) 10 μm　　(C) 10 nm　　(D) 10 pm　　(E) 10 fm

8. 一支均勻直尺的長度爲 30 cm，若在直尺上距離直尺左端 25 cm 處放置一質量爲 50 g 的小物體，則須於直尺上距離直尺左端 20 cm 處支撐直尺，方可使其維持水平狀態。該直尺的質量爲多少 g？

(A) 20　　(B) 30　　(C) 50　　(D) 60　　(E) 70

9. 以每個電子的動能均爲 K 的低能量電子束，射向間距爲 d 的雙狹縫，然後在距離狹縫爲 L 之屏幕平面上，以探測器測出屏幕平面各位置電子數目的密度，在 $L \gg d$ 時，發現兩相鄰電子數目密度最小處的間隔爲 Δy；若將電子的動能改爲 $4K$，則兩相鄰密度最小處的間隔約爲下列何者？

(A) $4\Delta y$　　(B) $2\Delta y$　　(C) Δy　　(D) $\dfrac{1}{2}\Delta y$　　(E) $\dfrac{1}{4}\Delta y$

10. 照相機鏡頭透鏡的焦距和光圈直徑大小的比值稱爲 f 數（也稱爲光圈數或焦比）。已知單位時間通過鏡頭的光能和光圈的面積成正比。某一數位照相機鏡頭透鏡的焦距固定爲 50 mm，當 f 數設定爲 2，可得最佳照片的正確曝光時間爲 $\dfrac{1}{450}$ 秒，若將 f 數設定改爲 6，則其最佳的曝光時間應爲多少秒？

(A) 1/6　　(B) 1/12　　(C) 1/50　　(D) 1/150　　(E) 1/900

11. 已知音階上中央 C 的頻率為 262 Hz，每升高 n 個八度音，聲音頻率就變為原來的 2^n 倍。當聲速為 340 m/s 時，若欲用兩端開口的管子做成管風琴，在僅考慮基音頻率的情況下，其能彈奏的最高音為中央 C 升高兩個八度音，則最短管子的長度最接近多少 cm？

(A) 28　　(B) 24　　(C) 20　　(D) 16　　(E) 12

12. 電磁流量計可以量測導電流體的流量（單位時間流過的流體體積），常用來量測血液在血管中的流速。如圖 1 所示，它是由一個產生磁場的線圈，及用以量測電動勢的兩個電極所構成，可架設於管路外來量測液體流量。以 V 代表流速，B 代表電磁線圈產生的磁場，D 代表管路內徑，若磁場 B 的方向、流速 V 的方向與量測感應電動勢兩極連線的方向三者相互垂直，則量測到的感應電動勢會和下列何式成正比？

(A) BD / V

(B) $1 / VBD$

(C) V / BD

(D) VB / D

(E) VBD

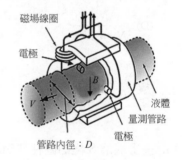

磁場線圈

電極

B

V

液體

量測管路

電極

管路內徑：D

圖 1

13. 一金屬厚球殼的內、外半徑分別為 R_1 與 R_2，中空球心處靜置一電量為 q 的點電荷，如圖 2 所示。設庫侖常數為 k，則在金屬球殼內距球心為 r 處（$R_1 < r < R_2$）的電場量值為下列何者？

(A) 0　　(B) $\dfrac{kq}{r^2}$　　(C) $\dfrac{kq}{r}$

(D) $\dfrac{4kq}{(R_1 + R_2)^2}$　　(E) $\dfrac{2kq}{(R_1 + R_2)}$

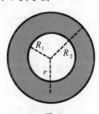

R_1　R_2

r

圖 2

14. 電鰻可利用體內組織構成的放電單元產生高電壓以驅動電流。圖3 的電路是電鰻在水中掠食時放電組織產生高電壓的示意圖，其中每一放電單元產生的電動勢為 ε，其內電阻為 r，每一列串聯線路各含有 N_1 個放電單元，全部共有 N_2 列線路並聯在一起。電鰻放電組織與周遭的水與獵物串聯形成迴路，若周遭的水與獵物合計的電阻為 R，則此電鰻可對 R 產生的最大電流為下列何者？

(A) $\dfrac{N_1 N_2 \varepsilon}{N_1 r + N_2 R}$

(B) $\dfrac{N_1 N_2 \varepsilon}{N_1 R + N_2 r}$

(C) $\dfrac{N_2 \varepsilon}{N_1 R + N_2 r}$

(D) $\dfrac{N_1 \varepsilon}{N_1 r + N_2 R}$

(E) $\dfrac{{}_1 N_2 \varepsilon}{N_1 (r + R)}$

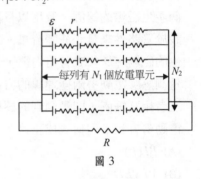

圖 3

15. 一上端為 S 極的圓柱型磁鐵棒在時間 $t = 0$ 時，自高處由靜止開始自由下落，此時磁鐵 N 極的高度為 H，如圖 4 所示。在時間 $t = t_0$ 時，磁鐵的 N 極恰好到達一個線圈中心軸上緣，此處的高度為 h，此時通過線圈流經電阻為 R 的外接電線之應電流值為 I_0，如圖 5 所示。若線圈每單位長度的圈數為 n，且可忽略線圈的電阻，則下列有關應電流的敘述，何者正確？

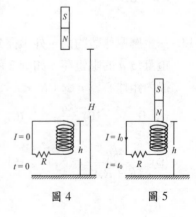

圖 4　　圖 5

(A) I_0 的大小與 H 成反比　　　　(B) I_0 的大小與 n 成正比

(C) I_0 的大小與 h 成正比

(D) I_0 的大小與磁鐵在時間 t_0 時的速率無關

(E) 若掉落時磁鐵的上端為 N 極，則 I_0 的大小與方向都不受影響

16. 一物體在光滑水平面上作簡諧運動，當其位移為振幅一半時，速率為 v，則此物體通過位移為零之平衡點時的速率為下列何者？

(A) $2v$　　(B) $\dfrac{2\sqrt{3}}{3}v$　　(C) v　　(D) $\dfrac{\sqrt{3}}{2}v$　　(E) $\dfrac{1}{2}v$

17. 雲霄飛車是一種常見於主題樂園中的遊樂設施，其軌道通常有如圖 6 所示的迴圈。若考慮正圓的迴圈軌道，且軌道可視為在一鉛直面上，雲霄飛車的車廂在沒有動力驅動之下，沿著軌道內側繞行，且軌道只能提供向心力，摩擦阻力可忽略，重力加速度為 g，則當車廂可沿整個圓圈軌道繞行時，車廂在軌道最低點的加速度量值至少為何？

(A) $2g$

(B) $3g$

(C) $4g$

(D) $5g$

(E) $6g$

圖 6

18. 一個質量為 8.0 公斤的物體在距地面高度 30 公尺處由靜止發生爆炸，爆炸瞬間分裂為兩碎片，且同時沿鉛直方向飛離。在爆炸後 2.0 秒時，其中一碎片恰落地，而另一碎片尚離地面 16 公尺高。若空氣阻力與物體因爆炸而損失的質量均可不計，則爆炸後先落地的碎片之質量為多少公斤？（取重力加速度為 10 公尺/秒²）

(A) 7.0　　　(B) 6.0　　　(C) 5.0　　　(D) 4.0　　　(E) 3.0

第 19-20 題為題組

如圖 7 所示，兩條長度固定為 l_1、l_2 且質量可忽略不計的細繩，分別繫著質量為 5 m 和 m 的質點，兩質點以相同的角頻率繞同一鉛直線水平等速圓周運動。已知重力加速度為 g，兩繩的張力分別為 T_1 及 T_2，兩繩與鉛直線夾角的正弦值分別是 $1/\sqrt{5}$ 及 $2/\sqrt{5}$，回答下列第 19-20 題：

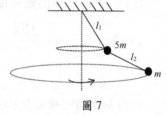

圖 7

19. 張力 T_2 為 mg 的多少倍？
    (A) $\sqrt{3}$　　　　(B) 2
    (C) $\sqrt{5}$　　　　(D) $\sqrt{7}$
    (E) $3\sqrt{5}$

20. 兩細繩張力的比值 T_1 / T_2 為何？
    (A) 3　　(B) 2　　(C) $\dfrac{6}{5}$　　(D) $\dfrac{5}{6}$　　(E) $\dfrac{1}{3}$

二、多選題（占 20 分）

說明：第 21 題至第 24 題，每題有 5 個選項，其中至少有一個是正確的選項，請將正確選項畫記在答案卡之「選擇題答案區」。各題之選項獨立判定，所有選項均答對者，得 5 分；答錯 1 個選項者，得 3 分；答錯 2 個選項者，得 1 分；答錯多於 2 個選項或所有選項均未作答者，該題以零分計算。

21. 有一固定靜止於水平桌面上的直角三角形木塊，其底角 $\beta > \alpha$，如圖 8 所示。質量同為 m 之甲、乙小木塊，均可視為質點，分別置於該木塊互相垂直之兩邊相同高度處。若甲、乙與斜面間無摩擦力，且兩小木塊同時由靜止下滑，則下列有關木塊運動的敘述，哪些正確？

(A) 滑落過程中，甲的加速度量值小於乙的加速度量值

(B) 滑落過程中，二小木塊的加速度量值相同

(C) 滑落過程中，兩小木塊施加
於三角形木塊之合力為零

(D) 二小木塊將同時抵達桌面

(E) 二小木塊抵達桌面時的速率
相同

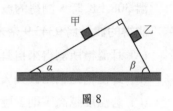

圖 8

22. 一木塊在水平桌面上平移滑動，因為摩擦力的作用，最後會停下
來。此木塊的質量為 m，初速為 v，木塊與桌面的靜摩擦係數為
μ_s、動摩擦係數為 μ_k、重力加速度為 g，假設以上參數皆可變化，
則改變哪些參數，會使木塊由開始平移運動到完全停下前所行經
的距離產生變化？

(A) m　　　　　　　(B) v　　　　　　　(C) μ_s

(D) μ_k　　　　　　(E) g

23. 如圖 9 所示，甲、乙、丙、丁、戊等 5 道平行光線垂直入射一透
明半球型玻璃體的底平面，其中甲光線恰好沿球半徑（虛線）的
方向入射，此 5 道平行光線共平面，且將半球底平面的圓半徑均
分為 5 等分。已知半球型玻璃體靜置於空氣中，且其折射率為
1.8，則哪幾道光線在折射進入玻璃體後，第一次在球面與空氣
界面處，會發生全反射？

(A) 甲

(B) 乙

(C) 丙

(D) 丁

(E) 戊

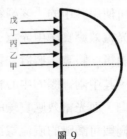

圖 9

24. 耳膜因熱輻射會發出電磁波，耳溫槍可偵測其中強度最高、波長為 λ_m 的波，並利用波長 λ_m 與耳溫間的關聯來判定體溫。已知耳溫 308.1 K 時，測得的波長 λ_m 為 9404.5 奈米，而耳溫 310.1 K 時測得的波長為 9343.9 奈米，則下列敘述哪些正確？

(A) 耳溫槍所測得來自耳膜之電磁波主要在紅外光範圍

(B) 耳溫槍是利用波長 λ_m 與絕對溫度成正比的關係來判定溫度

(C) 若溫度越高，則對應於 λ_m 的電磁波頻率將越低

(D) 若耳溫槍測得的波長 λ_m 為 9300 奈米，則對應的耳溫為 300 K

(E) 若耳溫槍測得的波長 λ_m 為 9353 奈米，則被測者未達 38 ℃ 的發燒溫度

第貳部分：非選擇題（占 20 分）

說明：本部分共有二大題，答案必須寫在「答案卷」上，並於題號欄標明大題號（一、二）與子題號（1、2、……），若因字跡潦草、未標示題號、標錯題號等原因，致評閱人員無法清楚辨識，其後果由考生自行承擔。作答時不必抄題，但必須寫出計算過程或理由，否則將酌予扣分。作答務必使用筆尖較粗之黑色墨水的筆書寫，且不得使用鉛筆。每一子題配分標於題末。

一、 一組學生在做完電子荷質比實驗後，想到可使用其中的「亥姆霍茲線圈」測量光電效應實驗中光電子的動能。經討論後，將實驗裝置安排如圖 10 所示，其中兩線圈的中心軸沿著 x 軸方向，而光電效應實驗的兩個金屬電極與可調變的直流電源相接，

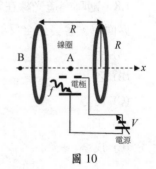

圖 10

在負極中央開洞，使得光電子以垂直 x 軸的方向入射兩線圈中央的磁場區，回答下列問題：

1. 使用亥姆霍茲線圈時，若欲在兩線圈間的中心 A 點處產生指向 x 方向的近似均勻磁場時，從 B 點位置朝 x 方向觀察兩線圈，試分別回答左右線圈上的電流為順時針或逆時針方向？（2 分）

2. 欲得知金屬電極在入射光頻率 f 的照射下的截止電壓 V，學生將電源電壓設定為零，調整亥姆霍茲線圈中的電流使得兩線圈中間的磁場量值為 B 後，再測量進入兩線圈間中心磁場區的光電子的運動半徑最大值為 R_m。說明如何由此決定截止電壓 V（以電子質量 m、電荷 e、磁場 B 與半徑最大值 R_m 表示答案）。（5 分）

3. 學生欲測量金屬電極的功函數，但只有兩個入射光頻率 f_1、f_2 可使用，且 $f_1 < f_2$，因此將亥姆霍茲線圈中的電流分別調整為 i_1、i_2，且 $i_1 < i_2$。試在答案卷上的作圖區以 f 為橫軸，$R_m{}^2$ 為縱軸作圖，並說明如何利用 f_1、f_2 與 i_1、i_2，以決定功函數。（3 分）

二、某些電中性分子的正、負電荷分布並非均勻，而具有特殊的排列。例如圖 11 所示，水分子 H_2O 的負電荷（$-q$，$q > 0$）靠近氧原子，而等量的正電荷（$+q$）靠近兩個氫原子連線的中點，正負電荷分離固定距離 r，稱為電偶極。以乘積 qr 代表電偶極矩 p，並將電偶極矩向量定義為 $\vec{p} = q\vec{r}$，其中相對位置向量 $\vec{r}$ 的方向係從負電荷指向正電荷。已知一水分子的電偶極矩的量值為 6.3×10^{-30} C·m。

1. 如圖 12 所示，一電偶極的電偶極矩爲 qr，在正負兩電荷連線的延長線上距正電荷爲 R 處有一點 N，設 k 爲庫侖常數，無窮遠處的電位爲零，求 N 點處之電位。(3 分)

2. 如圖 13 所示，將一水分子置於外加均勻電場 $\vec{E}$ 中，水分子的電偶極矩向量 $\vec{P}$ 與電場 $\vec{E}$ 的夾角爲 θ。(a) 試證明此水分子所受的力矩量值爲 $pE \sin\theta$。(b) 當 $E = 5.0 \times 10^4$ N/C，$\theta = 30°$ 時，此水分子所受的力矩量值爲何？(4 分)

3. 微波爐產生的微波可用來加熱食物，而一般市售微波爐的微波頻率約爲數個 GHz，試以文字說明微波爐能迅速加熱食物的最主要原因，不必計算。(3 分)

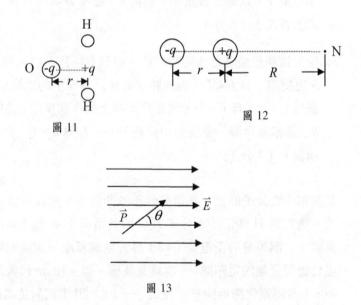

圖 11

圖 12

圖 13

107年度指定科目考試物理科試題詳解

第壹部分：選擇題

一、單選題

1. **B**

【解析】 甲：海平面高度 0 m

乙：海平面高度 12 km

丙：海平面高度 720 km

重力場與距離地心的平方成反比，

故重力場大小：甲 > 乙 > 丙

2. **D**

【解析】 (A) 與實際顏色無關

(B) 由哈伯所提出，故以他的名字而命名

(C) (E) 哈伯定律是指「星系」之間互相遠離

3. **D**

【解析】 由題目所給條件得知以下條件

$H_{冰吸熱} + H_{水吸熱} + H_{球放熱} = 0$，

$H = M \times S \times \Delta T$（末溫 – 初溫）

$\Rightarrow 0.01 \times 335 + 0.4 \times 4.19 \times (2 - 0)$

$\qquad + 0.2 \times S_{鐵球} \times (2 - 82) = 0$

$\Rightarrow 3.35 + 3.352 + (-16\, S_{鐵球}) = 0$

$\Rightarrow S_{鐵球} = 0.418 \cong 0.42$

4. **E**

【解析】 (A) (B) (C) (D) 從理想氣體方程式 PV = nRT 可得知是錯誤的

(E) 溫度較高的分子動能較大，故方均根速率也較大

5. **B**

【解析】 (C) 原子的質量幾乎都聚集在原子核

(D) 兩者理論中皆未提及

(E) 兩者理論中皆未提及

6. **B**

【解析】 由核反應式可發現其反應為 β 衰變，由碘衰變為氙，核反應必質子數守恆與質量數守恆，

故 $\Rightarrow$ m + p = 138；q = –1，故 m + p + q = 137

7. **C**

【解析】 $x \times 1.0\% = 0.1$ nm

$\Rightarrow x = 0.1$ nm $\div 1.0\% = 0.1$ nm $\times \dfrac{100}{1} = 10$ nm

8. **C**

【解析】 已知題目為力矩問題

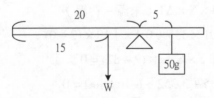

$5 \times W = 5 \times 50$ g $\Rightarrow W = 50$ g

9. **D**

【解析】 相鄰間隔 $\Delta y = \dfrac{r\lambda}{d} \propto \lambda \propto \dfrac{h}{mv} \propto \dfrac{1}{v} \propto \dfrac{1}{\sqrt{E_k}}$

$\Rightarrow \dfrac{1}{\sqrt{4}} = \dfrac{1}{2}$（間距變為 $\dfrac{1}{2}$ 倍）

10. **C**

【解析】 題目定義：f 數 $= \dfrac{焦距}{直徑}$；光能 $=$ 面積 $\times$ 時間

$2 = \dfrac{焦距}{直徑}$，在焦距不變的情況下 $\Rightarrow 6 = \dfrac{焦距}{1/3 直徑}$

因為面積 $= R^2 \pi = (D/2)^2 \pi$，所以直徑變為原本的 $1/3$，
面積變為原先的 $1/9$ 倍，因此曝光時間應增加 9 倍，

故 $\dfrac{1}{450} \times 9 = \dfrac{1}{50}(s)$

11. **D**

【解析】 依題意升高兩個八度音頻率變為 $262 \times 4 = 1048$。欲求
兩端開口之長度，兩端開口的管子，為 A-A 型駐波，

$f = \dfrac{nv}{2L}$，得 $1048 = \dfrac{1 \times 340}{2L}$，得 $L = 0.162$ (m) $\cong 16$ (cm)

12. **E**

【解析】 電荷通過磁場後其分佈方向串連於垂直磁場也垂直於
速度方向，故串連越長電動勢越大，故與管路內徑 D
成正比；而電荷所受的力與速率 V 與磁場 B 成正比，
堆積更多電荷而使電動勢更大

13. **A**

【解析】 導體內部電場為 0

14. **A**

【解析】 每列有 N_1 個放電單元，每個放電單元有電動勢 ε，內電阻 r，假設每列放電單元之電流為 I，則通過 R 之電流為 N_2I（題目所求）；每列放電單元互相並聯，故放電總電壓為 $N_1\varepsilon - N_1Ir$（每列內電阻串連），水與獵物合計電阻 R，則通過 R 之電流為 $\dfrac{N_1\varepsilon - N_1Ir}{R}$，

則 $\dfrac{N_1\varepsilon - N_1Ir}{R} = N_2$，解 $I = \dfrac{N_1\varepsilon}{N_1r + N_2R}$，

所求為 $N_2I = \dfrac{N_1N_2\varepsilon}{N_1r + N_2R}$

15. **B**

【解析】 $I_0 = \dfrac{\varepsilon}{R} \propto \varepsilon \propto \dfrac{\Delta\phi}{\Delta t} \propto \Delta nBA\cos\theta \propto n$

16. **B**

【解析】 通過平衡點時速率相當
為圓周運動之速率，
所求即 $\dfrac{2}{\sqrt{3}}v$

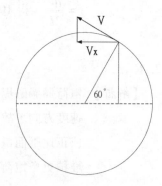

17. **D**

【解析】 鉛直圓周運動最低點速率至少 $\sqrt{5gR}$，此時之向心加速度 $= 5\,g$

18. **E**

【解析】 2 秒後，質心位移爲 20 m（初速 $= 0$，加速度 $= 10$，$t = 2$），從 30 m 處落下，故此時質心距離地面 10 m，其中一塊落地，另一塊位於 16 m 處，則可由離質心之距離推出兩塊質量比，因距離質心與質量成反比，故先落地之碎片質量爲 3 kg

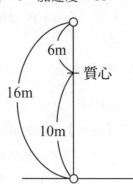

19. **C**

【解析】

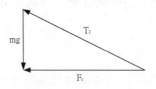

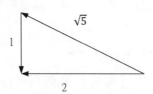

先對 m 做力分析可得由圖可知 $T_2 = \sqrt{5}mg$

20. **A**

【解析】 由上題可知 T_2 作用於 5 m 的質點可以分爲向下 mg 與向右 2 mg，因此可以得知加上 5 m 本身之重力，作用於 5 m 質點之 y 軸方向合力爲向下 6 mg，對 5 m 做力圖分析，可得：

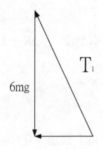

同 19 題做法可得 $T_1 = 3\sqrt{5}mg$

二、多選題

21. **AE**

【解析】 (A)(B)(D) 下滑加速度 $a = g\sin\theta$，甲的加速度量值小於乙的加速度量值，因此不會同時抵達桌面

(C) 甲乙壓於斜面的力為 $mg\cos\theta$，合力方向不同大小不同

(E) 僅受重力作功，力學能守恆，故抵達桌面速率相同

22. **BDE**

【解析】 物體所受合力為動摩擦力並做等加速度運動：

$f_k = ma \Rightarrow \mu_k mg = ma \Rightarrow a = \mu_k g$

初速 v，末速 $= 0$，加速度 $a = \mu_k g$，求得位移 $S = \dfrac{v^2}{2\mu_k g}$

23. **DE**

【解析】 全反射臨界角為 $\sin\theta = \dfrac{1}{1.8} = \dfrac{5}{9}$

　　　光線乙丙丁戊從玻璃球射出至空氣之入射角的正弦值

　　　依序為 $\frac{1}{5}, \frac{2}{5}, \frac{3}{5}, \frac{4}{5}$，丁戊之入射角大於臨界角，因此

　　　丁戊發生全反射

24. **AE**

　　【解析】(B) (C) 韋恩位移定律為 λT 為定值，電磁波波長越小頻

　　　　　　率越高

　　　　　(D) 波長比 9343.9 nm 還小，故耳溫比 310.1 K 還高

　　　　　(E) 波長比 9343.9 nm 還大，故耳溫比 310.1 K

　　　　　　（36.95℃）還低

第貳部分：非選擇題

一、

1. 順時針方向

2. $eV = \frac{1}{2}mv^2 \Rightarrow V = \frac{mv^2}{2e}$

　　$F_c = ma_c \Rightarrow evB = m\frac{v^2}{R_m} \Rightarrow v = \frac{eBR_m}{m}$ ，

　　代回上式得截止電壓 $V = \frac{eB^2R_m^2}{2m}$

3. 光電方程式：$hf = hf_0 + E_k$

　　由第二題中得知電子動能 $E_k = eV = \frac{e^2B^2R_m^2}{2m}$

因此，光電方程式可改寫爲 $hf - hf_0 = \dfrac{e^2 B^2 R_m^2}{2m}$

$$\Rightarrow R_m^2 = \frac{2mh}{e^2 B^2} f - \frac{2mh f_0}{e^2 B^2}$$

其中斜率爲 $\dfrac{2mh}{e^2 B^2}$，調整電流大小會改變斜率大小，電流越大使磁場越大、斜率越小；先選定點流 i_1，以 f_1、f_2 不同頻率之光源照射，並測得 2 不同光電子運動半徑之最大值，即可在圖上標示兩點連成一線（因固定電流，磁場大小一定，斜律爲定值），其中與 f 軸所截之點爲用電流 i_1 做實驗所得之底限頻率 f_{01}；再用電流 i_2，再以 f_1、f_2 不同頻率之光源照射，並測得光電子運動之最大半徑，畫圖得另一條線，可求底限頻率 f_{02}，此 f_{02} 相當接近 f_{01}，凡實驗必有誤差，故取其平均當作底限頻率 $f_0 = \dfrac{f_{01} + f_{02}}{2}$，功函數極爲 $W = hf_0 = h(\dfrac{f_{01} + f_{02}}{2})$

二、

1. $V = \dfrac{kq}{R} + \dfrac{k(-q)}{R+r} = \dfrac{kqr}{R(R+r)}$

2. (a) 力矩定義：$\tau = rF \sin\theta \Rightarrow rqE \sin\theta \Rightarrow pE \sin\theta$

   正負電荷兩個力矩同向故合力矩相加，而兩個電荷相對於轉軸中心距離爲 r 的一半，因此合力矩作用於水分子之量值爲 $\dfrac{1}{2} pE \sin\theta + \dfrac{1}{2} pE \sin\theta = pE \sin\theta$

   (b) $\tau = pE \sin\theta \Rightarrow (6.3 \times 10^{-30}) \times (5 \times 10^4) \times \sin 30°$

   $= 1.6 \times 10^{-25}$ N・m

3. 水分子與微波共振因而摩擦生熱

107 年大學入學指定科目考試試題
化學考科

參考資料

說明：下列資料，可供回答問題之參考

一、元素週期表（1～36 號元素）

1 H 1.0																	2 He 4.0
3 Li 6.9	4 Be 9.0											5 B 10.8	6 C 12.0	7 N 14.0	8 O 16.0	9 F 19.0	10 Ne 20.2
11 Na 23.0	12 Mg 24.3											13 Al 27.0	14 Si 28.1	15 P 31.0	16 S 32.1	17 Cl 35.5	18 Ar 40.0
19 K 39.1	20 Ca 40.1	21 Sc 45.0	22 Ti 47.9	23 V 50.9	24 Cr 52.0	25 Mn 54.9	26 Fe 55.8	27 Co 58.9	28 Ni 58.7	29 Cu 63.5	30 Zn 65.4	31 Ga 69.7	32 Ge 72.6	33 As 74.9	34 Se 79.0	35 Br 79.9	36 Kr 83.8

二、理想氣體常數　$R = 0.0820 \text{ L atm K}^{-1}\text{mol}^{-1} = 8.31 \text{ J K}^{-1}\text{mol}^{-1}$

第壹部分：選擇題（占 80 分）

一、單選題（占 60 分）

說明： 第 1 題至第 20 題，每題有 5 個選項，其中只有一個是正確或最適當的選項，請畫記在答案卡之「選擇題答案區」。各題答對者，得 3 分；答錯、未作答或畫記多於一個選項者，該題以零分計算。

1. 根據下列的鍵能數據，試問下列分子中，哪一個具有最容易斷裂的單鍵？

   C-H 413 kJ / mol　　　　O-H 467 kJ / mol　　　　O-O 146 kJ / mol

   H-H 432 kJ / mol　　　　N-H 391 kJ / mol

   (A) 氫氣　　(B) 過氧化氫　(C) 水　　　(D) 氨　　(E) 甲烷

2. 相同的溫度下，下列五種物質在水中之酸性強弱順序為 $HClO_4 >$ $CH_3COOH > HCN > H_2O > NH_3$。試問下列哪一個反應式的平衡常數最小？

   (A) $HClO_4(aq) + CN^-(aq) \rightleftharpoons HCN(aq) + ClO_4^-(aq)$

   (B) $HClO_4(aq) + H_2O(l) \rightleftharpoons H_3O^+(aq) + ClO_4^-(aq)$

   (C) $CH_3COOH(aq) + OH^-(aq) \rightleftharpoons H_2O(l) + CH_3COO^-(aq)$

   (D) $NH_2^-(aq) + H_2O(l) \rightleftharpoons NH_3(aq) + OH^-(aq)$

   (E) $HCN(aq) + CH_3COO^-(aq) \rightleftharpoons CN^-(aq) + CH_3COOH(aq)$

3. 甲、乙、丙為週期表中第三列的三種元素，圖 1 表示其游離能與失去電子數目的關係。下列有關甲、乙、丙元素的敘述，哪一選項錯誤？

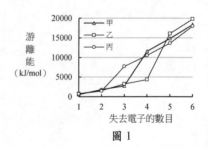

圖 1

(A) 甲的原子半徑比丙小　　　　　　　(B) 乙的電負度比丙大

(C) 甲的氧化物可溶於強酸中，亦可溶於強鹼中

(D) 乙與碳形成的化合物具有高熔點、高沸點和高延展性的特性

(E) 丙元素的氧化物溶於水呈鹼性

4. 以 0.1 M 的 NaOH 水溶液滴定某一體積為 20 mL、濃度未知的有機單質子酸溶液，其滴定曲線如圖 2 所示。下列有關此滴定實驗的敘述，哪一選項正確？

(A) 此滴定反應可選擇甲基紅（變色範圍為 pH 4-6）為指示劑

(B) 此有機酸的濃度為 0.05 M

(C) 在 B 點之溶液中 H^+ 莫耳數等於 OH^- 莫耳數

(D) 在 C 點之溶液為一緩衝溶液

(E) 此有機酸的解離常數小於 1.0×10^{-4}

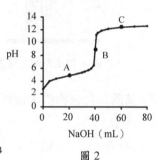

圖 2

5-6 題為題組

賈同學在實驗室發現一瓶標籤已脫落的白色粉末狀試藥，為了探究此未知化合物為何，於是依照實驗手冊中 [凝固點下降的測定] 實驗之步驟做了兩組凝固點測定，以求得此未知物的分子量。

[實驗一] 水的凝固點測定：將純水倒入已置於冷劑（食鹽加冰塊）的試管中（圖 3），並立即攪拌，每 30 秒記錄水的溫度。

[實驗二] 未知化合物溶液的凝固點測定：秤取 9.75 克的白色粉末，溶於 50 毫升的純水，攪拌使樣品完全溶解，再如實驗一的步驟將此化合物溶液倒入試管中，每 30 秒記錄溶液的溫度。

賈同學分別將兩組實驗的數據，以時間（分）爲橫軸，溫度（℃）爲縱軸作圖，得到如圖 4 的冷卻曲線。

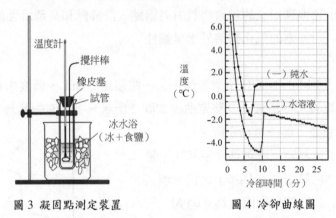

圖 3 凝固點測定裝置　　　　圖 4 冷卻曲線圖

5. 試問此化合物的水溶液凝固點下降度數（℃）應最接近下列哪一選項？

(A) 0.7　　　(B) 1.4　　　(C) 2.0　　　(D) 2.8　　　(E) 4.8

6. 已知水的凝固點下降常數爲 1.86 ℃/m，則下列哪一選項最可能是此未知化合物的化學式？

(A) NaCl　　　　　　(B) $MgCl_2$　　　　　　(C) CH_4N_2O
(D) $C_6H_{12}O_6$　　　　(E) $C_{12}H_{22}O_{11}$

7. 早期新北市金瓜石附近除了產金外亦發現銅礦。由銅礦石所得到的粗銅常混著金、銀、鋁、鐵、白金及鋅等金屬。粗銅的純度不高，不適合作爲電線、電纜的材料，但可經由電解精煉以提高銅的純度。銅的電解精煉如同實驗室的電解電鍍，精煉時以硫酸銅溶液爲電解液，以純銅（精銅）與粗銅分別爲兩電極，經通電一段時間後，純銅上的銅增多，同時其中一電極的下方會有金屬泥堆積。下列有關電解精煉銅的敘述，哪一選項正確？

(A) 金屬泥位於陰極下方　　(B) 金屬泥中含有金

(C) 金屬泥中含有鐵　　(D) 電解液可以改為硫酸銀溶液

(E) 以粗銅為陰極，精銅為陽極

8. 1-乙炔基環戊烯分子之碳原子鍵結的混成軌域種類與下列哪一個化合物相同？

(A) 2,3-戊二烯　　(B) 2-丁炔

(C) 1,4-環己二烯　　(D) 甲苯

(E) 丁烯

9. 生物體內含有許多不同種類的脂肪酸，其碳鏈中的碳–碳鍵均為單鍵者稱為飽和脂肪酸，具碳–碳雙鍵者稱為不飽和脂肪酸，不飽和脂肪酸中的碳–碳雙鍵可經由氫化反應形成飽和脂肪酸。若欲使下列 1 莫耳的不飽和脂肪酸完全氫化為飽和脂肪酸，則哪一選項所需的氫氣莫耳數最多？（括弧內為各脂肪酸的分子式）

(A) 棉籽油中的軟脂油酸（$C_{16}H_{30}O_2$）

(B) 向日葵籽油中的亞麻油酸（$C_{18}H_{32}O_2$）

(C) 豬油中的油酸（$C_{18}H_{34}O_2$）

(D) 紫蘇油中的次亞麻油酸（$C_{18}H_{30}O_2$）

(E) 魚油中的 DHA（$C_{22}H_{32}O_2$）

10. 有關下列物質的敘述，哪一選項錯誤？

(A) 鑽石與石墨皆為共價網狀固體，但二者的立體結構不同

(B) NO_2^- 為一彎曲形離子

(C) NF_3 為一平面三角形分子

(D) CF_4 雖為非極性分子，但具有極性的共價鍵

(E) 臭氧分子（O_3）為極性分子，並具有共振結構

11-12 題為題組

氰化鈉（NaCN）是毒化物，與水反應易生成毒性極強的氰化氫
（HCN）。人體在短時間內，若吸入高濃度的氰化氫，會導致呼
吸停止而死亡。然而，氰化鈉可以提煉黃金，首先將含金的礦物
與氰化鈉、氧及水混合反應，生成水溶性的 Na [Au(CN)$_2$] 與
NaOH。其次是將生成的混合物過濾，將其濾液中和後，再與鋅
反應，可得到金。此二反應式（係數未平衡）如下：

Au(s) + NaCN(aq) + O$_2$(g) + H$_2$O(l) → Na [Au(CN)$_2$](aq) +
NaOH(aq)

Na [Au(CN)$_2$](aq) + Zn(s) → Au(s) + Na$_2$ [Zn(CN)$_4$](aq)

11. 試問 Na [Au(CN)$_2$] 與 Na$_2$ [Zn(CN)$_4$] 中的 Au、Zn 的氧化數分
    別為何？
    (A) +1、+2 　　　　(B) +2、+1 　　　　(C) +2、+2
    (D) +3、+1 　　　　(E) +3、+2

12. 下列相關敘述，哪一選項正確？
    (A) 氰化氫分子中沒有孤電子對
    (B) 氰化氫中碳和氮之間是以雙鍵的形式鍵結
    (C) 欲得 1 莫耳的金，理論上需用 4 莫耳的氰化鈉
    (D) 欲得 1 莫耳的金，理論上需用 0.5 莫耳的鋅
    (E) 將 1 莫耳的 Na$_2$ [Zn(CN)$_4$] 溶於水，會產生 7 莫耳的離子

13. 石油氣的主要成分是丙烷（C$_3$H$_8$）和丁烷（C$_4$H$_{10}$），今取少量丙
    烷和丁烷的混合氣體在充足的氧氣下完全燃燒，將所得的產物，
    先經過含無水過氯酸鎂的吸收管，再經過含氫氧化鈉的吸收管，
    兩管的質量分別增加 5.58 克及 10.56 克。試問此混合氣體中，丙
    烷的莫耳分率應為下列哪一選項？
    (A) $\dfrac{2}{3}$ 　　(B) $\dfrac{3}{4}$ 　　(C) $\dfrac{2}{5}$ 　　(D) $\dfrac{3}{5}$ 　　(E) $\dfrac{4}{7}$

14. 在 25℃ 時，下列三個半反應的標準還原電位如下：

$$Al^{3+}(aq) + 3\ e^- \rightarrow Al(s) \qquad\qquad E^o = -1.66\ V$$

$$I_2(s) + 2\ e^- \rightarrow 2\ I^-(aq) \qquad\qquad E^o = +0.54\ V$$

$$MnO_4^-(aq) + 8\ H^+(aq) + 5\ e^- \rightarrow Mn^{2+}(aq) + 4\ H_2O(l) \quad E^o = +1.51\ V$$

則在標準狀態下，下列何者為最強的還原劑？

(A) $Al^{3+}(aq)$ 　　　　　 (B) $Al(s)$ 　　　　　 (C) $I_2(s)$

(D) $I^-(aq)$ 　　　　　 (E) $MnO_4^-(aq)$

15. 氟化鉛（PbF_2）為難溶於水的化合物，其溶度積（K_{sp}）為 3.2×10^{-8}，而氫氟酸（HF）是弱酸，其酸解離常數 K_a 為 6.8×10^{-4}。若取過量的 PbF_2 固體，加入水中形成飽和溶液，並有剩餘未溶解的 PbF_2 固體。試問加入下列哪一物質於此溶液中，最能增加 PbF_2 的溶解度？

(A) $HNO_3(aq)$ 　　　　　 (B) $NaNO_3(aq)$

(C) $Pb(NO_3)_2(aq)$ 　　　　　 (D) $NaF(aq)$

(E) $PbF_2(s)$ 晶體

16-17 題為題組

　　去年八月，某一水圳森林公園的湖水有一段時間常出現死魚，經家畜疾病防治所採取該湖水樣品化驗，發現常見危害環境的化學物質含量並未超過法規標準，死魚樣體送驗也未驗出任何病毒。

16. 下列有關該湖水水質的敘述，何者正確？

(A) 公園湖水若未被污染，則湖內除了水外不含有任何化合物

(B) 此地風大時，湖上的空氣會迅速被風帶走，依勒沙特列原理，此時湖水中的溶氧量會降低

(C) 夏季高溫可使該湖水中溶氧量減少，致使魚群死亡

(D) 若遊客餵食湖內的魚類，使有機物堆積於湖底，有助於水質優養化，可減少湖內魚類的死亡

(E) 若湖水樣品中的二氧化碳濃度下降，則其 pH 值會略爲下降

17. 在 25℃ 時，湖水樣品化驗結果顯示湖水之 pH 值爲 7.98，假設此數值完全受湖水中某鹼性化合物甲的影響，而當時化合物甲的濃爲 0.01 M，則其鹼解離常數應最接近下列哪一數值？
    (A) 10^{-4}　　(B) 10^{-6}　　(C) 10^{-8}　　(D) 10^{-10}　　(E) 10^{-12}

18-19 題爲題組

林同學欲探究實驗室內一瓶陳舊氯酸鉀（$KClO_3$）試藥的純度，由上課所學得知：氯酸鉀在高溫下可完全分解產生氯化鉀和氧氣，於是取此氯酸鉀試樣 1.50 g，將其加熱分解，以排水集氣法收集氧氣，直到不再有氧氣產生，共收集 250 mL 的氧氣。若實驗時，水的溫度爲 32℃、大氣壓力爲 736 mmHg。依上述實驗數據，試回答下列問題。（已知 32℃ 時水的飽和蒸氣壓爲 36 mmHg，且氧氣的溶解度極小，可忽略不計）

18. 此實驗共收集多少莫耳的氧氣？
    (A) 1.6×10^{-3}　　　　(B) 4.1×10^{-3}　　　　(C) 9.2×10^{-3}
    (D) 8.8×10^{-2}　　　　(E) 7.3×10^{-2}

19. 此氯酸鉀試藥的純度，最接近下列哪一數值（%）？
    (A) 32　　(B) 50　　(C) 75　　(D) 89　　(E) 95

20. 將 1.92 克 HI 氣體注入 1.0 公升的真空容器內，在 732K 下進行下列反應：
    $$2HI(g) \rightleftharpoons H_2(g) + I_2(g) \qquad K_p = 0.16$$

當反應達平衡時，容器內總壓為 0.90 大氣壓，則此時 HI(*g*) 的分壓為多少大氣壓？（HI，分子量 = 128）

(A) 0.20　　(B) 0.25　　(C) 0.40　　(D) 0.50　　(E) 0.80

二、多選題（占 20 分）

說明：第 21 題至第 25 題，每題有 5 個選項，其中至少有一個是正確的選項，請將正確選項畫記在答案卡之「選擇題答案區」。各題之選項獨立判定，所有選項均答對者，得 4 分；答錯 1 個選項者，得 2.4 分；答錯 2 個選項者，得 0.8 分；答錯多於 2 個選項或所有選項均未作答者，該題以零分計算。

21. 電子組態是原子或離子中之電子在軌域的排列狀態，下列原子或離子的基態電子組態，哪些正確？

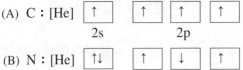

22. 室溫時，小明進行草酸鎂的溶度積（K_{sp}）測定實驗，將 1.12 g 草酸鎂固體（MgC_2O_4，式量 = 112）置於燒杯中，加入 100.0 mL 純水，並充分攪拌以達溶解平衡，過濾去除未溶解之草酸鎂固體

後，得到飽和草酸鎂溶液。精確量取 25.0 mL 飽和草酸鎂溶液至錐形瓶中，並加入適量的 1.0 M $H_2SO_4(aq)$ 溶液後，以 0.010 M 過錳酸鉀溶液進行滴定，共用了 10.0 mL 始達滴定終點。此滴定的反應式為：

$$MnO_4^-(aq) + C_2O_4^{2-}(aq) + H^+(aq) \rightarrow Mn^{2+}(aq) + CO_2(g) + H_2O(l)（係數未平衡）$$

下列有關此實驗的敘述，哪些正確？

(A) 此滴定反應中，草酸根（$C_2O_4^{2-}$）為氧化劑

(B) 此滴定反應不需外加指示劑，僅由溶液本身的顏色變化，即可判斷是否達到滴定終點

(C) 當溶液呈現 Mn^{2+} 紫色，且維持 30 秒以上時，即表示達到滴定終點

(D) 此滴定必須於酸性溶液中進行，以避免生成其他產物

(E) 此實驗所測得的草酸鎂溶度積應接近 1.0×10^{-4}

23. 圖 5 為反應式 $A(aq) + B(aq) \rightleftharpoons C(aq)$ 之反應過程的能量變化。下列有關此反應的敘述，哪些正確？

(A) 該反應為放熱反應

(B) 反應溫度升高時，反應平衡常數會下降

(C) 反應溫度升高時，正向與逆向反應的速率常數皆增加

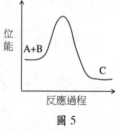

圖 5

(D) 反應達平衡時，正向反應速率大於逆向反應速率

(E) 反應達平衡時，正向與逆向反應具有相同的速率常數

24. 在麵包的製作過程中，常以小蘇打（$NaHCO_3$）做為膨鬆劑，然而在使用小蘇打之前，碳酸氫銨（NH_4HCO_3）亦曾是這類食品的

膨鬆劑。使用碳酸氫銨時，於麵包烘焙過程中（約 190 至 230℃）會釋出甲、乙與丙三種氣體，其中甲有刺鼻味，而乙與丙均沒有味道。若於同溫度範圍內使用小蘇打烘焙麵包時，則會產生兩種氣體及碳酸鈉（Na_2CO_3）。下列有關此兩種烘焙過程的敘述，哪些正確？

(A) 每 1 莫耳的碳酸氫銨會產生 4 莫耳的氣體

(B) 每 1 莫耳的小蘇打會產生 3 莫耳的氣體

(C) 使用小蘇打時，不會產生甲

(D) 使用小蘇打時，會產生乙與丙

(E) 使用碳酸氫銨時，所產生的甲是尿素（$(NH_2)_2CO$）

25. 下列有關 1-丁炔與 2-丁炔的敘述，哪些正確？

(A) 1-丁炔可與 2 莫耳的溴化氫進行加成反應產生二溴丁烷

(B) 2-丁炔可與 2 莫耳的溴進行取代反應產生四溴丁烷

(C) 在硫酸與硫酸汞的催化下，1-丁炔可與水反應生成丁醛

(D) 在硫酸與硫酸汞的催化下，2-丁炔可與水反應生成丁酮

(E) 1-丁炔與 2-丁炔互為幾何異構物

第貳部分：非選擇題（占 20 分）

說明：本部分共有三大題，答案必須寫在「答案卷」上，並於題號欄標明大題號（一、二、三）與子題號（1、2、……），作答時不必抄題，若因字跡潦草、未標示題號、標錯題號等原因，致評閱人員無法清楚辨識，其後果由考生自行承擔。計算題必須寫出計算過程，最後答案應連同單位劃線標出。作答務必使用筆尖較粗之黑色墨水的筆書寫，且不得使用鉛筆。每一子題配分標於題末。

一、 化合物甲、乙、丙、丁、戊皆為苯的衍生物且互為同分異構物，分子式為 C_7H_8O。其中，化合物甲可經數步驟的化學反應合成止痛劑阿司匹靈。化合物乙與過錳酸鉀溶液在鹼性條件下共熱，再經酸處理可得苯甲酸。已知五個化合物中，化合物丙的沸點最低。化合物乙可與乙酸在硫酸的催化下反應，脫水生成化合物己。試寫出化合物甲、乙、丙、己的結構式。(每一結構式 2 分，共 8 分)

範例：乙基苯的結構式可書寫如右：

二、 洪同學在實驗室測量下列反應的反應速率：

$CO(g) + NO_2(g) \rightarrow NO(g) + CO_2(g)$

反應物的初濃度及所得的初速率如下表所示：

$[CO]_初$（M）	$[NO_2]_初$（M）	初速率（M/s）
0.10	0.10	0.0020
0.10	0.20	0.0080
0.20	0.20	0.0080

此反應的反應速率定律式可書寫為：速率 $= k[CO]^m [NO_2]^n$

試列出計算式，並求出下列數值。(每一子題 2 分，共 6 分)

1. 速率定律式中的 m 與 n 值。(2 分)

2. 速率定律式中的速率常數 k。(2 分)

3. 當 $[CO]_初 = 0.40$ M，$[NO_2]_初 = 0.10$ M 時，此反應的初速率。(2 分)

三、 瓶裝汽水是一種碳酸飲料，其製備是利用亨利定律的原理，將數個大氣壓力的 $CO_2(g)$ 壓入含糖及調味料飲用水的玻璃瓶中

後，再加以密封。依據亨利定律，低溶解度的氣體在溶劑中的溶解度（ S ）與液面上該氣體的分壓（ p ）成正比，其比例常數稱為亨利定律常數（ k_H ），關係式可表示如下：

$S = k_H \times p$

式中的 S 與 p 的單位分別為體積莫耳濃度（M）與大氣壓力（atm），而 CO_2 的 k_H 與溫度的關係如圖 6 所示。$CO_2(g)$ 溶入水中生成 $CO_2(aq)$ 後，小部分溶入水中的 $CO_2(aq)$ 會與水反應形成 $H_2CO_3(aq)$，在 25℃

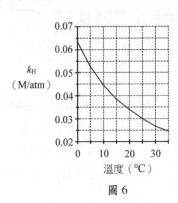

圖 6

時，其平衡反應式與平衡常數如下：

$$CO_2(aq) + H_2O(l) \rightleftharpoons H_2CO_3(aq) \quad K_1 = \frac{[H_2CO_3(aq)]}{[CO_2(aq)]} = 1.6 \times 10^{-3}$$

而 $H_2CO_3(aq)$ 在水中會解離成 $H^+(aq)$ 與 $HCO_3^-(aq)$，其平衡反應式與平衡常數如下：

$$H_2CO_3(aq) \rightleftharpoons H^+(aq) + HCO_3^-(aq) \qquad K_a = 2.5 \times 10^{-4}$$

今有一未開罐的汽水瓶，於 25℃ 時，瓶內上方的 $CO_2(g)$ 壓力為 2.5 大氣壓，若其性質遵守亨利定律，<u>試列出計算式</u>，並求出下列數值。（每一子題 2 分，共 6 分）

1. 汽水中 $CO_2(aq)$ 的濃度（M）。（2 分）

2. 下列平衡反應式的平衡常數。（2 分）

   $CO_2(aq) + H_2O(l) \rightleftharpoons H^+(aq) + HCO_3^-(aq)$

3. 汽水中氫離子濃度 $[H^+(aq)]$（M）。（2 分）

   （ $\sqrt{2} = 1.41$, $\sqrt{3} = 1.73$ ）

107年度指定科目考試化學科試題詳解

第壹部分：選擇題

一、單選題

1. **B**

   【解析】 比較鍵能，鍵能越大者越不容易斷裂。

   (A) H_2：432 KJ　　　　　(B) H_2O_2：146 KJ

   (C) H_2O：467 KJ　　　　　(D) NH_3：391 KJ

   (E) CH_4：413 KJ

2. **E**

   【解析】 平衡常數越小，表示反應進行的越不完全在布羅酸鹼
   反應中，弱酸弱鹼反應成為強酸強鹼，平衡常數會比
   較小。

   酸性強度排序：$HClO_4$ > CH_3COOH > HCN > H_2O >
   NH_3

   鹼性強度排序：NH_2^- > OH^- > CN^- > CH_3COO^- > ClO_4^-

   因此 (E) 選項中可以發現到，酸性強度：HCN <
   CH_3COOH、而鹼性強度 CH_3COO^- < CN^- 反應傾向走
   逆反應，則正反應的平衡常數最小。

3. **D**

   【解析】 (A) 半徑大到小丙甲乙　　(B) 電負度乙甲丙

   (C) 3A 族 Al_2O_3　　　　　(D) 4A 族可能是 Si

   (E) 為酸性丙是金屬

4. **E**

【解析】 (A) pH 範圍超過當量點

(B) C1V1 = C2V2　　0.3 M

(C) 當量點是參與酸的 H+ = 參與鹼的 OH–

(D) NaOH(*aq*)

(E) 不知道但有機酸為弱酸

5. **C**

【解析】 第二個圖水凝固大概 0.5 度 – 化合物 *aq*

大概（-1.5 度）約 2.0

6. **D**

【解析】 $\Delta T = K_F \times C_M$，$C_M = 2/1.86 = 9.75/M/0.05$，M = 181。

7. **B**

【解析】 (A) 陽極

(B) 正確

(C) 無，溶解了

(D) 無法，解離的離子不同

(E) 粗銅為陽極，精銅為陰極

8. **A**

【解析】 1-乙炔基環烷戊烯，乙炔基的碳為 sp 混成、雙鍵的兩個碳為 sp^2 混成、其餘碳皆為 sp^3 混成

(A) 2,3-戊二烯，3 號碳為 sp 混成、2,4 號碳為 sp^2、1,5 號碳為 sp 混成，與題幹類似

(B) 2-丁炔僅有 sp 和 sp^3 兩種混成軌域

(C) 1,4 環己二烯，僅有 sp^2 和 sp^3 兩種混成軌域

(D) 甲苯的苯環碳皆爲 sp^2 混成、甲基爲 sp^3 混成

(E) 丁烯僅有 sp^2 和 sp^3 混成

9. **E**

【解析】 先計算飽和情況所需之氫原子數量，再比較總共少了多少

(A) 34 – 30 = 4 　　　　(B) 38 – 32 = 6

(C) 38 – 34 = 4 　　　　(D) 38 – 30 = 8

(E) 46 – 32 = 14

10. **C**

【解析】 (C) 其中一 N-F 鍵爲不同平面（電子太多導致互相排斥）

11. **A**

【解析】 由整體爲電中性又 Na 帶 +1，CN 帶 –1 可推得 Au 的氧化數爲 +1，Zn 的氧化數爲 +2。

12. **D**

【解析】 (A) N 上有 3 對。　　　　(B) 應爲 3 鍵。

(C) 應爲 2 莫耳。　　　　(E) 未必完全解離。

13. **E**

【解析】 無水過氯酸鎂會吸收 H_2O，氫氧化鈉會吸收 CO_2。

可得 H 重 = $5.58 \times 2 / 18 = 0.62$，

C 重 = $10.56 \times 12 / 44 = 2.88$。

得 H 有 0.62 莫耳，C 有 0.24 莫耳。

設丙烷 x 莫耳，丁烷 y 莫耳。

可列式：3x + 4y = 0.24，8x + 10y = 0.62，

得 x = 0.04，y = 0.03。

丙烷的莫爾分率為 0.04/0.04 + 0.03 = 4/7。

14. **B**

【解析】 由標準還原電位的絕對值最大者判定最強的還原劑在第一式。還原電位為負值，故第一式中之還原劑應為 $Al_{(s)}$。

15. **A**

【解析】 根據勒沙特列原理，欲使氟化鉛之溶解度增加須減少 Pb^{2+} 或 F^- 之含量。又題目已告知氫氟酸為弱酸，故水中的氟離子易與氫離子形成氫氟酸。故加入強酸 HNO_3 可增加水中氫離子含量，使氟離子含量減少。

16. **C**

【解析】 (A) 不可能沒有任何化合物。

(B) 應增加。

(D) 優養化不利湖內魚類。

(E) 上升。

17. **D**

【解析】 pH = 7.98，pOH = 6.02，

氫氧根濃度約為 10^{-6} M $= \sqrt{cK}$。

C = 0.01 M，K = 10^{-10}。

18. **C**

　【解析】 由 PV = nRT 可得：(736 – 36 / 760) × (250 / 1000)
　　　　　= n × 0.082 × (32 + 273)，n = 0.0092

19. **B**

　【解析】 反應式 = $KClO_3 \to KCl + 3/2 O_2$，故氯酸鉀之莫耳數應
　　　　　為 0.0092 × 2 / 3 = 0.00613
　　　　　氯酸鉀之式量為 122.5，重 0.00613 × 122.5 = 0.75g，
　　　　　純度為 0.75 / 1.5 = 50%

20. **D**

　【解析】 P_{HI} × 1 = (1.92 / 128) × 0.082 × 732，P_{HI} = 0.9。
　　　　　K_P = 0.16 = (1 / 4x^2) / (0.9 – x)^2，x = 0.4，
　　　　　HI 的分壓 = 0.9 – x = 0.5。

二、多選題

21. **CDE**

　【解析】 (A) 欲形成半滿，需先填滿 s 軌域
　　　　　(B) 若想滿足基態，則 P 軌域電子需同向形成半滿
　　　　　(C) 電子至 4s 軌域時已填滿，滿足基態
　　　　　(D) Cr 為特例，可以形成半滿
　　　　　(E) Mn^{2+} 為失去兩個電子，則失去最外層（4s 軌域）
　　　　　　　之電子能讓其滿足基態

22. **BDE**

　【解析】 (A) $C_2O_4^{2-}$ 中 C 之氧化數為 +3，反應後 CO_2 中 C 之氧
　　　　　　　化數為 +4，氧化數增加，表示其被氧化，故為還
　　　　　　　原劑。

(B) 由 MnO_4^- 離子之紫色即可判斷。

(C) Mn^{2+} 離子爲淡粉色，紫色來自於 MnO_4^- 離子

(D) 置於鹼性環境中時候產生 MnO_4^{2-}，產生其他產物

(E) 由反應式中可知 MnO_4^- 到 Mn^{2+} 氧化數變化爲 5

$C_2O_4^{2-}$ 到 CO_2，C 之氧化數變化爲 1，但因有 2 顆

C 原子，故其變化爲 $1 \times 2 = 2$

以此可知：$MnO_4^- : C_2O_4^{2-} = 2 : 5$

MnO_4^{2-} 之莫耳數爲 0.01 (M) × 0.01 (L) = 10^{-4} mol

$C_2O_4^{2-}$ 之莫耳數爲 2.5×10^{-4} mol，

$$[C_2O_4^{2-}] = \frac{2.5 \times 10^{-4}\,mol}{25 \times 10^{-3}\,L} = 10^{-2}\,M$$

$$K_{sp} = [Mg^{2+}][C_2O_4^{2-}] = (10^{-2})^2 = 10^{-4}$$

23. ABC

【解析】(A) 由圖中可知其位能下降，必爲放熱。

(B) 溫度升高，反應向生成物進行，平衡常數下降。

(C) 反應速率常數爲溫度的函數，故溫度上升速率常數增加。

(D) 達平衡時代表正反應速率等於逆反應速率。

(E) 反應達平衡時，速率常數不一定會相等。

24. CD

【解析】$NH_4HCO_3 \rightarrow NH_3 + H_2O + CO_2$

$2NaHCO_3 \rightarrow Na_2CO_3 + H_2O + CO_2$

(A) 每一莫耳碳酸氫鈉會產生 3 莫耳的氣體（$NH_3 + H_2O + CO_2$）

(B) 每一莫耳小蘇打會產生 2 莫耳的氣體（$H_2O + CO_2$）

(C) 甲有刺鼻味應為氨氣，由反應式可知不會產生

(D) 使用小蘇打時會產生 $H_2O + CO_2$，敘述正確

(E) 甲為 NH_3

25. **AD**

【解析】 (A) 1-丁炔斷鍵後可進行加成反應產生二溴丁烷

(B) 雙鍵（含）以上於其本身斷鍵再接上原子或原子團稱為加成反應

(C) 1-丁炔在硫酸與硫酸汞的催化下可與水反應形成 2-丁酮

(D) 2-丁炔在硫酸與硫酸汞的催化下可與水反應形成 2-丁酮

(E) 1-丁炔與 2-丁炔為同分異構物

第貳部分：非選擇題

一、【解析】由題目敘述可知

甲：鄰甲酚

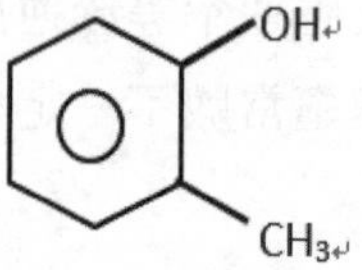

乙：苯甲醇

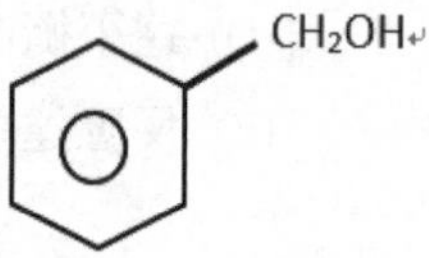

丙：苯甲醚

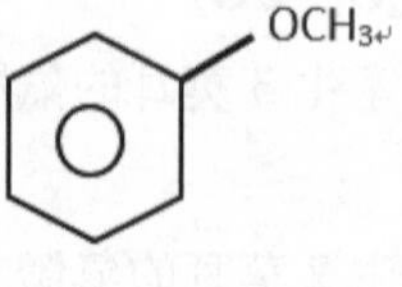

己：乙酸苯甲酯

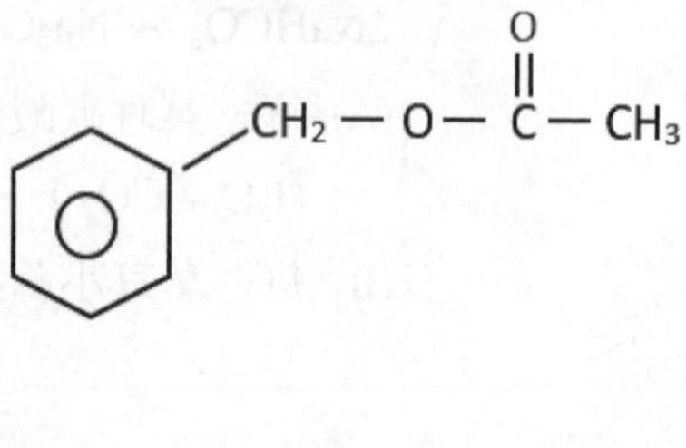

二、【解析】

(1) 由數據 2、3 列可觀察出 CO 之濃度不影響反應速率，故 $m = 0$

由速率 $= k[CO]^m[NO_2]^n$

$0.0020 = k \times 0.1^m \times 0.1^n$

$0.0080 = k \times 0.1^m \times 0.2^n$

$\dfrac{0.0020}{0.0080} = (\dfrac{0.1}{0.2})^n$，$n = 2$

$m = 0$，$n = 2$

(2) $0.0020 = k \times 0.1^0 \times 0.1^2$，$k = 0.20 \ M^{-1}S^{-1}$

(3) $r = 0.20 \times 0.40^0 \times 0.10^2$，$r = 2 \times 10^{-3} \ MS^{-1}$

三、【解析】

(1) 由圖中可知，在 $25^\circ C$ 下　$k_h = 0.03 \ (M/atm)$

$S = k_h \times p = 0.03 \times 2.5 = 0.075 \ M$

(2) 方程式相加平衡常數相乘

$1.6 \times 10^{-3} \times 2.5 \times 10^{-4} = 4 \times 10^{-7}$

(3) $\dfrac{[H_2CO_3(aq)]}{[CO_2(aq)]} = 1.6 \times 10^{-3}$，

$[H_2CO_3] = 1.6 \times 10^{-3} \times 7.5 \times 10^{-2} = 1.2 \times 10^{-4}$

$\dfrac{[H^+][HCO_3^-]}{[H_2CO_3]} = 2.5 \times 10^{-4}$

因 $[H^+] = [HCO_3^-]$，令 $[H^+] = [HCO_3^-] = a$

$\dfrac{a^2}{1.2 \times 10^{-4}} = 2.5 \times 10^{-4}$，$a^2 = 3 \times 10^{-8}$，$a = 1.73 \times 10^{-4} \ M$

107年大學入學指定科目考試試題
生物考科

第壹部分：選擇題（占 76 分）

一、單選題（占 20 分）

說明： 第 1 題至第 20 題，每題有 4 個選項，其中只有一個是正確或
最適當的選項，請畫記在答案卡之「選擇題答案區」。各題
答對者，得 1 分；答錯、未作答或畫記多於一個選項者，該
題以零分計算。

1. 下列何者是人體清除衰老紅血球的主要器官之一？
   (A) 心臟　　　　(B) 脾臟　　　　(C) 肺臟　　　　(D) 腎臟

2. 下列哪種食物最先被人體分解？
   (A) 澱粉　　　　　　　　(B) 油脂
   (C) 豆魚肉蛋類　　　　　(D) 青菜

3. 甲烷菌是屬於三域分類系統中的哪一域？
   (A) 細菌域　　　　　　　(B) 古菌域
   (C) 真核生物域　　　　　(D) 無核域

4. 有關黃體的敘述，下列何者正確？
   (A) 黃體可分泌黃體成長激素（LH）刺激濾泡成熟，促進排卵
   (B) 排出的卵若未受精，黃體會繼續發育至下一週期之排卵日
   (C) 黃體素（黃體酮）影響濾泡期長短
   (D) 黃體是在排卵後由濾泡發育而來

5. 某生從泉溫為 60~90℃ 的陽明山馬槽溫泉分離到一株細菌，該
　　生為了獲知此細菌過氧化酵素活性的最佳作用溫度範圍，下列哪
　　組處理溫度的設計較合理？
　　(A) 0、20、40、60、80℃　　　(B) 30、40、50、60、70℃
　　(C) 45、60、75、90、100℃　　(D) 80、85、90、95、100℃

6. 下列有關不同生態系的觀察，何者正確？
　　(A) 椰子蟹遊走在沙漠中的綠洲旁
　　(B) 帝雉最常出現在熱帶雨林
　　(C) 杜鵑花在春天盛開在高山上
　　(D) 馬鞍藤蔓延在溫帶海邊

7. 圖 1 為某植物的葉片構造，下列有關
　　此植物的光合作用敘述，何者正確？
　　(A) 在甲細胞中進行卡爾文循環
　　(B) 甲細胞碳固定的最終產物為四碳
　　　　化合物
　　(C) 乙細胞不生成氧氣
　　(D) 乙細胞形成六碳化合物輸送到丙細胞

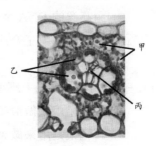

圖 1

8. 圖 2 為心臟及其連接血管的切面圖，甲
　　乙丙丁均為瓣膜，下列敘述何者正確？
　　(A) 心房及心室舒張時，甲與丙關閉
　　(B) 心房收縮及心室舒張時，甲與乙
　　　　會開啟
　　(C) 心房舒張及心室收縮時，乙與丁會開啟
　　(D) 流經丙與丁處的血液屬於缺氧血

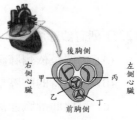

圖 2

9. 某些植物受到椿象的危害,為了減緩疫情,有些地方政府不但收購農民所採集的椿象卵片將其銷毀外,同時還回送農民「可寄生椿象卵的平腹小蜂卵片」,來防治椿象的危害。依前述資訊,推斷下列敘述何者正確?
   (A) 上述防治椿象的方法包含物理及生物防治
   (B) 平腹小蜂與椿象的關係與山貓捕食兔子相同
   (C) 此方法的理論效期較農藥防治來得短
   (D) 大量施放平腹小蜂卵片不會對該地生物造成影響

10. 聚合酶連鎖反應(PCR)技術的發展,下列何者是主要的關鍵?
    (A) DNA 模板的純化
    (B) 耐高溫的去氧核苷三磷酸的製作
    (C) 耐高溫的 DNA 聚合酶之發現
    (D) 耐高溫的引子合成技術

11. 有關生物在食品上應用,下列何者正確?
    (A) 米麴是用來做泡菜的細菌
    (B) 石花菜是用來做果凍的藻類
    (C) 酵母菌是用來生產優酪乳的真菌
    (D) 毛黴菌是用來生產豆腐乳的細菌

12. 下列有關呼吸運動的敘述,何者正確?
    (A) 主要是依賴肺臟肌肉來完成
    (B) 吸氣時的胸腔是呈現正壓而引入空氣
    (C) 可協助靜脈血液回流到胸腔
    (D) 只有主動脈具有感受氧分壓的化學受器

13. 圖 3 為甲、乙、丙三種激素之調控及其後續所
　　造成的生理影響示意圖。下列何者正確？

圖 3

　　(A) 此調控機制稱之為正回饋機制
　　(B) 甲可從腦垂腺後葉合成產生
　　(C) 此途徑適用於催產素對於乳汁生成的調控
　　(D) 此機制可套用於甲狀腺素的生理調控機制

14-15 題為題組

14. 選項圖中的橫軸代表用熱殺死 S 型肺炎雙球菌萃取液經甲~丁四
　　種不同處理；縱軸則表示處理後之萃取液與活的 R 型肺炎雙球菌
　　混合後，所測得的 S 型肺炎雙球菌數量。四種處理如下，甲為未
　　處理，乙為加入 RNA 分解酶，丙為加入蛋白質分解酶，丁為加
　　入 DNA 分解酶。下列選項何者接近 1944 年艾佛瑞（Avery）的轉
　　形研究結果？

(A)

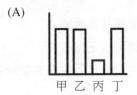

(B)

(C)

(D)

15. 下列哪個經典實驗結論與上述實驗所得相似？
　　(A) 麥舍生（Meselson）與史塔爾（Stahl）利用同位素 ^{15}N，鑑定
　　　出遺傳物質的半保留複製方式

(B) 賀雪（Hershey）與蔡斯（Chase）利用 ^{32}P 及 ^{35}S，發現噬菌體遺傳物質的特性

(C) 弗萊明（Fleming）從葡萄球菌培養過程中，發現青黴菌所產生的青黴素

(D) 摩根（Morgan）從果蠅雜交實驗中，提出眼色的遺傳模型

16. 下列有關體內恆定調控的敘述，何者正確？
   (A) 當血量減少時，會刺激腎上腺髓質分泌激素
   (B) 當血液 Ca^{2+} 濃度過低時，會刺激甲狀腺分泌激素
   (C) 當體內水分過少時，會刺激腦垂腺後葉釋放激素
   (D) 當血糖下降時，會刺激胰腺細胞分泌激素

17. 有關植物面對逆境時的敘述，下列何者正確？
   (A) 植物長期缺水或受傷時會增加乙烯的合成和釋出，造成葉片掉落
   (B) 降低植物細胞中蔗糖的含量，可以增加其抗凍能力
   (C) 在淹水的情況下，水耕栽種的蔬菜仍可以正常生長
   (D) 水筆仔可在高鹽環境生存，主要是透過掉落胎生苗來排除過多的鹽份

18. 將水仙球莖置於 $4°C$ 冷藏 2 星期後，可以促進其萌芽及開花。有關此現象，下列敘述何者正確？
   (A) 可用吉貝素取代冷藏促進開花
   (B) 球莖中的幼葉感知刺激引發開花
   (C) 經由光敏素的合成感知溫度的變化
   (D) 在 $4°C$ 時，植物細胞膜中含有較多的飽和脂肪酸

19. 胃部發現的幽門螺旋菌（*Helicobacter pylori*）是革蘭氏陰性菌，可產生具細胞毒素的蛋白質，嚴重時可造成胃潰瘍。下列對於此細菌的敘述，何者正確？

(A) 具有活躍的內質網以產生細胞毒素蛋白質

(B) 此菌的遺傳物質爲特殊的 RNA

(C) 此菌可存活在 pH2 的酸性環境中

(D) 此菌的基本胺基酸與其他細菌不同

20. 下列有關人體神經系統的敘述，何者正確？

(A) 嗅細胞屬於神經細胞

(B) 人類的呼吸中樞在小腦

(C) 刺激副交感神經會使瞳孔放大

(D) 刺激交感神經會使腸胃蠕動加快、血糖上升

二、多選題（占 30 分）

說明：第 21 題至第 35 題，每題有 5 個選項，其中至少有一個是正確的選項，請將正確選項畫記在答案卡之「選擇題答案區」。各題之選項獨立判定，所有選項均答對者，得 2 分；答錯 1 個選項者，得 1.2 分；答錯 2 個選項者，得 0.4 分；答錯多於 2 個選項或所有選項均未作答者，該題以零分計算。

21. 下列有關利用生物處理環境污染的敘述，哪些正確？

(A) 植物根吸收污染物質時，選生長速度較慢的淺根系植物比根系深的植物更適合

(B) 利用微生物來處理污染物質是一種較自然的方法

(C) 基因工程改造過的微生物會造成二次污染，所以不適用於除污

(D) 厭氧微生物比好氧微生物更適合用在通氣的除污系統

(E) 植物會受生長的限制，處理污染物不如其他方法快速，但也較不會破壞土壤

22-23 題為題組

甲生得到 X、Y、Z 三種蔬菜種子，利用單色 LED 燈進行發芽測試，結果如圖 4 所示。試回答下列問題：

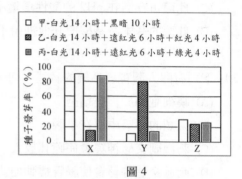

圖 4

22. 下列哪些條件可以促進 X 蔬菜種子的發芽率達 6 成以上？

(A) 只處理紅光 14 小時及黑暗 10 小時

(B) 只處理綠光 14 小時及黑暗 10 小時

(C) 連續白光 24 小時

(D) 全黑暗栽培

(E) 遠紅光 6 小時及紅光 6 小時依序交替處理 2 次

23. 下列有關此三類種子的發芽特性，哪些正確？

(A) 皆由光敏素的活性調控種子萌發

(B) 排除溫度的影響，在臺灣冬至播種時，發芽率依序為 X ＞ Z ＞ Y

(C) 若以生長素處理 Z 種子，可以促進其發芽率

(D) 丙處理下的 Pr/Pfr 值大於乙處理下的 Pr/Pfr 值

(E) 當 Y 種子中含有大量的 Pfr 時，會促進其發芽

24-25 題為題組

　　已知病原體 Y 會聚集並產生生物膜，以阻礙抗生素的滲透，同時利用膜上的輸出蛋白產生抗藥性，造成治療困難。臨床醫師發現當在病患體內注射噬菌體 X 時，可使病人恢復健康，機制如圖 5 所示，亦即病原體 Y 為了對抗噬菌體 X 的侵入而發生突變，造成其輸出蛋白不再表現，因而抗生素在病原體 Y 的累積量增高。依以上資訊及所習得的知識，回答下列問題：

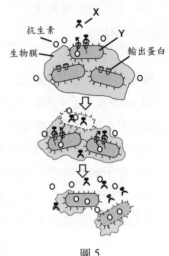

圖 5

24. 有關噬菌體 X 的特性，下列哪些正確？
　　(A) 不會感染人類
　　(B) 遺傳物質含有 5' 端帽使結構穩定
　　(C) 會造成病原體 Y 的細胞破裂
　　(D) 當侵入病原體 Y 時，會注入蛋白質以合成新的噬菌體 X
　　(E) 需辨識病原體 Y 的輸出蛋白才能侵入

25. 有關利用噬菌體 X 進行治療的策略與相關敘述，下列哪些正確？
　　(A) 治療後，噬菌體 X 將無法自然增生
　　(B) 使用高倍光學顯微鏡，可觀察到噬菌體 X 的構造附著在病原體 Y 的膜上
　　(C) 需配合抗生素施用以達治療效果
　　(D) 當病徵開始改善時，應立即停用抗生素以免產生抗藥性
　　(E) 可單獨在人工培養基大量繁殖，得以製成生物藥劑

26. 下列何者屬於先天性遺傳疾病？
    (A) 類風溼性關節炎   (B) 麻疹   (C) 苯酮尿症
    (D) AIDS   (E) 亨丁頓舞蹈症

27. 圖 6 爲原核生物核糖體與 mRNA 的複合體，甲、乙、丙爲核糖體
    與 mRNA（丁）的結合區。下列敘述哪些正確？
    (A) 可在細胞質中觀察到此複合體
    (B) 此複合體的組成不含五碳醣
    (C) 在甲的結合位可觀察到多肽鏈
    (D) 核糖體會沿著丁的右端移動到左端
    (E) 在丙的位置會進行肽鏈的鍵結反應

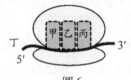

圖 6

28. 有關植物對環境刺激的反應，下列哪些正確？
    (A) 莖的背地性是生長素抑制植物背地側的細胞生長所致
    (B) 含羞草會往手碰觸的方向閉合
    (C) 藤蔓莖接觸木桿面的細胞會生長較慢而造成纏繞現象
    (D) 葉會感受水份逆境而合成茉莉酸以促進氣孔關閉
    (E) 植物在缺氧時會促進乙烯的合成，造成細胞死亡以形成空氣
        通道

29. 圖 7 下方曲線爲對應上方血管各部位所測出的數據製作而成。下
    列哪些量測變數之特性與此曲線接近？
    (A) 血壓
    (B) 血流量
    (C) 氣體交換率
    (D) 紅血球數目
    (E) 總表面積

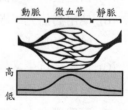

圖 7

30. 圖 8 為人體神經系統中神經元分布示意圖，下列敘述哪些正確？
    (A) 可引起神經衝動的閾值丙是丁的兩倍
    (B) 甲與乙皆可為丙細胞的突觸前神經元
    (C) 引發丙與丁產生神經衝動的膜電
       位相似
    (D) 鈉離子對於丁的細胞膜電位不具
       有影響力
    (E) 這種神經元的相互聯繫是中樞神經專有

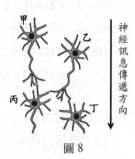

圖 8

31. 有關動物循環系統的敘述，下列哪些正確？
    (A) 水螅具有可行擴散作用的開放式循環系統
    (B) 蚱蜢循環系統具有血管的構造
    (C) 蝦子血淋巴中具有可與氧氣結合的血紅素
    (D) 蚯蚓的血液可在血腔中與組織液相混合
    (E) 哺乳類心臟構造可將充氧血及缺氧血隔開

32-33 題為題組

32. 如圖 9 所示，甲基因含有三個外顯子（Exon），Exon 2 白框處的
    核苷酸及對應胺基酸序列則標示在本圖上方。某生利用新的「能
    直接修改基因體 DNA 的生物技術」（亦即 CRISPR/Cas9 改變基因
    體 DNA 序列技術），針對白框的核苷酸序列進行修改，修改後的
    序列如選項所示，其中有些因序列改變而產生終止序列（TAA、
    TAG 或 TGA）。

    下列哪些選項序列造
    成甲基因所形成的蛋
    白質，會提早終止在
    Exon 2 的白框處？

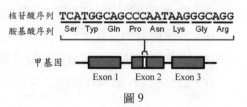

圖 9

(A) TCAGACAGCCCAATAAGGGCAGG

(B) TCATGGCAGAATAAGGGCAGG

(C) TCATGGCAGCCCAAATAAGGGCAGG

(D) TCATGACAGCCCAATAAGGGCAGG

(E) TCATGGTAGCCCAATAAGGGCAGG

33. 關於上述提早終止特性的甲基因，下列敘述哪些正確？

(A) 甲基因所在的基因體仍可進行 DNA 半保留複製

(B) 甲基因仍可進行轉錄作用

(C) 所表現的蛋白質仍可執行 Exon 3 所負責之功能

(D) Exon 1 仍可完整的轉譯爲正確的多肽鏈

(E) 若移至細菌中，就不會發生轉譯提前終止現象

34. 臺灣種植的某種香米爲溫帶日本品種與臺灣台梗品種雜交後所育成，下列敘述哪些正確？

(A) 日本品種可能爲三倍體

(B) 該香米可能較日本品種更耐高溫氣候

(C) 此爲一種基因改造的技術

(D) 該香米的遺傳多樣性比野生稻米高

(E) 該香米品種的形成爲基因重組的結果

35. 對於哺乳類氣體交換的敘述，下列哪些正確？

(A) 不論體型大小，動物最終氣體交換的方式必經過擴散作用

(B) 氣體可直接通過細胞膜，不需要先溶於水

(C) 脊椎動物的血紅素只會與氧結合，以達最佳運輸效率

(D) 多數的二氧化碳可直接溶於血漿進行輸送

(E) 血液低 pH 值會在體內二氧化碳濃度過高時發生

三、閱讀題（占 16 分）

說明：第 36 題至第 43 題，包含單選題與多選題，單選題有 4 個選
項，多選題有 5 個選項，每題選出最適當的選項，標示在答
案卡之「選擇題答案區」。單選題各題答對得 2 分，答錯、
未作答或畫記多於 1 個選項者，該題以零分計算。多選題所
有選項均答對者，得 2 分；答錯 1 個選項者，得 1.2 分；答
錯 2 個選項者，得 0.4 分；答錯多於 2 個選項或所有選項均
未作答者，該題以零分計算。

閱讀一

　　科學家由侏羅紀末期的生物化石觀察到葉特化成雌蕊的現象，利
用演化樹分析證實一種常綠灌木—無油樟（*Amborella*）應為最古老
開花植物的後代。它可能是某裸子植物因偶發染色體倍增，產生新的
基因表現，促成花的形成。科學家經由突變植物的研究，解開花發育
的分子調控機制。花的結構主要由 XYZ 三組器官定位基因（organ
identity genes）相互調控所決定。如圖 10 所示，其中 X 和 Z 基因互
相抑制，當 Z 基因受到抑制時，X 基因會大量表現，會導致雌蕊變
成花萼，反之當只有 Z 基因表現時，會發育成雌蕊，而當 Z 基因大
量表現時，會增加雄蕊與雌蕊等的數目。

進一步研究發現，不同植物物種
皆具有相似的基因家族，且主要
藉由 MADS 調節基因的演化，
來啟動特定細胞中 XYZ 基因啟
動子的活性，以促進花構造的
分化及變形。這些研究成果已
應用於開發觀賞花卉的新品種。

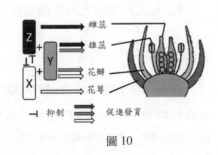

圖 10

根據上文所述及相關知識，回答下列問題：

36. 如果拍攝侏羅紀早期植物生態的記錄片，下列哪一種場景最<u>不可能</u>出現？
    (A) 春季時花粉隨風飛揚　　　　(B) 樹上有紅色的果實
    (C) 孢子隨溪流漂下　　　　　　(D) 松樹的根有菌根的結構

37. 某植物 X 基因發生突變而失去功能時，則其花由外而內的結構為何？

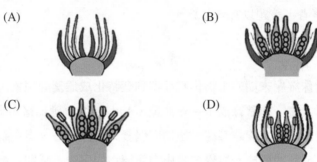

    (A)　　　　　　　　　　　　　　(B)

    (C)　　　　　　　　　　　　　　(D)

38. 依據本文及所習得的知識，下列敘述哪些正確？
    (A) MADS 可調控 XYZ 基因的轉譯活性
    (B) 花的形成可能由 MADS 基因突變所造成
    (C) 當 Z 基因大量表現時，花的雌蕊數目會增加
    (D) 開花植物的形成很可能是由異域種化而來
    (E) 猿人採食植物的生活型態可能也促成開花植物的形成

閱讀二

　　長久以來，科學界普遍認為嗜中性白血球是藉由胞吞作用與釋放其顆粒構造（granule）內可殺死細菌的胜肽（抗菌胜肽），以清除入侵的微生物。然而近年來，科學家發現新的免疫機制，稱之為嗜中性白血球胞外網狀物（NETs, neutrophil extracellular traps）。NETs 的形

成與作用方式簡述如下：當嗜中性白血球上的受體（receptor）接收到外來刺激後，細胞內會產生大量的活性氧自由基。當細胞內累積這些活性氧自由基時，其核膜結構及細胞質中的顆粒構造變得不穩定。接著，細胞核與顆粒構造的膜完整性開始喪失，細胞核物質與鬆散的基因體 DNA 逐漸充斥在整個細胞中，並與其顆粒構造內的抗菌胜肽融合在一起。最後，細胞變圓並收縮以吐出 NETs。NETs 具有不固定性的鬆散細胞核染色質 DNA，如同漁網般抓住細胞周圍的微生物，而 NETs 上的其他物質則可殺死微生物。在某些特定的情況下，NETs 清除外來微生物的效率高於先前我們所知的胞吞作用。根據上文所述及相關知識，回答下列問題：

39. 有關嗜中性白血球的敘述，下列何者正確？
    (A) 在總白血球中占的百分比最少
    (B) 具有圓形的大細胞核
    (C) 細胞質中不帶有顆粒構造
    (D) 和發炎反應有關

40. 有關 NETs 的敘述，下列哪些正確？
    (A) 形成 NETs 的嗜中性白血球仍可存活
    (B) 活性氧自由基的累積參與 NETs 的形成
    (C) 具有特定形狀
    (D) 形成過程中，會造成細胞核瓦解
    (E) 細胞核是組成 NETs 的唯一成分來源

41. 某生將嗜中性白血球取出，在培養液中適當培養後加入細菌，所得的觀測結果如圖 11 與 12 所示。圖 11 的縱軸為胞外 DNA 含量，用以代表 NETs 產生量，圖 12 的縱軸則是細菌存活率。

圖 11 及圖 12的橫軸代表不同的細菌，分別爲野生型細菌
A（WT-A）、野生型細菌 B
（WT-B）以及去除 Y 基因
的細菌 B（MT-B）。下列對
於 Y 基因的敘述，何者較符
合本實驗的推論？

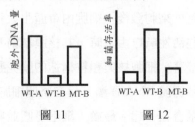

圖 11　　　　　圖 12

(A) 可以誘發 NETs 形成
(B) 讓細菌容易被 NETs 清除
(C) 此基因所產生的蛋白質可能爲去氧核糖核酸酶（DNase）
(D) 此基因所產生的蛋白質爲抗菌胜肽

閱讀三

　　當體感系統的熱敏感神經元偵測到具傷害性的熱刺激時，這些神
經元會產生熱迴避反應以避免傷害，而目前尚未釐清熱敏感神經元如
何接收熱刺激以引起神經衝動。科學家認爲某些熱敏感通道蛋白質在
此機制扮演重要角色，包括瞬態受器電位離子通道家族（TRP ion
channel family）中的熱敏感通道蛋白質 TRPV1 及 TRPM3。科學家利
用基因剔除技術讓特定蛋白質功能喪失，產生了單基因剔除小鼠或雙
基因剔除小鼠；經過基因剔除後所產生的小鼠，其標示方式如表所
示。比較結果顯示，TRPV1$^{-/-}$、TRPM3$^{-/-}$ 及 DKO$^{V1/M3}$ 等三種小鼠的
熱迴避反應皆只呈現輕度缺陷。

　　最近研究發現，在具有上述兩種通道蛋白質的熱敏感神經元上，
找到了另一種熱敏感通道蛋白質 TRPA1。與先前類似，TRPA1$^{-/-}$ 小
鼠仍可具有正常的熱迴避反應，且 DKO$^{A1/V1}$ 及 DKO$^{A1/M3}$ 小鼠的熱迴
避反應也只呈現輕度缺陷。直到科學家產生三基因剔除小鼠（TKO）
時，此小鼠才喪失絕大多數的熱迴避反應。科學家同時發現，基因剔

除小鼠與一般小鼠（WT）雖具有相似的溫度偏好，但 TKO 小鼠較其他小鼠具溫度耐久性。

剔除類型	熱敏感通道蛋白質	剔除基因的小鼠標示方式
單基因剔除	TRPV1	TRPV1$^{-/-}$
	TRPM3	TRPM3$^{-/-}$
	TRPA1	TRPA1$^{-/-}$
雙基因剔除	TRPV1、TRPM3	DKO$^{V1/M3}$
	TRPA1、TRPV1	DKO$^{A1/V1}$
	TRPA1、TRPM3	DKO$^{A1/M3}$
三基因剔除	TRPV1、TRPM3、TRPA1	TKO

依據上文所述及相關知識，回答下列問題：

42. 科學家將 DKO$^{V1/M3}$ 小鼠的熱敏感神經元分離出來，並偵測神經細胞內鈣離子濃度變化，來了解是否有動作電位產生。選項圖中的縱軸表示細胞內鈣離子濃度，灰框區域代表進行熱處理，黑框區域代表進行熱處理且同時加入讓 TRPA1 失去功能的拮抗劑。下列選項何者較接近上文所述的觀察結果？

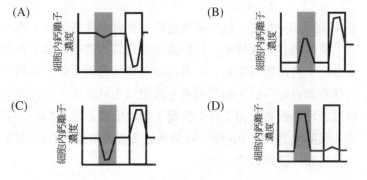

43. 科學家準備了具有兩個電熱板的實驗箱，兩個電熱板的溫度分別
為小鼠較為喜愛的 30℃ 及較不舒服的 45℃，接著在一定的時間
內，計算小鼠探訪這兩塊電熱板的次數，此數值即為溫度偏好性
的指標。選項圖中的縱軸表示小鼠探訪電熱板的次數，橫軸則是
標記實驗所使用的小鼠。若甲為一般小鼠（WT）、乙為 TKO 小
鼠，下列選項何者較接近上文所述的觀察結果？

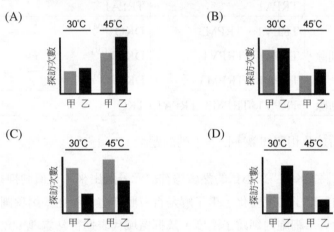

四、實驗題（占 10 分）

說明：第 44 題至第 48 題，包含單選題與多選題，單選題有 4 個選
項，多選題有 5 個選項，每題選出最適當的選項，標示在答
案卡之「選擇題答案區」。單選題各題答對得 2 分，答錯、
未作答或畫記多於 1 個選項者，該題以零分計算。多選題所
有選項均答對者，得 2 分；答錯 1 個選項者，得 1.2 分；答
錯 2 個選項者，得 0.4 分；答錯多於 2 個選項或所有選項均
未作答者，該題以零分計算。

44. 甲生利用 90% 的丙酮萃取地瓜葉中的色素，再利用石油醚及丙酮體積比 9：1 的展開液進行濾紙層析法，結果觀察到甲乙丙三種色素由下而上排列於長條濾紙上。關於此實驗下列敘述哪些正確？

 (A) 色素分子的 Rf 值依序為丙 > 乙 > 甲

 (B) 以 90% 乙醇進行萃取時，仍可觀察到等量的丙色素

 (C) 在層析過程中，甲乙丙之間的距離呈等距

 (D) 丙色素的分子量最小，所以移動較快

 (E) 丙在 100% 石油醚中的溶解度最大

45-46 題為題組

 某生在一發生瘧疾的村落中，進行成人紅血球形態的觀察，發現依其紅血球形態可分成甲乙兩大群：甲群占有總人數的 70%，其紅血球形狀一直維持正常；而乙群占有總人數的 30%，在缺氧時可發現有圓盤及鐮形兩種紅血球。甲生進一步分析此村落成人的 DNA 序列，發現此差異為單一 S 基因產生點突變所致。依據上文所述及所習得的知識，回答下列問題：

45. 下列哪一種性狀遺傳與上述案例類似？

 (A) 豌豆的株高   (B) 色盲

 (C) 紫茉莉花色   (D) ABO 血型

46. 若這兩群成人進行隨機婚配並產下共有 100 個子女中，預期能長到成年並帶有同型 S 基因者的人數為何？

 (A) 70   (B) 72

 (C) 74   (D) 97

47. 在 25℃ 的實驗室中，某生將溫度為 32℃ 的水 200 毫升倒入燒杯，且將燒杯直接放在實驗桌上後，再放入 6 隻水蚤，每隔 10 分鐘從燒杯中取出 1 隻水蚤計算其心跳次數，算完就不再放回原本的燒杯中。該生發現這 6 隻水蚤的心跳會隨著抓取的時間點而有下降的趨勢。請依某生的實驗狀況及結果，選擇最可能影響心跳的原因？
    (A) 水蚤逐漸適應高溫 (B) 密度逐漸減少
    (C) 水溫逐漸下降 (D) 水分逐漸蒸發

48. 有關青蛙解剖實驗的觀察結果，下列何者正確？
    (A) 心臟為不具瓣膜的二心房一心室
    (B) 由於依賴皮膚呼吸，肺臟屬於不具功能之退化性器官
    (C) 雄蛙睪丸為黑白各半的顆粒構造
    (D) 電流刺激可使剛完成乙醚麻醉的青蛙脊神經產生反應

第貳部分：非選擇題（占 24 分）

說明：本部分共有四大題，答案必須寫在「答案卷」上，並於題號欄標明大題號（一、二、……）與子題號（1、2、……），作答時不必抄題，若因字跡潦草、未標示題號、標錯題號等原因，致評閱人員無法清楚辨識，其後果由考生自行承擔。作答務必使用筆尖較粗之黑色墨水的筆書寫，且不得使用鉛筆。每一子題配分標於題末。

一、 在充足光照下，利用含輻射同位素碳的 $^{14}CO_2$ 處理植株最下方之成熟葉片，隨著處理時間可偵測到植株不同的器官中所含有的同位素訊號，該訊號以黑色表示（如圖13、圖 14）。

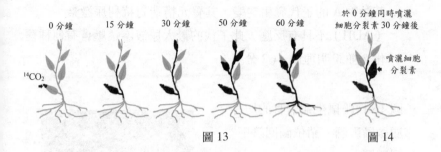

圖 13　　　　　　　　　　　　圖 14

1. 15 分鐘後，在莖部呈現同位素訊號的成份最有可能為何？原因為何？（2分）

2. 依據圖 13 未處理細胞分裂素的實驗結果，同位素訊號出現在莖、上方成熟葉、新葉、根部的次序為何？（2分）

3. 利用圖 13 及圖 14 結果，請解釋細胞分裂素防止葉片老化的機制？（2分）

二、　圖 15 為腎臟的剖面圖，請依圖回答下列問題。

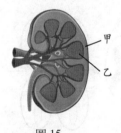

圖 15

表一

	最大尿液滲透壓（mosmol／l）	尿/血漿濃度比
動物 A	500	2
動物 B	1100	4
動物 C	5500	18

1. 在血壓低時，圖中甲處可分泌何種物質啟動血壓調節？（2分）

2. A、B、C 三種體型大小相近的動物，分別生活在不同含水量的環境中。某生針對這三種動物進行尿液滲透壓及尿/血漿濃度比的觀測，所得結果如表一所示。依此結果推斷這三種動物中，何者亨耳氏管可能最長？並說明理由。（2分）

3. 若動物 A 的子代發生突變，其腎元構造對抗利尿激素
（ADH）不具有反應，此子代的最大尿液滲透壓會有何種變
化？並說明理由。(2分)

三、 圖16為雌鼠生殖器官的切片
顯微攝影圖。請依圖回答下
列問題。

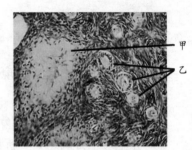
圖 16

1. 圖中甲和乙各為何種構造？
（2分）

2. 腦垂腺所分泌的哪些激素可
以影響甲和乙的成熟？（2分）

3. 乙所分泌的激素其作用為何？（2分）

四、 圖17為某細胞中染色體進行由甲到丁的過程，其中A、a、B、
b為染色體上的基因。回答下列問題。

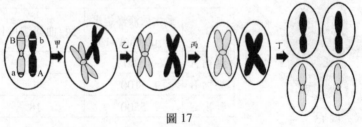
圖 17

1. 此過程會在動物中的何種細胞觀察到？（2分）

2. 若在人類，乙步驟發生問題而產生唐氏症時，原因為何？
（2分）

3. 丁步驟後，A、a、B、b在染色體上可能的組合有哪幾種？
（2分）

107年度指定科目考試生物科試題詳解

第壹部分：選擇題

一、單選題

1. **B**

【解析】 脾臟內的巨噬細胞可以清除血液中的異物、抗原，以及衰老的紅細胞。

2. **A**

【解析】 澱粉會被澱粉酶分解，故食物進入口腔內時，澱粉會優先被口腔內的澱粉酶分解。

3. **B**

【解析】 可以生成甲烷的微生物稱作產甲烷菌，這些微生物都屬於原核生物中的古菌域。

4. **D**

【解析】 (A) 黃體可分泌黃體化激素卵泡刺激素。

　　　 (B) 每次月經週期形成一個新的黃體。

　　　 (C) 以排卵日為分隔，分為排卵前的濾泡期，與排卵後的黃體期。濾泡期長短不一定，但黃體期固定約為 14 天前後兩天。

5. **C**

【解析】 已知範圍約為 60～90℃，故實驗設計範圍應包含在 60～90℃ 的區間。

6. **C**

【解析】 (A) 椰子蟹出沒於海岸林附近。

(B) 帝雉出現在中、高海拔的針葉林、草原混生地帶。

(D) 馬鞍藤出現在熱帶海邊。

7. **B**

【解析】 甲為葉肉細胞，乙為維管束鞘細胞，丙為篩管細胞。

(A) 在乙細胞進行克式循環。

(C) 由圖中可以看出乙細胞有葉綠素，因此有可能產生氧氣。

(D) 乙細胞生成六碳葡萄糖後，和一分子的果糖結合形成蔗糖，在運送至丙細胞。

8. **C**

【解析】 甲為三尖瓣（右心），乙為主動脈瓣膜，丙為二尖瓣（左心），丁為肺動脈瓣膜

(A) 心房及心室舒張時，乙與丁關閉。

(B) 心房收縮及心室舒張時，甲與丙會開啟。

(D) 甲與丁為缺氧血。

9. **A**

【解析】 (B) 平腹小蜂與椿象的關係為寄生，而山貓捕食兔子為掠食。

(C) 運用生物防治會較一般農藥防治的效期長。

(D) 過量的平腹小蜂可能會對生態造成其他危害。

10. **C**

【解析】 因為雙股 DNA 要經過高溫變性才能變成單股模板，使
引子配對而後延伸做出互補鏈，並重複好幾個循環，
進行大量複製，因此能耐高溫的 DNA 聚合酶便非常重
要。

11. **B**

【解析】 (A) 米麴可用來做味噌、釀酒、豆腐乳等。

(C) 酵母菌為能發酵醣類的真菌。

(D) 毛黴菌為真菌，並非細菌。

12. **C**

【解析】 (A) 呼吸運動是靠胸腔的擴大和縮小完成的，並非肌
肉。

(B) 吸氣時的胸腔為負壓。

(C) 頸動脈也具有可以感受氧分壓的化學受器。

13. **D**

【解析】 (A) 為負回饋機制。

(B) 腦垂腺後葉不會分泌激素，只會釋放下視丘激素。

(C) 催產素對於乳汁的生成為正回饋機制。

14. **D**

【解析】 丁加入 DNA 分解酶，會分解 S 型肺炎雙球菌帶有的
DNA，因此數量會最少，前面三者不造成影響。

15. **B**

【解析】 同樣要證明遺傳物質為 DNA。

16. **C**

【解析】 (A) 血量減少時，會刺激腎上皮質分泌激素。

(B) 血液鈣濃度過低時，會刺激副甲狀腺分泌激素。

(D) 血糖過低的時候會分泌升糖素讓血糖上升。

17. **A**

【解析】 (B) 降低植物細胞中水的比例，可以增加其抗凍能力。

(C) 仍會造成危害。

(D) 具有裸露於地面的呼吸根，能幫助吸收氧氣與濾掉大部分的鹽。

18. **A**

【解析】 (B) 種子感知刺激引發開花。

(C) 光敏素的合成可偵測陽光。

(D) 低溫時，植物細胞會增加細胞膜中不飽和脂肪的比例。

19. **C**

【解析】 (A) 革蘭氏陰性菌外產生脂多醣，製造內毒素。

(B) 為 DNA，只有病毒的遺傳物質可能為 RNA。

(D) 相同。

20. **A**

【解析】 (A) 嗅細胞是嗅覺受器，本身就是神經元。

(B) 人類的呼吸中樞在腦幹，包含腦幹中的橋腦及延腦，其中「延腦」為最重要的呼吸中樞，主要控制吸氣作用，「橋腦」可調節呼吸頻率。

(C) 交感神經使瞳孔放大，副交感神經使瞳孔縮小。

(D) 緊急情況下，交感神經興奮，血糖上升，減緩腸胃
蠕動。

二、多選題

21. **BE**

【解析】 (A) 生長速度快、根系深的植物較適合。

(C) 不會造成二次污染，甚至可增進分解汙染物能力。

(D) 通氣的除污系統適合好氧微生物。

22. **ABD**

【解析】 白光及紅光等同紅光照射，促進長日照、抑制短日照
者萌發（適合 Y），黑暗、遠紅光與其他色光等同遠紅
光照射，則反之（適合 X）。已知甲、丙相對於乙可促
進 X 發芽，故知黑暗、遠紅光或其他色光持續超過 10
小時亦可有促進 X 發芽的效果，故選 (A) (B) (D)。

23. **BDE**

【解析】 (A) Z 不是。

(B) 台灣冬至日照約 10.5 小時，會促進 X 及抑制 Y 發
芽。

(C) 使用吉貝素處理。

(D) 看最後之光色，黑暗、遠紅光與其他色光等同遠紅
光照射，會提升 Pr/Pfr，紅光則會降低。

24. **ACE**

【解析】 (A) 病毒對寄主有專一性，噬菌體不會感染人類。

(B) 5' 端帽僅發生在真核生物的 mRNA。

(D) 注入遺傳物質而非蛋白質。

25. **AC**

【解析】(B) 光學顯微鏡之解析度無法觀察病毒。

(D) 抗生素治療需服用至細菌已被徹底根除為止。

(E) 病毒無法單獨生存及培養。

26. **CE**

【解析】(A) 免疫疾病。

(B) (D) 病毒疾病。

(C) (E) 遺傳疾病。

27. **AE**

【解析】(A) 核糖體位於細胞質中。

(B) RNA 即含有五碳糖。

(C) 多肽鏈在乙的結合位。

(D) 由 5' 到 3'，是左到右。

28. **CE**

【解析】(A) 促進。

(B) 閉合方向固定，與碰觸方向無關。

(D) 是離層素而非茉莉酸。

29. **CE**

【解析】(A) 由左至右持續下降。

(B) (D) 不會有明顯變化。

(C) (E) 微血管為物質交換處，故氣體交換率與總表面積會升高。

30. **BC**

【解析】(A)(C) 沒有明顯不同。

(B) 均有接觸。

(D) 去極化時極為重要。

(E) 神經元的連繫不限於中樞神經。

31. **BE**

【解析】(A) 水螅僅有到組織層級，沒有循環系統。

(B) 開放式循環系統仍有血管，但缺少微血管。

(C) 不含血紅素，氧氣主要由血青素運輸。

(D) 閉鎖式循環系統的血液僅在封閉的管狀系統中流動，與組織液完全分開。

32. **CDE**

【解析】(A) TCAGACAGCCCAATAAGGGCAGG。

(B) TCATGGCAGAATAAGGGCAGG。

(C) TCATGGCAGCCCAAA**TAA**GGGCAGG。

(D) TCA**TGA**CAGCCCAATAAGGGCAGG。

(E) TCATGG**TAG**CCCAATAAGGGCAGG。

33. **ABD**

【解析】(A)(B)(C)(D) 仍可進行正常的轉錄及複製，Exon 1 轉譯不受影響，但 Exon 3 無法轉譯出多肽鏈，無法執行功能。

(E) 仍會發生，細菌的終止序列相同。

34. **BE**

【解析】 (A) 雜交仍會維持二倍體。

(C) 沒有基因的轉移，非基因改造。

(D) 因是人為育成品種，多具有相近親緣，遺傳多樣性低於野生種。

35. **AE**

【解析】 (A) 微血管處仍需擴散作用。

(B) 需溶於水中。

(C) 亦可攜帶部分二氧化碳。

(D) 多經血球中的碳酸酐酶作用後，以碳酸氫根的形式溶於血漿。

(E) 二氧化碳溶於水會呈酸性。

三、閱讀題

36. **B**

【解析】 侏儸紀是中生代其中一個時期，中生代侏儸紀末期和白堊紀早期才開始有被子植物的出現，因此不會出現 (B) 的果實。

37. **C**

【解析】 文中提到，若無 X 基因表現，僅有 Z 表現時，會發育成雌蕊，不會發育成花萼，因此答案選 (C)，原本左右兩側花萼皆變為雌蕊。

38. **BC**

【解析】 (A) 是調控基因「啟動子」的活性

(D) 文中提到，可能是某裸子植物因偶發染色體倍增，產生新的基因表現，促成花的形成。因此無法從中得知，開花植物的形成與異域種化的關係。

(E) 文中無提到。

39. **D**

【解析】(A) 在總白血球中占的百分比最多。

(B) 形態不規則。

(C) 細胞質中有顆粒構造。

40. **BD**

【解析】(A) 文中可知嗜中性白血球受體接收到外來刺激後，細胞核與顆粒構造的膜完整性會開始喪失。由此可知，細胞在此狀態下無法存活。

(C) 文中提到，NETs 具有不固定性的鬆散細胞核染色質 DNA。

(E) 除了細胞核，還有顆粒構造內的抗菌性胜肽。

41. **C**

【解析】去氧核醣核酸酶可以分解 DNA，可防止其與抗菌胜肽融合在一起，因此抑制 NETs。

42. **D**

【解析】由文中可知，若同時失去 TRPV1、TRPM3 和 TRPA1 則小鼠喪失大多數的熱迴避反應。若無同時失去則熱迴避反應大多依然存在。(D) 在熱處理時有明顯的熱迴避反應，而到了黑色框框，因為三種基因同時剔除，因此幾乎沒有產生熱迴避反應。

43. **B**

【解析】 探訪次數可知 30℃ 次數必大於 45℃，因為在 45℃ 對於小鼠來說較為不舒服，因此探訪次數會較為低。而 TKO 為三基因剔除小鼠，熱迴避反應比一般小鼠來說較不會產生，因此在 45℃ 時 TKO 小鼠的探訪次數會大於一般小鼠。

四、實驗題

44. **AE**

【解析】 (B) 乙醇與丙酮極性不一樣，因此無法萃取等量的丙色素。

(C) 不一定呈現等距。

(D) 分子量只是其中一個影響，還有石油醚的溶解度也會有影響。

45. **C**

【解析】 (A) 顯性。

(B) 隱性。

(C) 是等顯性。

(D) 複等為基因。

46. **B**

【解析】 70% SS、30% SS' → S 占 $\frac{170}{200}$、S' 占 $\frac{30}{200}$

→ 同型 SS：$(\frac{170}{200})^2 = (\frac{85}{100})^2 = \frac{7225}{10000}$

由此可知，同型 SS 占的比例約為 72%，

在 100 人中為 72 人。

47. **C**

　【解析】 心跳隨著溫度升高而加快，水溫下降心跳下降。

48. **D**

　【解析】 (A) 青蛙有瓣膜。

　　　　　 (B) 具有功能。

　　　　　 (C) 都是白的。

第貳部分：非選擇題

一、【解答】 1. 蔗糖，二氧化碳經過光合作用形成單醣後再變成蔗糖在維管束中運輸。

　　　　　 2. 莖 → 新葉 → 上方成熟葉 → 根。

　　　　　 3. 養分會先運輸給上方成熟葉而非新葉，使成熟葉不凋零。

二、【解答】 1. 腎素。

　　　　　 2. C，由表中資料可知 C 的再吸收量最多。

　　　　　 3. 下降，因 ADH 幫助水份再吸收，若無 ADH，水分再吸收量下降，使尿液滲透壓下降。

三、【解答】 1. 甲：黃體；乙：濾泡。

　　　　　 2. FSH、LH。

　　　　　 3. 動情素，使第二性徵出現和增厚子宮內膜。

四、【解答】 1. 生殖母細胞。

　　　　　 2. 因為無分離。

　　　　　 3. Aa、aB。

107 年大學入學指定科目考試試題
國文考科

一、單選題（占 68 分）

說明：第 1 題至第 34 題，每題有 4 個選項，其中只有一個是正確或
　　　最適當的選項，請畫記在答案卡之「選擇題答案區」。各題
　　　答對者，得 2 分；答錯、未作答或畫記多於一個選項者，該
　　　題以零分計算。

1. 下列文句，完全**沒有**錯別字的是：
   (A) 我們爲了留在實驗室全程緊盯，只能吃幾片餅乾果腹
   (B) 他熱切關心國計民生，常以筆鋒尖銳的詩文針貶時弊
   (C) 這棟老屋經過修茸維護，已成爲遊客拍照打卡的景點
   (D) 熟睡中孩子輕輕的打酣聲，總能撫慰父母整天的辛勞

2. 下列是一段現代散文，依據文意，甲、乙、丙、丁、戊排列順序
   最適當的是：
   那夜，我夢見母親。母親立於原野。背了落日、古道、竹裡人
   家、炊烟、遠山和大江，仰望與原野同樣遼闊的天極，
   甲、<u>古道隱迹，遠山墜入蒼茫</u>
   乙、<u>線繞子纏繞的是她白髮絲絲啊</u>
   丙、<u>母親手中緊握住那線繞子</u>
   丁、<u>頃刻，大風起兮，炊烟散逝，落日沒地</u>
   戊、<u>碧海青空中，有一只風箏如鯨，載浮載沉</u>
   而江聲也淹過了母親的話語……母親的形象漸退了。（莊因〈母
   親的手〉）
   (A) 甲丙戊乙丁　　　　　　　(B) 甲丁戊乙丙
   (C) 戊丙乙丁甲　　　　　　　(D) 戊丁丙甲乙

3. 下列各篇內容與其所屬文體，敘述最適當的是：

(A) 〈師說〉：韓愈追述儒道先師，屬探究事物本源的論辨體

(B) 〈諫逐客書〉：李斯揣摩秦王心理，陳述逐客之弊，屬奏疏體

(C) 〈諫太宗十思疏〉：魏徵逐一評述太宗所提的十種治道，屬注疏體

(D) 〈勸和論〉：鄭用錫為避免械鬥，代官府勸導百姓，屬上對下的詔令體

4. 連橫認為學詩須讀書以立根基，下列選項的閱讀次第，符合文中觀點的是：

　　詩有別才，不必讀書，此欺人語爾。少陵為詩中宗匠，猶曰：「讀書破萬卷，下筆如有神」，今人讀過一本《香草箋》，便欲作詩，出而應酬，何其容易！余意欲學詩者，經史雖不能讀破，亦須略知二、三，然後取唐人名家全集讀之，沉浸穠郁，含英咀華，俟有所得。乃有所得，乃可旁及，自不至紊亂無序，而下筆可觀矣。（連橫《雅堂文集・詩薈餘墨》）

(A) 香草箋 → 王右丞集 → 詩經

(B) 詩經 → 黃山谷詩集 → 香草箋

(C) 杜工部集 → 左傳 → 王右丞集

(D) 左傳 → 杜工部集 → 黃山谷詩集

5. 依據下文，關於曹操的想法，敘述最適當的是：

　　早有人報到許昌，言劉備有諸葛亮、龐統為謀士，招軍買馬，積草屯糧，連結東吳，早晚必興兵北伐。曹操聞之，遂聚眾謀士商議南征。荀攸進曰：「周瑜新死，可先取孫權，次攻劉備。」操曰：「我若遠征，恐馬騰來襲許都。前在赤壁之時，軍中有訛言，亦傳西涼入寇之事，今不可不防也。」荀攸曰：「以愚所見，不若降詔，加馬騰為征南將軍，使討孫權，誘入京師，先除此人，則南征無患矣。」操大喜。（《三國演義》第57回）

(A) 欲採荀攸建議，趁孫權陣營發生變故時南征

(B) 知馬騰有反意，防他趁曹軍南征時攻取西涼

(C) 有意自孫權陣營招降馬騰，再使之討伐孫權

(D) 同意荀攸之計，誘馬騰與孫權互鬥進而兩傷

6. 詩歌常運用意象傳達情思。關於下列詩句「意象」運用的說明，最適當的是：

(A) 「我打江南走過／那等在季節裡的容顏如蓮花的開落」，透過「蓮花」的開落呈現年華與心境變化，隱含詩人對女子的愛憐

(B) 「門前冷落車馬稀，老大嫁作商人婦。商人重利輕別離，前月浮梁買茶去。去來江口守空船，遶船月明江水寒」，以「月」的恆在比喻無盡的等待

(C) 「花自飄零水自流，一種相思，兩處閒愁。此情無計可消除，才下眉頭，卻上心頭」，以「花」、「水」各自飄流，傳達落花有意、流水無情的哀怨

(D) 「（曠野裡獨來獨往的一匹狼）恆以數聲悽厲已極之長嗥／搖撼彼空無一物之天地／使天地戰慄如同發了瘧疾」，藉「長嗥」暗示外在批評聲浪令人恐懼

7. 黃庭堅〈寄黃幾復〉：「桃李春風一杯酒，江湖夜雨十年燈。」兩句所描繪的情景形成對比，凸顯其思念之情。下列文句同樣採用對比手法的是：

(A) 那河畔的金柳／是夕陽中的新娘／波光裡的豔影／在我的心頭蕩漾

(B) 我們仍然活著。仍然要飛行／在無邊際的天空／地平線長久在遠處退縮地引逗著我們

(C) 一個小和尚坐在大廟裡，門突然打開的時候，看見外邊的花、草地和姑娘，門再關上的時候，心關不住了

(D) 蟬聲是一陣襲人的浪，不小心掉進小孩子的心湖，於是湖心拋出千萬圈漣漪如千萬條繩子，要逮捕那陣浪

8-9 為題組。閱讀下文，回答 8-9 題。

　　「淡」必須是我們性格中最主要的特徵，只有「淡」，才能使一個個體同時具備所有能力，並且隨時證明他所擁有的能力。因此，只有平淡的性格才能使對立的質素互不排斥，確保性格的完整多面向，使個人得以毫無阻礙地隨其所處的情境而應變。任何一種才性，都不應當推展到強烈地獨占一個人的整個性格，而應當順著性格來發揮它。最理想的情況，不是英雄主義式的投入，而是保持一種虛待的狀態。如此，他與世界的脈動是協調的，而且能毫無阻礙地接收這些脈動。

　　中國古代文人都有出仕的懷抱，因此他們只能在當官和辭官退隱之間抉擇。由於文化中重視平淡，他們的人格通常不會特別往哪一個方向突出，而是向所有的可能敞開。聖人既能夠投入政治生活，也能夠以最大的彈性，視當下的需要而退隱。聖人因其本性中的平淡，而能擁有一切的美德，但又不陷溺在任何一種美德裡。通過投入或遠離政治生活，他總是能隨時隨地準備好要面對各種緊急情況。這就是天道，雖然看起來經常變化，卻永遠不偏移。（改寫自余蓮《淡之頌》）

8. 依據文意，最符合文中觀點的敘述是：
   (A) 退隱閒逸，能使人心境平淡，體驗人生百態進而陶鑄美德
   (B) 保持彈性，抱持英雄主義者能順時而為，與世界脈動同步
   (C) 不偏不執，成就性格的完整性，能因應變化而不偏離常道
   (D) 博採眾長，虛心接受不同意見，可有效處理各種緊急情況

9. 下列文句，最符合文中「平淡」境界的是：
   (A) 鉛刀貴一割，夢想騁良圖。左眄澄江湘，右盼定羌胡
   (B) 新沐者必彈冠，新浴者必振衣，安能以身之察察，受物之汶汶者乎

(C) 早歲那知世事艱，中原北望氣如山。樓船夜雪瓜洲渡，鐵馬秋風大散關

(D) 當憂則憂，遇喜則喜，忽然憂樂兩忘，則隨所遇而皆適，未嘗有擇於其間

10-12為題組。閱讀甲表、乙圖、丙文，回答10-12題。

甲	2017第四屆移民工文學獎得獎名單
首獎	塞車：在菲律賓生活的乘客們（菲律賓）
評審獎	一碗紅彈珠裡的思念（印尼）
優選	郵差和寄給媽媽的信（印尼）
	珠和龍舟（印尼）
	代步機（印尼）
青少年評審推薦獎	來自鐵柵欄後的思念信（印尼）
	紅色（印尼）
	窮人的呼聲（菲律賓）
高雄特別獎	雨的氣味（越南）

乙

投稿件數

菲律賓文	越南文	泰文	印尼文
104	69	8	131

丙 　　珠說得對，不必對未來感到迷惘。我知道我在臺灣所賺的錢，不能保證我家人的未來會好好的，但就如珠所說的，若有上帝的照顧，我還擔心什麼呢？

　　雇主對我做的決定感到驚訝，但我向他們保證，一定會找到比我更好的代替者。他們最終同意我的決定，這個月便是我工作的最後一個月。

　　「這是我們最後一年看龍舟賽了。」我呼喚珠。「以後一定會很想念的。」

　　「我們可以以遊客身分再回臺灣看啊！」珠說。「不要啦！」我搖頭。

　　「珠，知道到達妳國家最便宜的交通工具是什麼嗎？」

　　「是什麼？」珠問。「龍舟呀！」

　　「哈哈……好吧，我們搭龍舟回去。」珠以大笑回答我的玩笑。

　　我想跟珠說一句在讀國小時就聽過的諺語，但我打消這念頭。我想，如果不是珠也知道那諺語的道理，她一定會繼續留在臺灣。事實上，她選擇回國，對未來仍然存在著許多問號，但「＿＿＿＿＿＿＿＿＿」，我相信，她一定也跟我有相同的體會。

（改寫自 Safitrie Sadik 著，鐘妙燕譯〈珠和龍舟〉）

10. 若依據甲表、乙圖進行下列推論，則對①、②、③最適當的判斷是：

① 主辦單位按四種文字投稿件數占總件數的比例，確定最終得獎名額。

② 就「篇名」來看，獲獎的作者大多透過具體物象展開敘寫。

③ 四種文字投稿件數多寡，反映菲、越、泰、印尼在臺移工人數的多寡。

(A) ①正確；②正確；③錯誤

(B) ①錯誤；②正確；③無法判斷

(C) ①錯誤；②無法判斷；③正確

(D) ①無法判斷；②正確；③錯誤

11. 若丙文中的「我」即作者本人，依據甲表和丙文，下列解說最適當的是：

(A) 作者相信天無絕人之路，於是中止在臺灣的工作返回印尼

(B) 珠想邀請作者到她家鄉遊玩，讓作者倍感異國友誼的可貴

(C) 珠提議「我們搭龍舟回去」，委婉表達無力買機票的心酸

(D) 為了不讓珠覺得為難，作者決定打消解說某句名諺的念頭

12. 若丙文「＿＿＿＿＿＿＿＿＿」內即「我」在「讀國小時就聽過的諺語」，依據文意，這句諺語最可能是：

(A) 香蕉不會兩度結果　　　　　(B) 若怕潮水浸，莫在海邊住

(C) 同歡笑的朋友眾多，同哭泣的朋友難逢

(D) 他鄉下金雨，家鄉下石雨，仍是家鄉好

13-15 為題組。閱讀甲文、乙表，回答 13-15 題。

| 甲 |

共享經濟是指擁有閒置資源的機構或個人有償讓渡資源使用權給他人，以減少資源浪費，並創造價值。

因為科技的配合，共享經濟最近幾年大行其道。例如智慧型手機有助於建構相應的服務功能，又提供處處且時時上網的便捷，個體便可藉助第三方創建的媒合平臺，交換閒置資源，於是產生了第一類型的共享經濟——個人閒置資源共享，例如個人可以透過 Airbnb（房間共享）、Uber（乘車共享）等媒合平臺，提供或選擇服務。

但由於提供資源或服務者的素質往往良莠不齊，導致許多意外，有些國家政府出面禁止，於是漸漸發展出第二類型的共享經濟——標準化的商業資源共享，由平臺對個人提供標準化的服務，例如 Airbnb 建立品牌公寓、Uber 提供更多交通服務。然而，服務越標準化，平臺就會越來越像傳統的飯店或租車公司，使共享與分享的精神逐漸消失。

因此，有人指出：第二類型的共享經濟只是讓少數公司打著「共享」大旗收割豐厚的「經濟」果實；而且平臺業者與資源提供者沒有勞雇關係，也可能讓資源提供者自行承擔損失風險。

乙	
漢	（漢光武帝）後之長安，受《尚書》於中大夫盧江許子威。資用乏，與同舍生韓子合錢買驢，令從者僦，以給諸公費。《東觀漢記》）
唐	京兆府奏：兩京之間多有百姓僦驢，俗謂之驛驢，往來甚速，有同驛騎。犯罪之人因茲奔竄，臣請禁絕。從之。尋又不行。《冊府元龜》）
宋	若凶事出殯，自上而下，凶肆各有體例。如方相、車譽、結絡、綵帛，皆有定價，不須勞力。尋常出街市幹事，稍似路遠倦行，逐坊巷橋市，自有假賃鞍馬者，不過百錢。《東京夢華錄》）

13. 依據甲文，關於「共享經濟」的
敘述，最適當的是：

> 僦：租賃。
> 方相：逐疫驅鬼的神靈，出喪
> 　　　時常置於行列前開道。

　(A) 資源的「所有權」與「使用
　　　權」脫勾
　(B) 資源提供者分享閒置資源，不宜收取報酬
　(C) 第一類型與第二類型的區別，在於科技平臺素質的良莠
　(D) 第二類型有違共享經濟初衷，但資源提供者有損失時，可獲
　　　平臺業者賠償

14. 依據乙表，關於「古代租賃」的敘述，最適當的是：
　(A) 漢代從事租賃業的門檻頗高，貴族富豪方能參與
　(B) 唐代驢子租賃市場活絡，因影響治安而遭長期禁絕
　(C) 宋代喪葬業可按不同需求提供租賃服務，而鞍馬出租價格親
　　　民
　(D) 歷代租賃業均只有個人對個人的模式，沒有商家對個人的模
　　　式

15. 綜合甲文、乙表，關於「共享經濟」與「古代租賃」的比較，敘
述最適當的是：

	共享經濟	古代租賃
(A)	重視閒置資源的流通與再利用	重視私有財產的廉讓與公益化
(B)	供需市場大，獲取資源極容易	供需市場小，獲取資源費心力
(C)	品質精良、服務標準化為訴求	價格透明、產品多樣化為訴求
(D)	供需雙方可經由網路平臺媒合	租賃交易須透過實際接觸完成

16-19 為題組。閱讀下文，回答 16-19 題。

　　從王羲之的書寫身分來看，他同時具有參與修禊賦詩與事後錄詩作序的雙重體驗。〈蘭亭序〉前半，先以作詩者角度，憶述行禊本事並推闡人生情境，意旨與《蘭亭詩》若合符節。文中次第標出時間、地點、人物，鋪敘時空交織下的物色光景，「流觴曲水」、「仰觀俯察」是對應此景的人為活動，至於「暢敘幽情」、「遊目騁懷」之樂，則是「感物」後的「興情」。《蘭亭詩》由遊春出發，帶出玄心遠想，乃至齊彭殤、達至樂。〈蘭亭序〉同樣在暢情騁懷之後，以「因寄所託，放浪形骸之外」，揭示與會群賢逍遙山林、棄絕塵俗的集體意向，並用「欣於所遇，暫得於己」描述他們的自覺自足。最後更將此一天人合契的同情共感，由原本只是「是日」禊事之可樂，擴展成「不知老之將至」這足以「俯仰一世」的生命觀照。

　　序文後半，則換由事過境遷、讀者閱覽的角度發言，意旨與《蘭亭詩》對反。「及其所之既倦，情隨事遷」，感慨樂事難繼，僅能由徒留的字跡詩痕，緬懷當日齊契玄同的欣喜。然而，當「欣所遇」、「得於己」的快然自足不復存在，「不知老之將至」也就頓失依恃。在歡樂難駐的同時，羲之進一步體認到留歡之人本身亦是「終期於盡」的。因此，除了哀樂興感，不得不喟嘆「死生亦大」這生命現實的終極沉痛。

　　羲之更將此種閱覽的感懷置放在 ＿＿＿＿＿＿＿＿ 中考察。由「若合一契」推證出「固知一死生為虛誕，齊彭殤為妄作」，再藉「後之視今猶今之視昔」前後閱覽經驗的同質性，推得「固知」的感慨是貫通古今的。而由「興感之由」、「所以興懷」又可知：臨文閱覽貴在能超越「世殊事異」的表象，探及古今「其致一也」的創作動機與議題。「時人所述」的《蘭亭詩》既書寫齊彭殤、混萬殊的至樂，是以「興感之由」就是緣於死滅焦慮所激發的長（永）生渴慕。

　　由作者到讀者，羲之真切地體受生命中紛至沓來的悲喜。因此，〈蘭亭序〉否定了蘭亭詩人遊心玄同的方案，揭露人計較彭殤、在乎生死的常情本性。就在「達」與「不達」之間，我們看到了既不因一時陶然而從此忘我出世，亦不因現實悲涼而一味悵惘逃避，願意直接嚐受一切並加以回應的王羲之。(改寫自鄭毓瑜〈由修禊事論蘭亭詩、蘭亭序「達」與「未達」的意義〉)

16. 依據上文，〈蘭亭序〉由「不知老之將至」的大樂，翻轉而為「死生亦大矣」的至痛，關鍵在於：
　　(A) 齊契玄同的欣喜，唯在逍遙山林、棄絕塵俗的豁達中方能獲致
　　(B) 言不盡意，蘭亭勝景與天人合契的同情共感，難以用文字重現
　　(C) 重覽當日詩作，賞心樂事已難踪跡，故知種種美好終究難永存
　　(D) 欲以放浪形骸之外的任性灑脫，逃避死滅的束縛，而終不可得

17. 依據上文，關於《蘭亭詩》和〈蘭亭序〉的比較，最適當的敘述是：

	《蘭亭詩》	〈蘭亭序〉
(A)	表達對於長生久視的渴望	抒發不別死生的玄心遠想
(B)	抒發不別死生的玄心遠想	照見古今創作緣由的契合
(C)	照見古今創作緣由的契合	追述修禊當日的可賞可樂
(D)	追述修禊當日的可賞可樂	表達對於長生久視的渴望

18. 上文 ＿＿＿＿＿＿＿＿＿ 內最適合填入的是：
　　(A) 空間之變　　(B) 時間之流　　(C) 仕隱選擇　　(D) 因緣生滅

19. 上文認為〈蘭亭序〉否定蘭亭詩人的方案，所揭示的生命態度是：
　　(A) 正視悅生惡死的人性，直面悲欣交集的人生
　　(B) 死亡既難以迴避，何妨快意暢情，不虛此生
　　(C) 珍惜有限人生，以積極入世消解死亡的悲感
　　(D) 棲隱山林，放志逍遙，在大自然中找尋自我

20-22 為題組。閱讀下文，回答 20-22 題。

　　我翻出報紙連載時代古龍的代表作《絕代雙驕》，發現了一個祕密：小說情節是靠連綿不斷的意外轉折推動的，這裡突然出現了一個人、那裡突然飛來兩枚暗器、被點了穴道應該不能動的人卻動了……。每天連載結尾「欲知後事，請看明天」的寫法，很能迎合報館的業務要求。依照眾家友人對古龍個性與生活習慣的描述，我一邊讀《絕代雙驕》，一邊彷彿看見已喝得微醺的古大俠，看看報館來取稿的時間到了，攤開稿紙隨意寫寫，寫到報館的人都已候於門外了，於是匆匆讓一個聲音、一個人影、一樣武器憑空竄出，就能填滿字數交差了事！

　　當時跟古龍一樣紅透半邊天的高陽，寫的是歷史小說，也有他「跑野馬」的絕招來應付連載所需，那就是在歷史故事主線中挑出一項瑣事，岔出去講相關掌故。例如寫汪精衛偽政權始末，一個歷史名人都還沒出場，便大寫特寫抗戰前後南京的賭場，設在哪、玩什麼、如何一夕致富或破產，令人目不暇接。

　　連載是項奇特的制度，連載小說的時間與現實生活的時間平行流淌，而且不斷互相指涉。現實生活無窮無盡地走下去，小說似乎也就會同樣地日復一日連載下去。這種寫法違背了小說作為嚴肅藝術的標準。一般小說講究的是選擇好一段具特殊意義的時間，把它從長流中切截開來，封閉成一個完整、有機的單位，有個「絕對」的開頭和結尾，「行於所當行，止於所當止」，多說一句都是累贅。

　　我們看到連載小說的種種毛病，其實是從一般小說有頭有尾有中腰的美學來評斷的。連載小說能提供別的小說不能提供的樂趣，其層出不窮的意外轉折，除了基於勾住讀者，也深受作者寫作過程影響。（改寫自楊照〈懷念連載時代〉）

20. 依據上文，關於古龍、高陽小說的敘述，最適當的是：
  (A) 古龍小說天馬行空的想像力，來自飲酒後的靈感
  (B) 高陽小說常加入傳說軼聞，使故事變得引人入勝
  (C) 古龍和高陽都以憑空捏造、賣弄技巧來迎合讀者
  (D) 古龍和高陽小說成功之處，在於藉情節暗諷時事

21. 下列敘述，符合文中對連載小說寫作方式看法的是：
  (A) 精心設計，刻畫細膩　　　(B) 追銷售量，內容媚俗
  (C) 只限高手，初學不宜　　　(D) 瑕不掩瑜，別有趣味

22. 依據上文，關於一般小說和連載小說的敘述，最適當的是：
  (A) 一般小說是嚴肅的藝術，特別講求與現實生活時間的一致性
  (B) 一般小說為維護結構完整，有時須化繁為簡，刪削該有內容
  (C) 連載小說按時刊出不輟，遂與現實生活時間感既同步又相涉
  (D) 二者各有寫作邏輯，形式與內容皆緊扣主線，不令筆法歧散

23-25 為題組。閱讀下文，回答 23-25 題。

　　用「螟蛉子」代指「養子」，包含一段古人探索昆蟲世界的歷程。

　　從《詩經‧小宛》：「螟
蛉有子，蜾蠃負之」可以看
出，上古時代人們已經觀察
到蜾蠃有捕捉其他昆蟲幼蟲

> 螟蛉：古代或稱「桑蟲」，為鱗翅目
> 　　　昆蟲的青色細小幼蟲。
> 蜾蠃：古代或稱「蒲盧」、「土蜂」，
> 　　　今屬膜翅目細腰蜂科。
> 　　　蠃，ㄌㄨㄛˇ。

的習性。但捕捉幼蟲做什麼用，先秦文獻並無說明。漢代學者試
圖解釋這個現象，揚雄《法言》記載：「螟蛉之子殪而逢蜾蠃，
祝之曰：『類我！類我！』久則肖之矣。」意謂蜾蠃對捕來的幼
小螟蛉念咒，時間長了，螟蛉就變成了蜾蠃。後世對於揚雄的說
法，有人認同，也有人表示懷疑。南朝著名道士、醫家陶弘景根

據自己的觀察，在《本草經集注》寫道：「其（土蜂）生子如粟米大，置中，乃捕取草上青蜘蛛十餘枚，滿中，仍塞口，以待其子大爲糧也。……《詩》云：『螟蛉有子，蜾蠃負之』。言細腰之物無雌，皆取青蟲教祝，便變成己子，斯爲謬矣。」他認爲，把細腰蜂捕捉青蟲說成是爲了把青蟲教化成自己的後代，根本違背生物事實。

陶弘景的看法後來得到更多證實，例如＿＿＿＿＿＿＿＿。一千四百多年後，法國昆蟲學家法布爾在所著《昆蟲記》中，詳盡描述細腰蜂的生殖行爲：牠總是將卵產在蜂房裡所儲備的蜘蛛身上，卵呈白色，圓柱形，有點彎曲。卵在蜘蛛身上的附著點位置都差不多，一般是蜘蛛腹部底端，偏向一側。新生幼蟲咬的第一口，就是卵的頭部那端所附著的地方，因此，牠剛開始啃咬的，都是汁液最豐富、最鮮嫩的肚子。這種暴飲暴食的生活，會持續八到十天。然後幼蟲開始結造蛹室。他的研究成果證明陶弘景等人的發現非常科學。（改寫自戴吾三《解開成語中的科學密碼》）

23. 依據上文，「螟蛉有子，蜾蠃負之」的眞實生態現象最可能是：
 (A) 蜾蠃奪螟蛉之巢以育子
 (B) 蜾蠃是螟蛉之子的宿主
 (C) 蜾蠃代替螟蛉餵養幼蟲
 (D) 蜾蠃捕捉螟蛉以餵幼蟲

24. 關於陶弘景對細腰蜂觀察的敘述，最適當的是：
 (A) 經過實證後轉爲支持揚雄之見
 (B) 蒐集實證以補充《詩經》所述
 (C) 以《詩經》所述駁斥揚雄之見
 (D) 依揚雄之見糾正《詩經》所述

25. 上文 ＿＿＿＿＿＿＿＿ 內若要擇用下列方框裡的論述，則對①、
②、③、④的判斷，最適當的是：

> ① 韓保昇《蜀本草》：「螟蛉，桑蟲也。蜾蠃，蒲盧也。言蒲盧
> 負桑蟲以成其子也，亦負他蟲封之，數日則成蜂飛去。今有
> 人候其封穴，壞而看之，見有卵如粟，在死蟲之上。」
> ② 蘇頌《圖經本草》：「物類變化，固不可度。蚱蟬生於轉丸、
> 衣魚生於瓜子之類，非一。桑蟲、蜘蛛之變爲蜂，不爲異
> 也。如陶所說卵如粟者，未必非祝蟲而成之也。」
> ③ 寇宗奭《本草衍義》：「嘗折（土蜂）窠視之，果有子如半
> 粟米大，色白而微黃。所負青菜蟲，卻在子下。」
> ④ 李時珍《本草綱目》：「今屢破其（土蜂）房，見子與他蟲同
> 處，或子已去而蟲存空殼，或蟲成蛹而子尚小。蓋蟲終不
> 壞，至其成蛹，子乃食之而出也。」

(A) ①、②適用；③、④不適用
(B) ①、③適用；②、④不適用
(C) ①、③、④適用；②不適用
(D) ②、③、④適用；①不適用

26-27 爲題組。閱讀下文，回答 26-27 題。

　　世人論司馬遷、班固，多以固爲勝，余以爲失。遷之著述，
辭約而事舉，敘三千年事，唯五十萬言。班固敘二百年事，乃八
十萬言，煩省不敵，固之不如遷一也。良史述事，善足以獎勸，
惡足以監誡。人道之常，中流小事，亦無取焉，而班皆書之，不
如二也。毀貶晁錯，傷忠臣之道，不如三也。遷既造創，固又因
循，難易益不同矣。又遷爲蘇秦、張儀、范雎、蔡澤作傳，逞詞
流離，亦足以明其大才。故述辯士則辭藻華靡，敘實錄則隱核名
檢，此所以稱遷良史也。（張輔〈名士優劣論〉）

26. 依據上文的看法，《漢書》不如《史記》之處在於：
   (A) 取材雜蕪，有失精審　　　(B) 抄撮眾說，有失創新
   (C) 隱惡揚善，有失客觀　　　(D) 用詞典麗，有失質樸

27. 上文述及「蘇秦、張儀、范雎、蔡澤」的用意，是爲了說明司馬遷撰作《史記》：
   (A) 能依所敘人物選用最合宜的筆法
   (B) 能發掘不被其他史家注意的史料
   (C) 善透過所敘人物寄寓其落拓之悲
   (D) 善學縱橫家言辭以充實史家才識

28-32 爲題組。閱讀甲、乙二文，回答28-32題。

> 甲　　田常欲作亂於齊，憚高、國、鮑、晏，故移其兵，欲以伐魯。孔子聞之，謂門弟子曰：「夫魯，墳墓所處，父母之國，國危如此，二三子何爲莫出？」子路請出，孔子止之。子張、子石請行，孔子弗許。子貢請行，孔子許之。遂行，至齊，說田常曰：「君之伐魯過矣。夫魯，難伐之國，其城薄以卑，其地狹以泄，其君愚而不仁，大臣僞而無用，其士民又惡甲兵之事，此不可與戰。君不如伐吳。夫吳，城高以厚，地廣以深，甲堅以新，士選以飽，重器精兵盡在其中，又使明大夫守之，此易伐也。」田常忿然作色曰：「子之所難，人之所易；子之所易，人之所難；而以教常，何也？」子貢曰：「臣聞之，憂在內者攻強，憂在外者攻弱。今君憂在內。吾聞君三封而三不成者，大臣有不聽者也。今君破魯以廣齊，戰勝以驕主，破國以尊臣，而君之功不與焉，則交日疏於主。是君上驕主心，下恣群臣，求以成大事，難矣。夫上驕則恣，臣驕則爭，是君上與主有郤，下與大臣交爭也。如此，則君之立於齊危矣。故曰不如伐吳。伐吳不勝，民人

外死，大臣內空，是君上無強臣之敵，下無民人之過，孤主制齊者唯君也。」田常曰：「善。」（《史記‧仲尼弟子列傳》）

乙　《史記》曰：「齊伐魯，孔子聞之，曰：『魯，墳墓之國。國危如此，二三子何為莫出？』子貢因行，說齊以伐吳，說吳以救魯，復說越，復說晉，五國由是交兵。或強，或破，或亂，或霸，卒以存魯。」觀其言，迹其事，儀、秦、軫、代，無以異也。嗟乎！孔子曰：「＿＿＿＿＿＿＿＿」，己以墳墓之國而欲全之，則齊、吳之人豈無是心哉？奈何使之亂歟？吾所以知傳者之妄。（王安石〈子貢論〉）

> 儀、秦、軫、代：指張儀、蘇秦、陳軫、蘇代，皆戰國知名說客。

28. 甲文中，田常聽完子貢的陳述「忿然作色」，是因為子貢：
(A) 斥責齊國不仁不義
(B) 諷刺田常短視狹隘
(C) 論調荒謬悖於常理
(D) 分析戰情淺薄空泛

29. 甲文中，「戰勝以驕主，破國以尊臣」的意思是：
(A) 田常戰功彪炳，故國君引以為傲，群臣亦相推尊
(B) 田常開疆闢土，令國君自覺驕豪、大臣更加尊貴
(C) 倘若田常恃功而驕，雖一時尊榮但終致身敗國亡
(D) 倘若田常欲掌大權，當建功沙場以傲視國君群臣

30. 甲文中，田常願意接受子貢的建議，乃因伐吳能讓他：
(A) 擺脫強臣掣肘
(B) 擺脫齊君脅迫
(C) 獲得百姓擁戴
(D) 獲得魯國支援

31. 乙文 ＿＿＿＿＿＿ 內最適合填入的是：
(A) 不在其位，不謀其政
(B) 己所不欲，勿施於人
(C) 用之則行，舍之則藏
(D) 道之以德，齊之以禮

32. 綜合甲、乙二文，王安石質疑甲文對子貢作爲的描述，主要基於
子貢：
(A) 以利爲餌，誘使田常接受建議
(B) 降志辱身，爲達目的貶抑魯國
(C) 以鄰爲壑，不符孔子儒學精神
(D) 能言善道，刻意離間齊國君臣

33-34 爲題組。閱讀下文，回答 33-34 題。

　　　南唐彭利用對家人奴隸言，必據書史以代常談，俗謂之掉書
袋，因自謂彭書袋。其僕有過，利用責之曰：「始予以爲紀綱之
僕，人百其身，賴爾同心同德，左之右之。今乃中道而廢，侮慢
自賢。若而今而後，過而弗改，當撻之市朝，任汝自西自東，以
遨以游而已。」鄰家火災，利用望之曰：「煌煌然，赫赫然，不
可向邇，自鑽燧以降，未有若斯之盛，其可撲滅乎！」（獨逸窩
退士《笑笑錄》）

33. 下列文意解釋，最適當的是：
(A)「賴爾同心同德，左之右
之」，指僕人耍賴失德，
三心二意
(B)「今乃中道而廢，侮慢自
賢」，指因僕人半途辭職，有損主人的賢名
(C)「任汝自西自東，以遨以游而已」，指將僕役逐出家門
(D)「自鑽燧以降，未有若斯之盛，其可撲滅乎！」指彭利用讚
嘆火勢盛大，阻止鄰人將其撲滅

> 人百其身：出自《詩經》，指自身
> 　　　　　願死百次以換回死者
> 　　　　　的生命，在此處指願
> 　　　　　竭盡心力爲對方付出。
> 同心同德：出自《書經》。
> 中道而廢：出自《禮記》。
> 以遨以游：出自《詩經》。

34. 依據上文，最符合彭利用說話方式的是：
(A) 自負博學，盛氣凌人　　　(B) 廢話連篇，誇大不實
(C) 曲解經典，胡吹亂謅　　　(D) 賣弄學問，滿口典故

二、多選題（占 32 分）

說明： 第 35 題至第 42 題，每題有 5 個選項，其中至少有一個是正確
的選項，請將正確選項畫記在答案卡之「選擇題答案區」。各
題之選項獨立判定，所有選項均答對者，得 4 分；答錯 1 個選
項者，得 2.4 分；答錯 2 個選項者，得 0.8 分；答錯多於 2 個
選項或所有選項均未作答者，該題以零分計算。

35. 下列文句<u>畫底線</u>處的詞語，運用適當的是：
    (A) 學書法的要訣無他，就是<u>師心自用</u>，先師法前人再用心創造
    (B) 感謝米其林大廚親臨指點，讓學生登時<u>頭步千里</u>，功力大增
    (C) 說話千萬要謹慎，想清楚再出口，以免<u>駟不及舌</u>，後悔莫及
    (D) 文化保存僅靠個人力量，猶如<u>杯水車薪</u>，解決不了根本問題
    (E) 詩人洛夫的天涯美學，追求具超越性的詩思，可謂<u>不刊之論</u>

36. 下列各組文句「 」內的詞，前後意義相同的是：
    (A) 斧斤以「時」入山林／小鳥「時」來啄食，人至不去
    (B) 士大夫之「族」，曰師、曰弟子云者／「族」庖月更刀，折也
    (C) 夫「然」，則古人賤尺璧而重寸陰／其質非不美也，所漸者
        「然」也
    (D) 信臣精卒，「陳」利兵而誰何／四人對饌飥，「陳」女樂二十
        人，列奏於前
    (E) 諮諏「善」道，察納雅言／楚左尹項伯者，項羽季父也，素
        「善」留侯張良

37. 〈醉翁亭記〉：「已而夕陽在山，人影散亂，太守歸而賓客從也。」
    句中「賓客」所「從」有其對象（即「太守」），故相當於「太守
    歸而賓客從『之』也」。下列文句<u>畫底線</u>的動詞之後，也省略對象
    的是：

(A) 左右以君賤之也，<u>食</u>以草具

(B) 及期，入太原候之，相<u>見</u>大喜

(C) 呈卷，即面署第一；召入，<u>使</u>拜夫人

(D) 見漁人，乃大驚，問所從來，具答之，便<u>要</u>還家

(E) 一道士坐蒲團上，素髮垂領，而神觀爽邁。叩而與<u>語</u>，理甚玄妙

38. 有五位學生嘗試分析右詩，其中適當的是：

> 黃滔〈賈客〉
> 大舟有深利，滄海無淺波。
> 利深波也深，君意竟如何？
> 鯨鯢齒上路，何如少經過□

(A) 甲生：□的標點符號如果是句號，表示作者認為大利多風險，少碰為妙

(B) 乙生：□的標點符號如果是問號，表示作者想知道怎樣既獲大利又不涉風險

(C) 丙生：本詩將行商比為行船，商人謀生如同在鯨鯢齒上行走般艱險

(D) 丁生：本詩警告行商艱險難測，提醒世人不貪眼前小利，方能獲取大利

(E) 戊生：本詩期許商人應擁有鯨鯢般的雄心壯志，切莫因處境凶險便膽怯

39. 依據下文，關於國君治術的敘述，適當的是：

> 人主之道，靜退以為寶。不自操事而知拙與巧，不自計慮而知福與咎。是以不言而善應，不約而善增。言已應則執其契，事已增則操其符。符契之所合，賞罰之所生也。故群臣陳其言，君以其言授其事，事以責其功。功當其事，事當其言，則賞；功不當其事，事不當其言，則誅。明君之道，臣不得陳言而不當。是故明君之行賞也，曖乎如時雨，百姓利其澤；其行罰也，畏乎如

雷霆，神聖不能解也。故明君無偷賞，無赦罰。賞偷則功臣墮其業，赦罰則奸臣易爲非。是故誠有功則雖疏賤必賞，誠有過則雖近愛必誅。疏賤必賞，近愛必誅，則疏賤者不怠，而近愛者不驕也。(《韓非子‧主道》)

(A) 不自操事、不自計慮，顯示法家的治術也重虛靜無爲
(B) 行時雨之賞、雷霆之罰，根於法家趨利避害的人性論
(C) 因臣子之言而授其事、責其功，循名責實以施行賞罰
(D) 嚴罰以防奸，偷賞以勵善，建構恩威並施的管理方法
(E) 賞疏賤、誅近愛，令疏賤者自戒不驕，近愛勤勉不怠

40. 依據下文，關於「被動句」的敘述，適當的是：

　　現代漢語的被動句，常以「被」加在動詞前，如「被騙」；或是用「被」把施動者（動作的發出者）引出加於動詞前，如「被人騙」。文言的被動句，可將「見」加在動詞前，如〈漁父〉：「是以見放」；也可用「於」引出施動者，如〈赤壁賦〉：「此非孟德之困於周郎者乎」；也可「見」和「於」兼用，如「蔡澤見逐於趙」，意謂蔡澤被趙國趕走。可見，「見」在動詞前只能表被動，若要引出施動者，動詞之後還需有「於」。此外，也可用「爲」引出施動者後，再加上動詞，如「爲天下笑」；或是將施動者省略，如「使身死而爲刑戮」；也可「爲」和「所」合成表被動，如〈晚遊六橋待月記〉：「余時爲桃花所戀，竟不忍去湖上」。這種「爲……所」式，也可將「爲」後的施動者省略，如〈鴻門宴〉：「若屬皆且爲所虜」。

(A) 用「被」表被動，施動者的位置無論在動詞前或後皆可
(B) 「見」和「爲」表被動，都可直接將施動者加在動詞前
(C) 文言被動如施動者出現在動詞後，可以用「於」字引出
(D) 「爲」後的施動者若省略，只能出現在「爲……所」式
(E) 「爲」和「被」出現在被動句，施動者可出現也可省略

<u>41-42 為題組</u>。閱讀甲、乙二文，回答 41-42 題。

| 甲 |

　　鬥草是古代的一種遊戲，又稱「鬥百草」。據南朝文獻記載，民眾通常在五月五日鬥百草，這大概與古人的藥草觀念有關。唐代以後鬥草的方式大概有兩種：一種是「武鬥」，比試草莖的韌性，方法是草莖相交結，兩人各持己端向後拉扯，以斷者為輸；另一種則是「文鬥」，就採摘花草的種類數量或殊異一較高下。從明代〈秦淮鬥草篇〉「蘭枲藉作爭衡地，蕙畹翻為角敵場。分行花隊逐，對壘葉旗張。花花非一色，葉葉兩相當」、「君有合歡枝，妾有相思子」中，可以看出「文鬥」除了採摘花草，還加入了「花草名對仗」的要求。從唐宋人的詩句：李白「禁庭春畫，鶯羽披新繡，百草巧求花下鬥，只賭珠璣滿斗」、王建「水中芹葉土中花，拾得還將避眾家。總待別人般數盡，袖中拈出鬱金芽」、白居易「弄塵復鬥草，盡日樂嬉嬉」、柳永「春困厭厭，抛擲鬥草工夫，冷落踏青心緒」、范成大「青枝滿地花狼藉，知是兒孫鬥草來」，均可見鬥草在唐宋十分盛行，白、范二詩或許就是當時「武鬥」的有趣畫面。而《紅樓夢》第 62 回則是現代人認識文鬥規則的寶貴材料，其中記載香菱與眾姐妹採摘花草後，準備鬥草，某人擺出「觀音柳」時，另一人則擺出「羅漢松」，其靈感可能得源於〈秦淮鬥草篇〉。到了現代，由於社會型態不同，人與自然的關係變得疏遠，鬥草就逐漸式微了。

| 乙 |

　　紫芝道：「這鬥草之戲，雖是我們閨閣一件韻事，但今日姐妹如許之多，必須脫了舊套，另出新奇鬥法，才覺有趣。」寶耕烟道：「能脫舊套，那敢妙了。何不就請姐姐發個號令？」紫芝道：「若依妹子鬥法，不在草之多寡，並且也不折草。況此地藥苗都是數千里外移來的，甚至還有外國之種，若一齊亂折，亦甚可惜。莫若大家隨便說一花草名或果木名，依著字面對去，倒覺生動。」畢全貞道：「不知怎樣對法？請姐姐說個樣子。」紫芝

道:「古人有一對句對的最好:『風吹不響鈴兒草,雨打無聲鼓子花。』假如耕烟姐姐說了『鈴兒草』,有人對了『鼓子花』,字面合式,並無牽強。接著再說一個,或寫出亦可。如此對去,比舊日鬥草豈不好玩?」鄒芳春道:「雖覺好玩,但眼前俗名字面易對的甚少。即如當歸一名『文無』,芍藥一名『將離』,諸如此類,可准借用麼?」……紫芝道:「即如鈴兒草原名沙參,鼓子花本名旋花,何嘗不是借用。……只要見之於書,就可用得,何必定要俗名。」(《鏡花緣》第76~77回)

41. 依據甲文,關於「鬥草」的敘述,適當的是:
   (A) 唐代玩此遊戲,有時會以物品當賭注
   (B) 透過此遊戲,有機會可以認識各種藥草名稱
   (C) 王建詩中所述,應以持有花草與眾不同者勝出
   (D) 此遊戲源自端午習俗,歷來只在過節當日進行
   (E) 武鬥致勝關鍵,在於熟記植物名稱與玩家力氣大小

42. 依據甲、乙二文,關於「文鬥」的敘述,適當的是:
   (A) 甲文所述《紅樓夢》的玩法,即乙文所謂的舊套
   (B) 決定勝負的條件,由辨識植物種類擴及語文素養
   (C) 因花草珍貴,故紫芝提議的新玩法可以自創植物名
   (D) 依據花草名對仗的要求,「鼠姑心」能對「龍鬚柏」
   (E) 兩部小說的相關記載,提供古代婦女詞采展現與人際交流的資訊

107年度指定科目考試國文科試題詳解

一、單選題

1. **A**

   【解析】 (B) 貶 → 砭。　　　　　(C) 茸 → 葺。

   　　　　(D) 酣 → 鼾。

2. **C**

   【解析】 可從三個線索解題，以刪去法得出正確順序。

   　　　　① 從「風箏 → 手握線繞子 → 線繞子是髮絲」，得知順序為戊 → 丙 → 乙。

   　　　　② 「仰望天極」應接「(戊) 碧海青空」。

   　　　　③ 「(丁) 落日沒地」應接「(甲) 古道隱迹」。

3. **B**

   【解析】 (A) 「說」重在說明、闡釋事理，用以說明一己之見。「原」用於探究事物本源。

   　　　　(C) 〈諫太宗十思疏〉為奏議體 (或奏疏體)。

   　　　　(D) 「詔令」是古代帝王、皇太后或皇后所發命令、文告的通稱。包括册文、制、敕、詔、誥等。鄭用錫不具這些身分。

4. **D**

   【解析】 從原文資料「余意欲學詩者，經史雖不能讀破，亦須略知二、三，然後取唐人名家全集讀之，沈浸穠鬱，含英咀華，俟有所得。乃有所得，乃可旁及」可知，

閱讀次第應爲：經史 → 唐人名家全集 → 旁及（其他書）。《香草箋》作者爲清代詩人黃任，對台灣詩壇影響頗大。

(A) 旁及 → 唐人名家全集 → 經史。

(B) 經史 → 旁及 → 旁及。

(C) 唐人名家全集 → 經史 → 唐人名家全集。

5. **A**

【解析】 (B) 擔心馬騰趁隙攻打許都。

(C) 馬騰並非孫權陣營，且欲「加馬騰爲征南將軍，使討孫權」爲荀攸誘馬騰之計。

(D) 從「誘（馬騰）入京師，先除此人」可知，若計策成功，曹操南征孫權前已除去馬騰了。

6. **A**

【解析】 (B) 「遶船月明江水寒」描繪琵琶女落寞孤寂的處境。

(C) 「花自飄零水自流」除了描繪花落水流之景，也暗寓年華與時光之易逝。也可從「相思」得知並非哀怨之情。

(D) 以「長嘯」敘寫自己的孤單和特立獨行，寫出孤傲的自我意志及對於自身理念的堅持。

7. **C**

【解析】 從「門突然打開」「門再關上」與「小和尚在大廟裡」「（看見外邊的花、草地和姑娘）心關不住了」可看出對比手法。

8-9 為題組

8. **C**

　　【解析】　從引文第二段文末「通過投入或遠離政治生活，他總
　　　　　　　是能隨時隨地準備好要面對各種緊急情況。這就是天
　　　　　　　道，雖然看起來經常變化，卻永遠不偏移」可選出
　　　　　　　「不偏不執」的正解。

9. **D**

　　【解析】　從引文第一段「只有『淡』，才能使一個個體同時具備
　　　　　　　所有能力，並且隨時證明他所擁有的能力」及第二段
　　　　　　　「他們的人格通常不會特別往哪一個方向突出，而是
　　　　　　　向所有的可能敞開」可選出「隨所遇而皆適，未嘗有
　　　　　　　擇於其間」的正解。

10-12 為題組

10. **B**

　　【解析】　(B) ①錯誤：菲律賓文與印尼文投稿件數比例相差不
　　　　　　　　　　多，故評判標準不為四種語言投稿件數比例。
　　　　　　　　　　②正確。③無法從投稿比例判斷移工人數的多寡。

11. **A**

　　【解析】　(B) 依據上文「我們可以以遊客身分再回台灣」可知，
　　　　　　　　　　珠與「我」皆為外籍人士。
　　　　　　　(C) 「我們搭龍舟回去」為珠的玩笑，並非提議。
　　　　　　　(D) 「我」不說出諺語，是因為珠「也知道那諺語的道
　　　　　　　　　　理」，有相同的體會，而不是覺得為難。

12. **D**

　　【解析】　(A) 為「相同的機會不再來」之意。

　　　　　　(B) 為「擔不起風險，就別去冒險」之意。

　　　　　　(C) 意即「能同樂的朋友多，共苦的朋友難尋」。

　　　　　　(D) 同「金窩銀窩，不如自己的狗窩」，可呼應珠和
　　　　　　　　「我」要回家的決定。

13-15 為題組

乙　【語譯】

漢	漢光武帝劉秀後來到長安，在中大夫廬江人許子威的門下學習《尚書》。因為手頭緊困，於是和同舍同學韓子集資買驢，然後租出去，藉此賺取學費。(《東觀漢記》)
唐	京兆府奏：長安和洛陽之間，常有百姓租賃驢子，俗稱叫做「驛驢（途中旅舍所備的供旅客往來於驛道上的驢）」，速度很快，如同乘馬送信、傳遞公文的人。但也因此罪犯能夠逃脫迅速，所以希望禁止驛驢。但政令發布後，不久就又無法執行了。(《冊府元龜》)
宋	若遇到喪事出殯，自上而下，喪葬用品的店舖內容各有定制。如開道的神像、靈車、喪禮服飾、絲綢織品，都有標準的價格，不須自己勞心勞力。平常出門，若是路程稍微遠一點懶得走，大家小巷到處都有租馬代步的業者，費用也不會超過百錢。(《東京夢華錄》)

13. **A**

　　【解析】　(B) 資源提供者分享閒置經濟，「可」有償收取報酬。

　　　　　　(C) 資源或服務提供者素質良莠不齊，而非平臺業者。

　　　　　　(D) 資源提供者須自行承擔風險，無法獲得賠償。

14. **C**

【解析】 (A) 從引文中無法判斷。

(B) 「尋又不行」意指無法長期禁絕。

(C) 從「各有體例，皆有定價」可知。

(D) 從宋代的紀錄中，可看出殯葬業出租所需用品給喪家，為商家對個人模式，而不只個人對個人。

15. **D**

【解析】 (A) 古代租賃與公益化無關。

(B) 從文章中看不出市場規模。

(C) 共享經濟品質不一，古代租賃在不同時期可能有不同的發展。

16-19 為題組

16. **C**

【解析】 (C) 從引文第二段最末，「體認到留歡之人本身亦是『終期於盡』的」可得知過去種種美好終不可得。

17. **B**

【解析】 (A) 《蘭亭詩》並未表達對於長生久視的渴望，而〈蘭亭序〉認為「一死生、齊彭殤」為虛妄。應前後對調。

(C) 「照見古今創作緣由的契合」和「追述修禊當日的可賞可樂」皆為〈蘭亭序〉的敘述。

(D) 《蘭亭詩》並未追述修禊當日的可賞可樂。

18. **B**

　【解析】（B）從後句的「若合一契」、「齊彭殤為妄作」、「今昔」
　　　　　　　可得知空格內應填入「時間之流」。

19. **A**

　【解析】（A）從引文末段「由作者到讀者，羲之真切地體受生命
　　　　　　　中紛至沓來的悲喜」一句可得知。

<u>20-22 為題組</u>

20. **B**

　【解析】（A）文中並未提及古龍小說靈感來源。
　　　　　　（B）可對應至第二段「岔出去講相關掌故」，「掌故」為
　　　　　　　　　傳說、軼聞之意。
　　　　　　（C）文中並未如此批判兩人。
　　　　　　（D）文中雖言「與現實生活互相指涉」，但並未提到
　　　　　　　　　「藉情節暗諷時事」。

21. **D**

　【解析】（D）從末段「連載小說能提供別的小說不能提供的樂
　　　　　　　趣」可知其瑕不掩瑜，別有趣味。

22. **C**

　【解析】（A）一般小說「講究的是選擇好一段具特殊意義的時
　　　　　　　間，把它從時間長流中切截開來」，故並非講求與
　　　　　　　現實生活時間的一致性。
　　　　　　（B）一般小說因講求結構完整，故「該有的內容」不會
　　　　　　　刪減。

(C) 從引文第三段可知，連載小說與現實生活「不斷相互指涉」。

(D) 連載小說並未緊扣主線，且筆法較為歧散。

23-25 為題組

23. **D**

　【解析】 從引文末段，法布爾的研究成果證明陶弘景所觀察到的現象（土蜂捕取青蜘蛛，等土蜂後代長大可以成為糧食）為真，又「（細腰蜂）總是將卵產在蜂房裡所儲備的蜘蛛身上」，故選 (D)，螟蛉為蜾蠃之子的食物。

24. **B**

　【解析】 (B) 從引文第二段「陶弘景根據自己的觀察，在《本草經集注》寫道：《詩》云：『螟蛉有子，蜾蠃負之』。」可得知，陶弘景先蒐集實證，補充《詩經》指，再於後句「言細腰之物無雌，皆取青蟲教祝，便變成己子，斯為謬矣。」反駁揚雄之言。

25. **C**

　【語譯】 ① 韓保昇《蜀本草》：「螟蛉，又叫做桑蟲。蜾蠃，又稱作蒲盧。有一說蒲盧會背著桑蟲餵給自己的孩子，也會將其他蟲與桑蟲一起封在窩裡，過幾天後蒲盧之子便會長大成蜂飛離。現在有人在蜾蠃封起巢穴後，破壞並觀察，可以看見有如粟米般大小的卵，在死蟲（螟蛉）的上面。」

　　　　　② 蘇頌《圖經本草》：「萬物的變化形態，本來就不可能完全了解。蟬由蜣蜋變成，蠐蟲從像瓜子的繭破

　　出，以上兩者本非同類；即便桑蟲、蜘蛛會變形成
　　土蜂，也沒有什麼特別奇怪的。就像陶弘景所說
　　的，蜾蠃有如粟米的卵，也未必不是像揚雄說的，
　　是因為祝禱而變成的。」

③　寇宗奭：《本草衍義》：「曾經破壞了土蜂的巢來
　　看，果然有幼蟲如粟米一半的大小，是黃白色的。
　　（土蜂）所背著的青蜘蛛，在牠的幼蟲底下。」

④　李時珍：《本草綱目》：「每次破壞土蜂的巢，看到
　　土蜂幼蟲和其它的蟲待在一起。或是土蜂幼蟲已經
　　離開，僅剩下其它的蟲的空殼，或者其它的蟲還在
　　蛹期而土蜂幼蟲尚未長大。這些蟲並不會太快被獵
　　殺，而是等到牠們變成蛹之後，土蜂之子才會把牠
　　們吃掉然後離開。」

【解析】（C）①、③、④適用；②蘇頌「桑蟲、蜘蛛之變為蜂，
　　　　　　　不為異也」，與揚雄認為螟蛉會變蜾蠃之立場一
　　　　　　　致，又反對實證派的陶弘景說法（未必非祝蟲而
　　　　　　　成之也），故不適用。

26-27 為題組【語譯】

　　世人評斷司馬遷、班固，多推崇班固，我認為是有錯誤的。司馬
遷的論述，言詞簡約但事理清晰，敘述三千年的歷史僅用了五十
萬字。但班固敘述兩百年的歷史，卻花了八十萬字，言詞繁雜，
這是班固不如司馬遷的第一個原因。好的史家記述歷史，對於好
事給予褒獎讓它成為後世的榜樣，敘述惡行令其成為後世的借
鑒。一般的日常小事，便不加以記錄，但班固卻都寫了出來，這
是班固不如司馬遷的第二個原因。文中毀謗貶低晁錯，有傷忠臣
之道，這是班固不如司遷的原因之三。司馬遷憑一己之力寫成

《史記》，而班固因循司馬遷的基礎，兩者難易顯然不同。另外，司馬遷爲蘇秦、張儀、范睢、蔡澤立傳，詞章流利而富文采，從中可以看出司馬遷的才華。在敘述辯士時能辭采華麗，敘述眞實事件時則能詳實考核，因此才說司馬遷是好的史家。（張輔〈名士優劣論〉）

26. **A**

【解析】 (A) 不如之處有三：一、煩省不敵。二、中流小事皆書之。三、毀貶晁錯。

27. **A**

【解析】 (A) 蘇秦、張儀、范睢、蔡澤爲史上著名的辯士，呼應「述辯士則辭藻華靡」，因此可知司馬遷能依所敘人物選用最合宜的筆法。

28-32 為題組【語譯】

甲 田常想在齊國叛亂，卻害怕高昭子、國惠子、鮑牧、晏圉的勢力，所以想轉移他們的軍隊去攻打魯國。孔子聽說這件事，對門下弟子們說：「魯國，是祖宗墳墓所在的地方，是我們出生的國家，我們的祖國如今有危險，諸位爲何不挺身而出呢？」子路請求前去，孔子制止了。子張、子石請求前去，孔子也不答應。子貢請求前去救魯，孔子才答應了他。子貢出發前往齊國，遊說田常說：「您攻打魯國是錯誤的。魯國，是難以攻打的國家，它的城牆單薄矮小，護城河狹窄水淺，國君愚昧不仁慈，大臣虛僞而不中用，士兵和百姓都厭惡打仗，這樣的國家不可以與它交戰。您不如去攻打吳國，吳國的城牆高大厚實，護城河寬闊水深，鎧甲嶄新堅固，士兵經過挑選而精神飽滿，可貴的人才、精銳的部隊都在那裡，又派了英明的大臣守衛，這樣的國家是容易攻打

的。」田常頓時憤怒變臉，說：「你以為難的，是大家認為容易的；你認為簡單的，是大家認為困難的。用這些話來指導我，你有何居心？」子貢說：「我聽說，憂患在國內的，要去攻打強大的國家；憂患在國外的，要去攻打弱小的國家。如今，您的憂患在國內。我聽說您多次被授予封號但未能封成，是因為朝中有反對你的大臣。現在，你要攻佔魯國來擴充齊國的疆域，若贏了，齊國國君會更驕縱，大臣們會更放縱無羈，而你的功勞就沒了，也會漸漸和國君生疏。國君驕縱就會無所顧忌，大臣驕縱就會爭權奪利。對上，您與國君感情上產生裂隙。對下，您和大臣們互相爭奪利益。這樣，您在齊國的處境就危險了。所以說不如攻打吳國，假如不能取得勝利，百姓死在國外，大臣率兵作戰，朝廷勢力空虛。對上，您既沒有強臣對抗；對下，沒有百姓非難，孤立國君專制齊國只有您了。」田常說：「有道理。」(《史記·仲尼弟子列傳》)

乙 《史記》記載：「齊國攻打魯國，孔子聽說後，說：『魯國，是將覆亡的國家，都危急到這種地步了，你們幾位為什麼不出去想辦法挽救呢？』」子貢於是出發，遊說齊國攻打吳國，遊說吳國救援魯國，又遊說越國，遊說晉國，五國因此兵戎相見。有的強大了，有的亡國了，有的混亂了，有的稱霸了，終於保全了魯國。看他說的話，考察他做的事，和張儀、蘇秦、陳軫、蘇代，沒什麼兩樣。唉，孔子說：「自己不喜歡的事，不要強加給別人。」自己的國家行將覆滅還想去保全它，那麼齊國、吳國的人，難道就不想保全自己的國家嗎？為什麼使他們的國家混亂呢？這是我認為古書所載虛妄不實的原因。(王安石〈子貢論〉)

28. **C**

【解析】 (C) 子貢言伐魯難而伐吳易，論調荒謬悖於常理，故激怒田常。

29. **B**

【解析】 (B) 意指「戰勝會使齊國開疆拓土，齊國國君更加驕縱，大臣則更妄自尊大」。

30. **A**

【解析】 (A) 從「伐吳不勝，民人外死，大臣內空」可得知能使田常擺脫強臣掣肘。

31. **B**

【解析】 (B) 從「己以墳墓之國而欲全之，則齊、吳之人豈無是心哉？」可得知空格內應填入「己所不欲，勿施於人」。

32. **C**

【解析】 (C) 從乙文「觀其言，迹其事，儀、秦、軫、代，無以異也」可知，王安石認為子貢的作為與縱橫家之流相同，並非孔子儒學之道。

33-34 為題組【語譯】

南唐的彭利用，對家人或奴隸講話時，都要引經據典來溝通。別人稱他喜歡掉書袋，他也自稱彭書袋。有一天，奴僕犯了錯，彭利用就責怪他說：「我剛開始還以為你是個守規矩懂本分的人，寄望你盡心盡力、同心同德的伺候在我左右。現在你卻無法堅持，自以為了不起。如果從今以後仍不悔改，就把你鞭打出門，隨你到處去遊蕩吧。」又有一次，鄰居家著火，彭利用望著大火驚嘆道：「火苗又亮又紅，火勢又那麼大，真是難以靠近。自從上古燧人氏鑽木取火以來，還沒有如此大的火啊！這火真是難以撲滅啊！」

33. **C**

　　【解析】(A) 「賴爾同心同德，左之右之」，指僕人應盡力輔佐。

　　　　　　(B) 「今乃中道而廢，侮慢自賢」，指僕人變得驕傲、自以為是。

　　　　　　(D) 並未阻止鄰人將其撲滅。

34. **D**

　　【解析】(D) 從注釋可知彭利用說話引用《詩經》《書經》《禮記》等書，可看出彭利用說話方式為「賣弄學問，滿口典故」。

二、多選題

35. **CDE**

　　【解析】(A) 師心自用：形容自以為是，不肯接受別人的正確意見。

　　　　　　(B) 「登時」是一下子；蹞步千里則比喻學習應該有恆，不要半途而廢。

　　　　　　(C) 駟不及舌：比喻說話應當慎重，有出言不能反悔的意思。

　　　　　　(D) 杯水車薪：比喻微小的力量。

　　　　　　(E) 不刊之論：指正確的、不可刪改的言論。

36. **CD**

　　【解析】(A) 時節／時常。　　　　(B) 類／較好的。

　　　　　　(C) 如此。　　　　　　　(D) 陳列、擺設。

　　　　　　(E) 良好的／親善、交好。

37. **ACD**

　　【解析】(A) <u>食</u>（之，省略馮諼）以草具。

(B) 相（彼此、互相）<u>見</u>。

(C) <u>使</u>（之，省略史可法）拜夫人。

(D) <u>要</u>（之，省略漁人）還家。

(E) 與（之，道士）<u>語</u>。

38. **AC**

【語譯】 大船吃水深且能航行順利，但滄海少有柔和的波浪。大船的功能好，但海波的力量也很強大，你再多想想吧。過程風險極大，爲何還要前往？

【解析】 (B) 爲激問用法，意義與 (A) 同，認爲大利多風險，少碰爲妙。

(D) 指提到大利多風險，並未提醒世人不貪眼前小利才能獲取大利。

(E) 認爲過程風險極大，不應前往。

39. **ABC**

【語譯】 君主的原則，以靜退爲貴。不親自操持事務，而能知道臣子辦事的巧拙；不親自考慮事情，而能知道臣子謀事的禍福。因此，君主不多說話、不做規定，臣子就更要好好的辦事。臣子已經提出主張，君主就拿來作爲憑證；臣子已經做出事情，君主就要拿來驗核，這就是賞罰產生的根據。所以群臣陳述主張，君主根據他們的主張授予他們職位，依照職位要求他們的功效。功效符合職位，職位符合主張，就賞；但若功效不符合職位，職位不符合主張，就罰。明君的原則，要求臣子不能說話不算數。因此明君行賞，就像及時雨，百姓都能受到君主的恩惠；明君行罰，威嚴就像雷霆，神仙也無法免除。所以明君不隨便賞賜，不救免懲罰。賞賜若隨意，功臣就懈怠他的事業，懲罰若

赦免，奸臣就容易做壞事。因此，確實有功的話，即使疏遠卑賤的人也一定要賞賜；確實有罪的話，即使親近喜愛的人也照樣要懲罰。疏賤必賞，近愛必罰，那麼疏遠卑賤的人就不會懈怠，親近喜愛的人就不會驕橫了。

【解析】 (D) 「偷賞」不會利善，反而會使「功臣墮其業」。

(E) 應是令「疏賤者勤勉不怠，近愛者自戒不驕」。

40. CE

【解析】 (A) 引文中僅提到「現代漢語的被動句，常以『被』加在動詞前」、「用『被』把施動者引出加於動詞前」，並未說明施動者的位置可放在動詞後。

(B) 「見」直接加在動詞前，「只能表被動，若要引出施動者，動詞之後還需有『於』」。「為」可直接引出施動者，於引文第六行「可用『為』引出施動者後，再加上動詞」。

(D) 「為」也可省略施動者，如引文倒數第四行「或是將施動者省略，如『使身死而為刑戮』。由此可知，若省略施動者，並不只會出現在「為……所……」句。

41. ABC

【解析】 (D) 後句有誤，並未提到指在過節當日進行。

(E) 武鬥致勝關鍵，在於「草莖的韌性」。

42. ABE

【解析】 (C) 見之於書即可，不拘俗名，但並無自創植物名。

(D) 「姑心」和「鬃柏」無法對仗。

大考中心公佈 107 學年度指定科目考試
國文、英文及數學甲、乙選擇（塡）題答案

國文 題號	答案	題號	答案	英文 題號	答案	題號	答案	數學甲 題號		答案	數學乙 題號		答案
1	A	27	A	1	D	27	J	1		2	1		4
2	C	28	C	2	B	28	A	2		4	2		2
3	B	29	B	3	B	29	F	3		3	3		2
4	D	30	A	4	A	30	H	4		1,4	4		2,5
5	A	31	B	5	A	31	F	5		1,3,5	5		1,4
6	A	32	C	6	C	32	D	6		2,3	6		1,4
7	C	33	C	7	B	33	C	7		1,3,5	7		3,5
8	C	34	D	8	D	34	E	8		1,2,5		8	1
9	D	35	CDE	9	C	35	B	A	9	1		9	3
10	B	36	CD	10	D	36	D	A	10	3	A	10	2
11	A	37	ACD	11	D	37	D		11	1		11	0
12	D	38	AC	12	B	38	D	B	12	8	B	12	9
13	A	39	ABC	13	A	39	C		13	5	B	13	0
14	C	40	CE	14	A	40	B	C	14	2		14	7
15	D	41	ABC	15	C	41	B	C	15	6	C	15	5
16	C	42	ABE	16	A	42	A					16	0
17	B			17	B	43	D						
18	B			18	D	44	A						
19	A			19	C	45	C						
20	B			20	C	46	C						
21	D			21	I	47	B						
22	C			22	K	48	C						
23	D			23	B	49	A						
24	B			24	C	50	B						
25	C			25	D	51	A						
26	A			26	E								

大考中心公佈 107 學年度指定科目考試
歷史、地理、公民與社會選擇（填）題答案

歷	史			地	理			公 民	與 社	會	
題號	答案	題號	答案	題號	答案	題號	答案	題號	答案	題號	答案
1	B	27	D	1	C	27	A	1	A	27	A
2	B	28	D	2	A	28	B	2	C	28	C
3	C	29	A	3	B	29	A	3	D	29	D
4	A	30	C	4	A	30	C	4	A	30	B
5	D	31	C	5	A	31	B	5	C	31	A
6	C	32	D	6	D	32	B	6	B	32	B
7	A	33	C	7	A	33	C	7	C	33	D
8	B	34	C	8	C	34	B	8	C	34	B
9	C	35	ABE	9	D	35	C	9	B	35	C
10	A	36	ACD	10	B	36	D	10	B	36	B
11	D	37	ABCE	11	A	37	B	11	A	37	D
12	A	38	BCD	12	B	38	D	12	A	38	A
13	C			13	D			13	C	39	C
14	D			14	C			14	D	40	BE
15	B			15	A			15	D	41	BD
16	B			16	A			16	B	42	CD
17	A			17	C			17	C	43	AB
18	B			18	C			18	D	44	BE
19	D			19	B			19	A	45	DE
20	A			20	D			20	C	46	AE
21	B			21	B			21	D	47	ADE
22	B			22	D			22	B	48	BCD
23	B			23	C 或 A			23	D	49	BC
24	D			24	B			24	D	50	CD
25	A			25	C			25	B		
26	C			26	A			26	D		

※ 地理科第 23 題答案調整説明：本題選項 (C) 爲正確答案並無疑義。選項 (A)
原設爲誘答選項，但經考試後召開之答案討論會議，並諮詢多位大學教授與高
中老師，再召開專家會議討論確認結果，因考量學生課程學習以及本題涉及的
當地農業發展現況，並無法完全排除甲地因洋流經過而降溫的影響，所以決定
本題答案開放 (A) 選項。故本題參考答案爲 (C) 或 (A)。

大考中心公佈 107學年度指定科目考試
物理、化學、生物選擇題答案

物 理		化 學		生		物	
題號	答案	題號	答案	題號	答案	題號	答案
1	B	1	B	1	B	27	AE
2	D	2	E	2	A	28	CE
3	D	3	D	3	B	29	CE
4	E	4	E	4	D	30	BC
5	B	5	C	5	C	31	BE
6	B	6	D	6	C	32	CDE
7	C	7	B	7	B	33	ABD
8	C	8	A	8	C	34	BE
9	D	9	E	9	A	35	AE
10	C	10	C	10	C	36	B
11	D	11	A	11	B	37	C
12	E	12	D	12	C	38	BC
13	A	13	E	13	D	39	D
14	A	14	B	14	D	40	BD
15	B	15	A	15	B	41	C
16	B	16	C	16	C	42	D
17	D	17	D	17	A	43	B
18	E	18	C	18	A	44	AE
19	C	19	B	19	C	45	C
20	A	20	D	20	A	46	B
21	AE	21	CDE	21	BE	47	C
22	BDE	22	BDE	22	ABD	48	D
23	DE	23	ABC	23	BDE		
24	AE	24	CD	24	ACE		
		25	AD	25	AC		
				26	CE		

劉毅英文50週年紀念大贈送

多益700分保證班

I.上課時間：

A班	週五晚上6:30～9:10
B班	週日下午2:00～4:40
C班	週日上午9:00～12:00

※課程將依實際
情況調整。

II.收費標準： 學費*9,900*元，可上一年，各班級都可參加，進度不同，
教材不同，報一班可上三班。

III.報名贈書： 共價值*1,840*元

① 新多益聽力1000題【價值*980*元】
② 新多益文法字彙520題【價值*280*元】
③ 新多益閱讀測驗480題【價值*580*元】

IV.獎學金制度： 目前「劉毅英文多益獎學金」已發放*984,000*元。歡迎
同學來挑戰！凡在班期間，多益700分以上，可得獎學
金*500*元；800分以上，可得獎金*1,000*元；900分以
上，可得獎學金*5,000*元；950分以上，可得獎學金
*1*萬元；990分，可得獎學金*2*萬元。

1. 問：什麼是「多益700分保證班」？
   答：凡是報名保證班的同學，我們保證你考取700分。如果未達到700分，
   每年繳交講義費*5,000*元，就可以一直上課，考上700分為止。但是你
   必須每年至少考一次TOEIC測驗，考不到700分，可憑成績單，每年繳
   交講義費*5,000*元，考上700分為止。

2. 問：你們用什麼教材？
   答：我們請資深美籍老師，根據TOEIC最新出題來源改編，研發獨家教材，
   包含聽力、字彙、克漏字、閱讀、口說及寫作。

3. 問：「多益700分保證班」如何收費？
   答：「多益700分保證班」一次繳費，直到考取700分為止，僅收*9,900*元。
   如果TOEIC測驗考到700分以上，可再交*9,900*元，考到800分為止；如
   考到800分，想再繼續上課，須再交*9,900*元，保證考到900分為止。

 劉毅英文教育機構 台北市許昌街17號6F（捷運M8出口對面）☎：(02) 2389-5212
網址：www.learnbook.com.tw

劉毅英文「新多益測驗」成績優異同學名單

姓 名	學 校	分 數	姓 名	學 校	分 數	姓 名	學 校	分 數
施佩妤	文藻外語大學	990 分	蔡佾珣	北港高中	925 分	劉龍呈	中原應外	905 分
陳俊強	台大生機	990 分	陳少崙	百齡國小	925 分	黃曉曼	東吳大學	905 分
高佩芸	文藻英文	990 分	曾埕杰	新竹高商	925 分	王裕琁	成淵高中	905 分
林云雁	政大法律	990 分	林蓓緯	淡江英文	925 分	黃瀞儀	文藻西文	905 分
楊謹文	文藻外語大學	985 分	楊 霖	淡江俄文	925 分	吳子安	台北商業大學	905 分
洪于珊	文藻英文	980 分	曾翊涵	新竹高商應外	925 分	劉辰韋	中原應外	900 分
向 晴	淡江會計	975 分	許曜薪	中原大學	925 分	范光豐	文藻外語大學	900 分
張凱閎	台大機械	975 分	蔡菀羽	台中家商	920 分	李昱臻	曙光女中	900 分
潘本恬	台北商業大學	970 分	李采蓮	文藻英文	920 分	鄧宇萱	曙光女中	900 分
陳少崙	百齡國中	970 分	羅伊庭	高雄第一科大	920 分	杜宜蓁	中原大學	900 分
王全斌	淡江會計	970 分	曾雅鈴	台 科 大	920 分	謝佳祐	文藻英文	900 分
吳俐萱	文藻英文	965 分	王思文	文藻外語大學	920 分	黎書好	曙光女中	900 分
李宥箴	文藻英文	965 分	伍宜庭	中原大學	915 分	戴子傑	台南一中	900 分
陳妙嘉	文藻英文	965 分	葛軒宇	新竹高商	915 分	陳又嘉	淡江英文	900 分
郭子瑄	文藻英文	965 分	李皓雯	台北商業大學	915 分	陳鈺霖	台 科 大	900 分
魏 晢	文藻英文	965 分	劉怜君	文藻英文	915 分	林于涵	新竹高商	900 分
蔡東穎	台南一中	960 分	陳品妤	延平高中	915 分	謝 筑	斗六家商應外	900 分
陳彥蓉	台 科 大	960 分	朱珮綺	文藻英文	915 分	林蓓蓉	斗六家商應外	900 分
孫嘉臨	淡江西班牙語	960 分	黃新淇	曙光女中	915 分	莊雅茵	中國醫藥大學	900 分
薛隆贊	市 教 大	960 分	王群漢	淡江英文	915 分	高毓婷	文藻外語大學	900 分
沈柏宇	北商會資	955 分	葉 珊	新竹高商	915 分	邱睿亭	台大公衛	900 分
劉旻齊	文藻英文	955 分	陳羿愷	台灣大學	915 分	溫梓含	新竹高商	900 分
林岱瑩	台中女中	955 分	王家譽	中原應外	915 分	蔡旻杰	文藻英文	900 分
范釪嗉	明道行銷	955 分	吳文瑾	新竹高商	910 分	林雅涵	中原應外	900 分
陳品鈞	新竹高商	955 分	奚采薇	曙光女中	910 分	陳咏萱	新竹高商	900 分
林宥辰	輔仁大學	950 分	陳佳筠	曙光女中	910 分	黃姿婷	新竹高商	900 分
許慧妮	台北商業大學	950 分	陳葦樺	新竹高商	910 分	江穎安	北 士 商	900 分
楊沛渝	新竹高商	950 分	許翔輝	台 科 大	910 分	李 健	實踐大學	900 分
王歆瑀	新竹高商	945 分	鄭 晴	北一女中	910 分	林承翰	中原應外	895 分
吳若綺	新竹高商	945 分	陳柏瑞	台北醫學大學	910 分	莊 策	中原大學	895 分
張顯華	政治大學	945 分	陳孟緯	澎湖科大	910 分	蘇泯瑄	文藻英文	895 分
童詠詳	台北商業大學	945 分	鄭皓匀	建國中學	910 分	劉俊妏	淡江英文	895 分
李依庭	中原大學	940 分	林怡瑄	師範大學	910 分	黃子彧	新竹高商	895 分
謝依芳	淡江英文	940 分	李明軒	台北商業大學	910 分	張以琳	台 科 大	895 分
詹琇惠	台北商業大學	940 分	巫家宜	台北商業大學	910 分	徐均愷	淡江英文	895 分
徐佳萱	文藻外語大學	940 分	何芸瑄	曙光女中	905 分	張馨尹	淡江英文	895 分
羅芳晨	國立科園實中	935 分	向 行	新竹高商	905 分	涂晏寧	斗六家商應外	895 分
羅宇涵	斗六家商應外	935 分	朱奕親	台中家商	905 分	陳志軒	台中一中	895 分
鍾欣芮	台北大學	935 分	蕭婷云	文藻英文	905 分	劉峻銓	中原大學	895 分
陳又菲	淡江會計	935 分	杜昱欣	新竹高商	905 分	黃詠期	陽明大學	895 分
林鴻怡	台北商業大學	935 分	王潔榆	曙光女中	905 分	吳翰威	元智化工	895 分
王偉庭	文藻外語大學	930 分	黃意雯	淡江英文	905 分	沈佩霖	文藻英語大學	890 分
鍾瑀眞	中原大學	930 分	趙 薇	台北商業技術學院	905 分	連慧宇	新竹高商	890 分
郭慶德	中原應外	930 分	余亦涵	台 科 大	905 分	何易芸	淡江英文	890 分
曾詠涵	中原大學	930 分	劉又榛	新竹高商應外	905 分	施品柔	斗六家商應外	890 分
蕭雅友	中原應外	930 分	徐浩原	新竹高商應外	905 分	蔡詩涵	中國醫藥大學	890 分
彭子頤	致理科大	925 分	藍偲庭	新竹高商應外	905 分	溫上妤	中國醫藥大學	890 分
楊淑琳	新竹高商	925 分	龔國安	政治大學	905 分	陳巧慈	斗六家商應外	890 分

※ 因版面有限，尚有成績優異同學無法列出。

高三同學要如何準備「升大學考試」

考前該如何準備「學測」呢？「劉毅英文」的同學很簡單，只要熟讀每次的模考試題就行了。每一份試題都在7000字範圍內，就不必再背7000字了，從後面往前複習，越後面越重要，一定要把最後10份試題唸得滾瓜爛熟。根據以往的經驗，詞彙題絕對不會超出7000字範圍。每年題型變化不大，只要針對下面幾個大題準備即可。

準備「詞彙題」最佳資料：

背了再背，背到滾瓜爛熟，讓背單字變成樂趣。

考前不斷地做模擬試題就對了！

你做的題目愈多，分數就愈高。不要忘記，每次參加模考前，都要背單字、背自己所喜歡的作文。考壞不難過，勇往直前，必可得高分！

練習「模擬試題」，可參考「學習出版公司」最新出版的「7000字學測試題詳解」。我們試題的特色是：

①以「高中常用7000字」為範圍。②經過外籍專家多次校對，不會學錯。③每份試題都有詳細解答，對錯答案均有明確交待。

「克漏字」如何答題

　　第二大題綜合測驗（即「克漏字」），不是考句意，就是考簡單的文法。當四個選項都不相同時，就是考句意，就沒有文法的問題；當四個選項單字相同、字群排列不同時，就是考文法，此時就要注意到文法的分析，大多是考連接詞、分詞構句、時態等。「克漏字」是考生最弱的一環，你難，別人也難，只要考前利用這種答題技巧，勤加練習，就容易勝過別人。

準備「綜合測驗」（克漏字）可參考「學習出版公司」最新出版的「7000字克漏字詳解」。

　本書特色：
　1. 取材自大規模考試，英雄所見略同。
　2. 不超出7000字範圍，不會做白工。
　3. 每個句子都有文法分析。一目了然。
　4. 對錯答案都有明確交待，列出生字，
　　 不用查字典。
　5. 經過「劉毅英文」同學實際考過，效
　　 果極佳。

「文意選填」答題技巧

　　在做「文意選填」的時候，一定要冷靜。你要記住，一個空格一個答案，如果你不知道該選哪個才好，不妨先把詞性正確的選項挑出來，如介詞後面一定是名詞，選項裡面只有兩個名詞，再用刪去法，把不可能的選項刪掉。也要特別注意時間的掌控，已經用過的選項就劃掉，以免重複考慮，浪費時間。

準備「文意選填」，可參考「學習出版公司」最新出版的「7000字文意選填詳解」。

特色與「7000字克漏字詳解」相同，不超出7000字的範圍，有詳細解答。

「閱讀測驗」的答題祕訣

① 尋找關鍵字——整篇文章中，最重要就是第一句和最後一句，第一句稱為主題句，最後一句稱為結尾句。每段的第一句和最後一句，第二重要，是該段落的主題句和結尾句。從「主題句」和「結尾句」中，找出相同的關鍵字，就是文章的重點。因為美國人從小被訓練，寫作文要注重主題句，他們給學生一個題目後，要求主題句和結尾句都必須有關鍵字。

② 先看題目、劃線、找出答案、標題號——考試的時候，先把閱讀測驗題目瀏覽一遍，在文章中掃瞄和題幹中相同的關鍵字，把和題目相關的句子，用線畫起來，便可一目了然。通常一句話只會考一題，你畫了線以後，再標上題號，接下來，你找其他題目的答案，就會更快了。

③ 碰到難的單字不要害怕，往往在文章的其他地方，會出現同義字，因為寫文章的人不喜歡重覆，所以才會有難的單字。

④ 如果閱測內容已經知道，像時事等，你就可以直接做答了。

準備「閱讀測驗」，可參考「學習出版公司」最新出版的「7000字閱讀測驗詳解」，本書不超出7000字範圍，每個句子都有文法分析，對錯答案都有明確交待，單字註明級數，不需要再查字典。

「中翻英」如何準備

可參考劉毅老師的「英文翻譯句型講座實況DVD」，以及「文法句型180」和「翻譯句型800」。考前不停地練習中翻英，翻完之後，要給外籍老師改。翻譯題做得越多，越熟練。

「英文作文」怎樣寫才能得高分？

① 字體要寫整齊，最好是印刷體，工工整整，不要塗改。

② 文章不可離題，尤其是每段的第一句和最後一句，最好要有題目所說的關鍵字。

③ 不要全部用簡單句，句子最好要有各種變化，單句、複句、合句、形容詞片語、分詞構句等，混合使用。

④ 不要忘記多使用轉承語，像 *at present*（現在），*generally speaking*（一般說來），*in other words*（換句話說），*in particular*（特別地），*all in all*（總而言之）等。

⑤ 拿到考題，最好先寫作文，很多同學考試時，作文來不及寫，吃虧很大。但是，如果看到作文題目不會寫，就先寫測驗題，這個時候，可將題目中作文可使用的單字、成語圈起來，寫作文時就有東西寫了。但千萬記住，絕對不可以抄考卷中的句子，一旦被發現，就會以零分計算。

⑥ 試卷有規定標題，就要寫標題。記住，每段一開始，要內縮5或7個字母。

⑦ 可多引用諺語或名言，並注意標點符號的使用。文章中有各種標點符號，會使文章變得更美。

⑧ 整體的美觀也很重要，段落的最後一行字數不能太少，也不能太多。段落的字數要平均分配，不能第一段只有一、兩句，第二段一大堆。第一段可以比第二段少一點。

準備「英文作文」，可參考「學習出版公司」出版的：